보다 **감성적**이고 보다 **창의적**인 인터랙티브 **미디어아트**의 모든 것

디자이너를 위한
감성 프로세싱

권지은 지음

YEAMOONSA
예문사

P·R·O·L·O·G·U·E

서문

이 책의 이성…

'Conceptual Age'라 불리는 현시대에서 이제 '디지털'은 더는 새로운 개념이 아니다. 디자인과 아트 또는 문화를 만들기 위한 중요한 요소이자 유용한 수단이 되었다. 컴퓨터로 만들어지는 디지털이 붓과 물감을 대신하고 있다. 전통예술이나 디자인 방법으로 무엇인가를 표현할 때는 둥근 붓, 납작 붓, 물감, 파스텔, 나무, 철과 같은 재료의 종류와 특성을 잘 파악해야 한다. 이것을 효과적으로 사용해야만 만들고 싶은 것을 아름다운 가치까지 더해 창조할 수 있다. 지금은 '디지털'이라는 재료이자 툴의 특징과 성격을 알아야 전달하고 싶은 것 또는 만들고 싶은 것을 극대화해 표현할 수 있다. 프로그래밍은 디지털을 잘 다루기 위해 컴퓨터를 활용하는 효과적인 방법이다. 프로그래밍 언어를 잘 활용하면 새로운 결과물 또는 자신의 콘셉트와 철학을 표현할 수 있는 범위가 무한히 확대된다.

하지만 많은 디자이너와 아티스트에게 아직까지 프로그래밍 언어는 생소하면서도 어렵게 느껴지는 크리에이티브 미디어이다. 이 책은 이러한 디자이너와 아티스트들, 또는 프로그래밍을 처음 접하는 초보자들에게 프로그래밍 언어가 먼 달나라 이야기가 아니라, 붓이나 물감처럼 내 손에서 쉽게 사용하여 좋은 결과물들을 만드는 도구가 되도록 안내할 것이다. 디지털 아트는 순수예술 분야와 컴퓨터분야의 만남일 수 있다. 감성적 우뇌가 많이 발달한 아티스트들에게 이성적인 좌뇌로 생각하게 하는 프로그래밍 언어를 컴퓨터 공학자가 아닌 예술가의 입장에서 접근할 수 있게 해준다.

무조건 코딩을 들이대는 것이 아니라, 컴퓨터의 세계와 그 속에서 소통하는 프로그래밍 언어를 이해하고, 내 작품을 위해 프로그래밍을 효율적으로 활용하는 방법을 알려주고자 한다. 잊지 말자. 컴퓨터와 프로그래밍 언어는 까다롭고 두려워할 대상이 아니라, 나의 작품을 만들기 위한 좋은 툴이자 재료이다.

이 책의 마음…

필자에게 컴퓨터와 프로그래밍 세계는 〈이상한 나라의 앨리스〉의 배경처럼 새롭고도 신비스러운 세상이었다. 어떤 부분은 이해가 되지 않았고, 어떤 부분은 분명 내가 알고 있는 수학 기호임에도 서로 다른 방식으로 사용되고 있었다. 프로그래밍 세계를 잘 아는 경험자의 조언이 없으면 그 세계에 대한 매뉴얼도 아무런 소용이 없었다. 일반적인 프로그래밍 언어에 대한 서적들은 프로그래밍 언어를 처음 접하는 나에게는 아리송한 암호 같았다. 예제를 따라 하다가 결과물이 책과 다르게 나오면 그 원인을 찾느라 밤새기 일쑤였다. 예제의 결과가 제대로 나오더라도 원하는 것을 만들기 위해 백지상태에서 새로 시작할 때는 한 줄의 코딩도 써 내려가지 못했다.

이 책의 목적은 이상한 프로그래밍 나라에서 앨리스처럼 이 세계의 문화와 관습, 규칙들을 이해하고 두려움 없는 마음으로 도전해보면서, 즐거운 모험담을 자랑할 수 있도록 하는 데 있다. 이름 모를 약병을 거침없이 마시며 이상한 나라를 여행했던 앨리스처럼 이 책에 있는 다양한 모험을 같이 즐겼으면 한다. 그러면 그 경험이 자신의 작품을 업그레이드하기 위한 초석이 될 것이고, 프로그래밍을 자연스럽게 익히고 사용하는데 큰 도움이 될 것이다.

이상한 프로그래밍 세계에 사는 사람이 아니라, 먼저 그 세계를 여행하고 경험해본 사람의 입장에서 설명하고자 한다. 처음 새로운 것을 접하는 사람에게는 예전부터 익숙하게 사는 토박이보다 외지인의 경험담이 더 도움이 될 것이다. 나의 모험담을 같이 공유하여 여러분도 이상한 프로그래밍 나라 여행의 주인공이 될 수 있기를 바란다.

C·O·N·T·E·N·T·S

차례

서문   2

01 프로그래밍 신세계   15

1. 프로그래밍 신세계   16
- 언어의 이해   16
- 프로그래밍 세계의 탄생 근원지   18

2. 프로그래밍 세계의 관습   21
- 이진법(Binary)   21
- 논리와 알고리즘(Algorithm)   23
- 순서도(Flow Chart)   24

02 언어(Language)   29

1. 언어의 종류와 대화법   30
- 언어의 종류   30
- 대화법   34

2. 언어의 구조와 문법   36

- 문장 쓰기   36
- 변수(Variables)   43
- 변수명의 규칙   45
- 변수명 선언하기   47
- 논리식   48
- 함수(Function)   52
- `Interesting` 랜덤(Random)   56

03 프로세싱(Processing) 환경과 구조   57

1. 프로세싱(Processing)이란?   58

- 프로세싱 이해   58
- 프로세싱 설치하기   59
- 프로세싱 구성   60

2. 프로세싱 작업환경 및 메뉴   64

- 인터페이스(Interface)   64
- 예제(Examples)   67
- 참조(Reference)   68

3. 프로세싱 환경   70

- 픽셀(Pixel)   70
- 좌표계   73
- 컬러(Color)   76

주석(Comment)	82
코드 구조	84
Interesting 컬러(Color)에서 255라는 숫자의 의미	88

04 제작(Creating) — 89

1. 시각적 형태(Visual Form)	90
2. 시각적 형태(Visual Form)+모션(Motion)	96
3. 시각적 형태(Visual Form)+모션(Motion)+인터랙션(Interaction)	100
Interesting 모션의 원리(애니메이션, 영상의 원리)	104

05 시각적 형태 : 그리기(Visual Form : Drawing) — 105

1. 도형 그리기	106
기본 도형 그리기	106
그리기 순서	116
그리기 속성	117
그리기 모드	122
2. 색칠하기	128
무채색	128
유채색	130

3. 반복(Repetition)해서 그리기 … 133
4. 내 맘대로 그리기 … 143
- **Interesting** 색 감각 키우기 … 150
- **Interesting** 곡선의 아름다움 … 152

06 시각적 형태 : 변형(Visual Form : Transform) … 153

1. 기본 변환 … 154
   - 이동(Translate) … 154
   - 회전(Rotate) … 156
   - 비례(Scale) … 157

2. 변환 결합 … 159
   - 여러 가지 변환의 결합(Combining) … 159
   - 특정 부분만의 좌표계 변환 … 163

3. 자유로운 변환 … 169
   - **Interesting** 새로운 시각 … 176

07 시각적 형태 : 이미지와 타이포그래피 (Visual Form : Image & Typography) — 177

1. 이미지(Image) — 178
- 이미지 디스플레이 — 178
- 이미지 조정 — 180

2. 타이포그래피(Typography) — 185
- 텍스트(Text) 디스플레이 — 185
- 텍스트 속성 — 190
- 타이포그래피(Typography) — 195
  - `Interesting` 문자의 구조 — 197
  - `Interesting` 원판 불변의 법칙 — 199

08 모션 : 기본 모션(Motion : Basic Motion) — 201

1. 연속 그림 그리기 — 202
- 그림 그리기 — 203
- 연속된 그림 그리기 — 203
- 움직이는 그림 그리기 — 206
- 움직이는 그림 반복(Looping)하기 — 208

2. 속도 — 216
- 프레임 속도 — 216
- 객체 속도 — 218

속도 증감	220
3. 방향	225
Interesting 프레임률(Frame Rate)	230

09 모션 : 모션 디자인(Motion : Motion Design) — 231

1. 변환에 의한 모션	232
이동(Translate)	232
회전(Rotate)	234
비례(Scale)	236
2. 다양한 움직임	239
순환에 의한 모션	239
랜덤에 의한 모션	251
움직이는 추상화	253
Interesting 모션 그래픽스(Motion Graphics)	255

10 모션 : 고급 모션(Motion : Advanced Motion) — 257

1. 내가 정의한 객체로 모션 만들기	258
객체지향 프로그래밍(Object Oriented Programming, OOP) 언어	258
객체 정의하기	261

2. 배열(Array)로 다수 움직이기 — 270
    Interesting 디지털 아트(Digital Art)의 시조 다다이즘(Dadaism) — 277

11 인터랙션 : 마우스(Interaction : Mouse) — 279

1. 마우스 따라다니기 — 280
- 인터랙션 — 280
- 마우스의 포인트 위치 — 281
- 마우스로 그림 그리기 — 286

2. 마우스의 움직임에 따라 변신하기 — 290
- 마우스 위치 응용 — 290
- 마우스 움직임 거리와 속도 — 291
- 마우스 움직임 방향 — 293
- 마우스 위치 영역 — 296
- 오리엔테이션(Orientation) — 300
- **Interesting** 마우스(Mouse) — 302

12 인터랙션 : 이벤트(Interaction : Events) — 303

1. 마우스 이벤트(Mouse Events) — 304
- 마우스 누르기와 떼기(Pressed & Released) — 304

마우스 움직이기와 드래그하기(Move & Drag)	306
2. 키보드 이벤트(Keyboard Events)	308
키보드 누르기와 떼기(Pressed & Released)	308
특정 키 값에 따른 반응	311
인터랙티브 디자인(Interactive Design)	318
Interesting 아스키코드(ASCII Code)	324
Interesting 인터랙티브 인스톨레이션(Interactive Installation)	326

13 비디오와 사운드(Video & Sound) ... 327

1. 비디오(Video)	328
비디오 디스플레이(Video Display)	329
비디오(Video) 이미지 조정	332
비디오 플레이(Video Play)	337
비디오 트래킹(Video Tracking)	341
2. 사운드(Sound)	344
사운드 플레이(Sound Play)	345
사운드 효과	347
Interesting 라이브러리	350
Interesting 사운드 저작권	353

CHAPTER

01

프로그래밍 신세계

처음 외국여행을 가려고 할 때 그 나라의 화폐는 무엇을 쓰고, 날씨는 어떤지, 유명 관광지는 어떻게 가야 하는지 미리 알아보곤 한다. 프로그래밍 신세계를 체험하는 것도 같은 맥락이다. 첫 번째 장에서는 프로그래밍이란 어떤 것인지 이해하고, 작동되는 근원지인 컴퓨터 환경에 대해 알아볼 것이다. 조금은 낯설더라도 호기심 어린 시선으로 프로그래밍 세계의 새로운 문화와 특징을 알아보자.

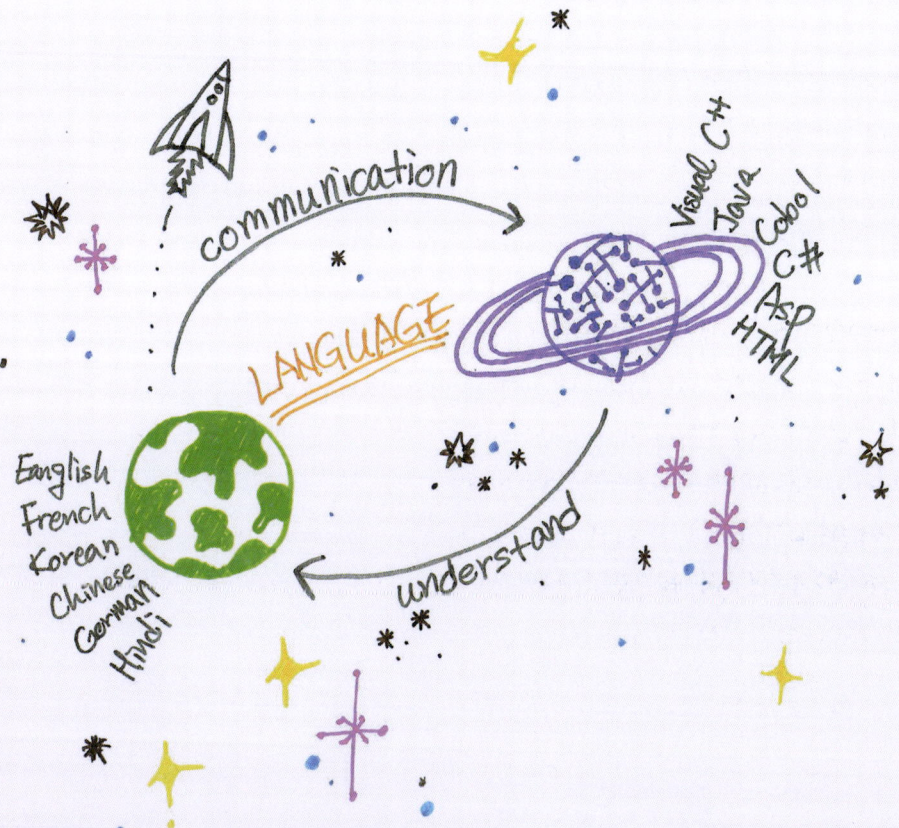

1 SECTION
프로그래밍 신세계

프로그래밍 언어란 무엇인지, 우리가 왜 이 언어를 사용하는지 생각해보자.
일반적으로 언어(Language)라고 하는 것은 서로 소통하기 위해 만들어진다.
우리 인간이 사는 세상과 컴퓨터 세상은 서로 다른 행성과도 같다.
우리가 사는 세상에 여러 나라가 있고, 각 나라의 언어가 다르듯 컴퓨터 행성에도 다양한 나라와 언어가 있다.
인간과 컴퓨터 사이에 의사소통이 이루어지려면 인간이 사용하는 언어와 컴퓨터에서 사용하는 언어를 서로 이해해야 한다.

언어의 이해

만약 한국 사람과 영국 사람이 대화를 하려면 한국 사람이 영어를 이해하거나 영국 사람이 한국어를 이해해야 서로 의사소통이 가능하다. 영어의 알파벳, 발음, 문법 등을 알아야 그들이 말하는 뜻을 이해하고, 원하는 것을 전달할 수 있다. 이처럼 컴퓨터 행성과 소통하기 위해서는 그 나라의 언어를 이해하거나 그들이 우리의 언어를 알아야 한다. 그런데 컴퓨터라는 기계는 인간의 언어를 이해하려고 하지 않는다. 엄밀히 말해, 컴퓨터는 인간이 만든 것이므로, 그들은 우리를 이해할 수 없다. 그래서 인간이 컴퓨터와 대화하고 소통하기 위해서는 컴퓨터의 언어를 사용해서 소통할 수밖에 없다.

이처럼, 컴퓨터와의 소통을 위해 사용하는 커뮤니케이션 수단을 컴퓨터 언어 또는 프로그래밍 언어라고 한다. 이 언어를 사용해 컴퓨터에 어떤 일을 수행하도록 하는 과정을 프로그래밍이라고 한다.

> | Definition |
> **컴퓨터 프로그래밍(Computer Programming)** : 컴퓨터를 사용해 문제를 해결하거나 작업을 처리하는 과정을 총칭한다.

> **프로그래밍 언어(Programming Language)** : 컴퓨터가 작업을 수행하도록 하는 프로그램을 작성하기 위해 만들어진 표기법이다.
> **코딩(Coding)** : 컴퓨터가 이해할 수 있도록 프로그래밍 언어를 작성하는 과정이다. 프로그래밍이라는 용어와 비슷한 의미로 혼용되어 사용하기도 하지만, 프로그래밍이 코딩을 포함한 수행 작업 전체를 총칭하는 것으로 더 큰 의미라 할 수 있다.

일반적으로 언어라고 하는 것은 몇 가지 특징을 가진다. 언어를 사용하는 방법에는 말하기, 듣기, 쓰기, 읽기 등이 있고 문법이라는 규칙에 따라 표현한다. 이에 비해 컴퓨터 언어에서는 말하기와 듣기는 없고, 쓰기와 읽기만 있다. 컴퓨터와 약속된 문법을 구문(Syntax)이라고 한다. 컴퓨터 행성 안에는 여러 나라의 프로그래밍 언어가 있다. 우리는 컴퓨터 행성의 기본적인 언어 구조를 이해하고, 각 나라가 가지고 있는 언어의 특징을 배워야 프로그래밍을 할 수 있다.

영어를 잘하면 이웃 나라에서 사용하는 프랑스어나 독일어도 훨씬 쉽게 이해할 수 있다. 그 생김새나 문법이 비슷하기 때문이다. 우리나라 사람들은 영어보다 일본어 문법을 더 쉽게 이해한다. 주어, 목적어, 동사의 어순이 한국어와 같기 때문이다. 컴퓨터 행성의 프로그래밍 언어도 마찬가지다. 여러 가지 종류의 언어들 가운데 문법이나 구조, 생김새 등이 비슷한 언어군도 있고, 전혀 다른 스타일의 언어군도 있다.

컴퓨터 언어만의 특징도 있다. 컴퓨터와의 커뮤니케이션은 '대화'라기보다 인간의 도구로서 우리가 컴퓨터에 '명령'을 내린다는 표현이 더 적절하다. 우리가 프로그래밍하면서 쓰는 코딩(Coding)에 사용하는 단어를 '명령어'라 말하는 것도 이 때문이다.

또한, 컴퓨터는 단순해서 약속된 언어의 문법이나 규칙에 의해서만 일한다. 융통성이란 것이 없다. 영어 문장에서 마침표를 찍는 것이 맞는 문법이지만 설사 없다고 해서 문장의 뜻이 바뀌거나 모르지는 않는다. 하지만 컴퓨터에서는 약속한 문법을 하나라도 지키지 않으면 전혀 말이 통하지 않는다. 꽉 막힌 것 같지만, 어찌 보면 그렇기 때문에 프로그래밍 언어를 배우고 사용하는 것이 인간의 언어보다 쉬울 수 있다. 인간의 언어가 가진 복잡한 어감이나 미묘한 억양까지 생각하지 않아도 되기 때문이다.

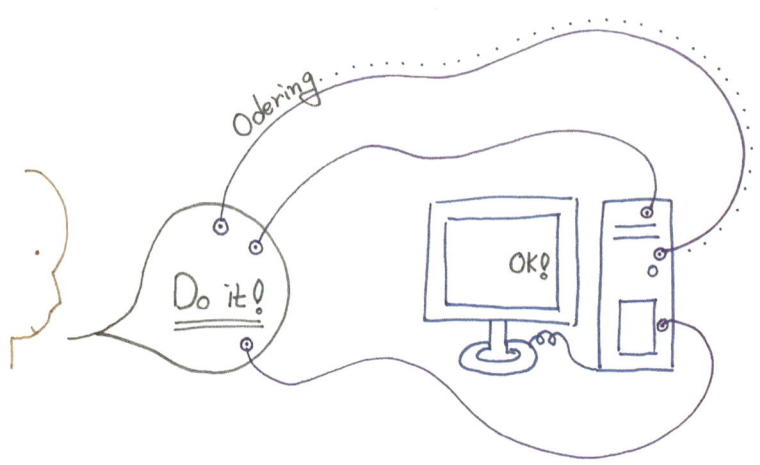

우리가 컴퓨터를 사용하는 이유는 표현하고 싶은 것이나 특정 작업을 컴퓨터가 대신하도록 하기 위해서이다. 프로그래밍 언어를 처음 접하는 사람들은 무조건 어렵고 복잡하다고 생각할지 모르겠다. 그러나 중학교 때부터 주야장천 배우고도 입이 잘 떨어지지 않는 영어에 비하면 프로그래밍 언어는 비교적 짧은 시간에 숙달해서 컴퓨터와 멋지게 대화할 수 있다. 새로운 언어를 배운다는 생각으로 프로그래밍 언어에 접근해보자. 다른 나라의 언어를 알려면 그 나라의 문화까지도 이해해야 하듯이, 프로그래밍이라는 세계를 이해하고 그들이 사용하는 언어를 배운다면 한국어, 영어, 그리고 프로그래밍 언어까지 3개 국어가 가능하다고 말할 수 있을 않을까….

프로그래밍 세계의 탄생 근원지

프로그래밍 언어가 탄생한 근원지인 컴퓨터의 역사적 기원과 하드웨어 환경을 살펴보자. 본래 인간은 수적인 계산을 하기 위해서는 암산을 하거나 손으로 직접 쓴다. 복잡한 계산과 수고를 덜기 위해 대신할 기계를 만들었다. 그중 하나가 컴퓨터다. 영어의 'Computer'라는 단어는 '계산하다'라는 뜻을 가진 라틴어 'Computate'에서 유래되었다.

전기를 사용하는 기계 이전에는 사람 대신 계산해주던 '주판'이 있었다. 기원전 2,600년경 중국에서 계산을 빠르고 쉽게 하려고 제작한 계산 도구로서, 진정한 컴퓨터의 모태라고 할 수 있다. 요즘 젊은이들은 주판을 실제로 본 적이 없을 수도 있겠지만 필자의 경우 어린 시절 주판은 거실에서 타고 다니던 스케이트보드였고, 산수와 암산의 천재들을 가르치는 주산 학원의 도구이기도 했다. 지금은 박물관에서나 볼 수 있는 도구이지만, 분명 어렵고 복잡한 계산을 빠르게 완수할 수 있도록 도와주는 효과적인 물건이었다. 나무나 플라스틱으로 제작되었던 주판이 전기를 이용한 전자제품으로 발전된 형태가 컴퓨터다.

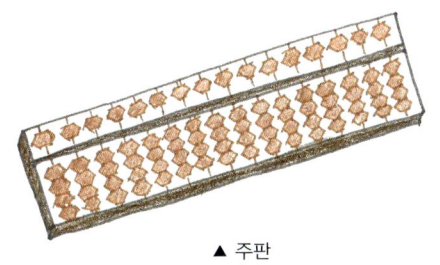

▲ 주판

세계에서 최초로 만들어진 컴퓨터는 에니악(ENIAC, Electronic Numerical Integrator and Calculator)이다. 에니악은 '전기로 만들어진 숫자 연산기와 계산기'라는 뜻으로 1946년 미국 펜실베이니아 실험실에서 탄생했다. 1만 8천여 개의 진공관으로 구성되었으며 이 거대한 기계의 무게는 30톤에 달했다. 빠른 계산이 가능했던 에니악은 백여 명의 전문가가 1년이 걸려야 풀 수 있는 문제를 2시간 만에 계산했다. 전기를 이용하니 주판알을 튕기는 것보다 훨씬 빠른 계산이 가능해진 것이다. 현재의 컴퓨터는 숫자 계산 이외에 사람이 하는 수많은 행위를 대신해주고 있다.

▲ 에니악

미국의 수학자 존 폰 노이만(John von Neumann, 1903~1957)은 거대한 계산기와 같았던 초창기의 컴퓨터 형태에서 스마트하게 모든 일을 수행해주는 현재의 컴퓨터 개념을 세웠다. 즉, 컴퓨터에 소프트웨어를 설치하고 메모리에 데이터를 저장하거나 처리하도록 하였다. 그 후 컴퓨터는 점점 작아지고, 계산 속도가 빨라졌으며, 계산 이외에도 다양한 기능이 생겨났다. 책상 위로 컴퓨터가 놓이면서 개인이 혼자 사용할 수 있는 크기의 퍼스널 컴퓨터(Personal Computer, PC)가 생겨났고 노트북(Laptop)과 같이 휴대할 수 있는 형태로 발전하였다. 현재는 스마트폰처럼 손에 휴대하고 다닐 수 있는 컴퓨터가 탄생했고, 앞으로는 내 몸 어딘가에 또는 내가 입은 옷이나 시계에 컴퓨터가 장착된 웨어러블 컴퓨터(Wearable Computer, WC)가 대중화될 것이다.

컴퓨터는 결국 전자제품이기 때문에 그 안에서 이루어지는 모든 활동은 전기에 의해 이루어진다. 인간이 육체와 영혼으로 이루어져 있으나 따로 뗄 수 없는 관계인 것처럼 컴퓨터 역시 물리적 하드웨어와 정신적 소프트웨어로 구성되어 있다. 사람은 음식을 먹고 에너지를 일으켜 일하고, 컴퓨터는 전기를 먹고 에너지를 발생시켜 작동한다. 전기 플러그를 꽂으면 그 선을 타고 마치 송유관처럼 전기가 흘러 컴퓨터 세계를 작동시킨다.

SECTION 2 프로그래밍 세계의 관습

"로마에 가면 로마의 법을 따르라."라는 말이 있다.
컴퓨터 안에 형성된 프로그래밍 세계는 그 안에서 통용되는 법칙과 관습이 있다.
프로그래밍 세계만의 관습을 잘 이해하면 프로그래밍 언어에 대한 이해 역시 쉬워진다.
언어를 알아도 그 언어를 사용하는 지역의 문화를 모르면 의사소통에 어려움이 있다.
따라서 우리에게 낯설게 느껴지는 컴퓨터 세계의 관습은 어떤 것이 있는지 알아야 한다.
숫자 체계, 논리 체계, 생각하는 법 등을 살펴보자.

이진법(Binary)

이 낯선 프로그래밍 세계에서는 우리 생활 속에서 사용하는 10진법을 사용하지 않는다. 이상하게도 2진법을 사용한다. 우리는 보통 1(일), 2(이), 3(삼), 4(사), 5(오), 6(육), 7(칠), 8(팔), 9(구), 10(십) 이렇게 숫자를 센다. 그리고 그다음부터는 처음 만든 열 개의 숫자를 조합해서 다른 숫자를 만든다. 11(십일), 12(십이), 13(십삼), … 21(이십일), 22(이십이), … 백(100), 백일(101)…. 지금 나열한 이 숫자들을 가만히 살펴보면 사실 1, 2, 3, 4, 5, 6, 7, 8, 9, 10의 조합이 아니라 0, 1, 2, 3, 4, 5, 6, 7, 8, 9의 조합이다. 10진법의 숫자 개념은 1부터 10까지의 숫자 10개가 아니라, 0부터 9까지의 숫자 10개를 말한다.

● **10진법**

0, 1, 2, 3, 4, 5, 6, 7, 8, 9, 10, 11, 12, 13, … 20, 21, 22, … 100, 101, …

프로그래밍 세계는 어찌 보면 더 단순해서 숫자를 10개 모두 사용하지 않는다. 단지 0과 1, 두 개의 숫자만 사용하는 2진법을 사용한다. 0과 1이라는 단 두 개의 숫자를 조합하여 다음과 같이 모든 숫자를 표현한다.

● **2진법**

0, 1, 00, 01, 10, 11, … 000, 001, 010, 011, 100, 101, 110, 111, …

왠지 〈매트릭스〉라는 영화에서 본 듯하지 않은가. 영화 속의 가상세계 역시 프로그래밍 세계와 같으므로 그들의 관습을 상징하기 위해 이 같은 숫자를 사용하였다. 그런데 왜 인간은 컴퓨터를 만들면서 우리와 똑같은 10진법을 사용하지 않고 2진법이라는 셈 방법을 사용한 것일까. 이것은 프로그래밍이 이루어지는 컴퓨터가 전자기계이기 때문이다. 컴퓨터는 전기가 흐르도록 스위치가 On이 되면 1, 전기가 들어오지 않도록 Off가 되면 0으로 인식한다. 즉, 컴퓨터는 On, Off를 설정할 수 있는 전기신호에 따라 Yes 또는 No로 대답할 수 있는 1과 0으로 모든 것을 계산한다. 1은 '있음', 0은 '없음'으로 이해하면 된다.

컴퓨터의 숫자 체계에는 또 다른 습관이 있다. 우리는 숫자를 보통 1부터 세지만, 프로그래밍 세계에서는 0부터 센다. 우리가 손가락을 꼽으며 숫자를 셀 때는 1부터 시작하지만, 프로그래밍 언어에서 숫자를 매길 때는 0부터 시작한다.

논리와 알고리즘(Algorithm)

컴퓨터 세계의 논리는 인간의 세계보다 어찌 보면 더 단순하고 정확하다. 융통성은 없지만 정해진 대로 정확하게 수행한다. 그래서 프로그래밍을 작성할 때면 인간적 감성보다는 이성적 판단과 순서에 더 의존해야 한다.

예를 들어

'파란 점 한 개 그리기'

라는 일을 해야 한다고 가정해보자.
내가 동생인 도영이에게 이 일을 시킨다면

"도영아, 도화지 한가운데 파란 점 하나만 그려줘."

라고 말하면 된다.

착한 동생이라면 파란색 크레파스를 들고 하얀색 도화지에 파란색 점을 하나 그릴 것이다. 하얀색 도화지의 크기는 클 수도 있고, 작을 수도 있다. 동생이 시킨 대로 그릴 마음이 있다면 크기에 상관없이 그리거나, 어떤 크기를 원하는지 물어볼 수도 있다. 또는 이 일에 대해서 동생이 "싫어!"라고 말하며 명령을 따르지 않을 수도 있다.

그러나 컴퓨터에 이 일을 시킨다면 동생에게 하듯 한 문장으로 말해서는 알아듣지 못한다. 하얀색 도화지에 대한 정확한 정보를 주지 않거나, 일을 시작하라고 따로 얘기하지 않으면 아예 일을 수행하지 못한다. 김퓨디에게 작업을 지시할 때는 일하는 과정, 즉 '파란 점 한 개 그리기'라는 일에 대한 과정을 처음부터 끝까지 상세히 순서대로 알려주어야 한다.

"컴퓨터야, 지금부터 일을 시작해."
"가로 200픽셀, 세로 100픽셀의 크기이면서 색상이 하얀색인 도화지를 펴고"
"도화지의 한가운데에"
"색은 파란색이고"
"가로 폭 1픽셀, 세로 폭 1픽셀 크기인"
"원을 한 개 그려."
"컴퓨터야, 이제 일이 끝났어."

이렇게 정확하고 상세하게 요구하며 수행의 순서를 알려주어야 컴퓨터가 비로소 이해한다. 이처럼 일을 수행하는 과정과 방법에 관한 내용을 알고리즘(Algorithm)이라고 한다.

그런데 방금 앞에서 쓴 알고리즘은 우리 인간의 언어로 말하고 있기 때문에 컴퓨터가 이해할 수 있는 언어로 바꿔주어야 한다. 다시 말해 프로그래밍 언어로 번역해 컴퓨터에 말해야 한다. 그러므로 프로그래밍을 하려면 우선 내가 어떤 일을, 어떤 방법으로, 어떤 순서로 시킬 것인지 정확하게 알고리즘을 설계하고 그 순서대로 프로그래밍 언어를 사용하여 코딩해야 한다.

| Definition |
알고리즘(Algorithm) : 어떤 문제를 해결하기 위한 절차와 그 방법을 말한다. 프로그래밍을 작성하는 데 있어서 컴퓨터가 계산이나 일을 수행하기 위한 규칙, 단계적 방법, 절차 등을 알고리즘이라고 한다.

순서도(Flow Chart)

건물을 짓고자 하면 반드시 설계도가 필요하다. 설계도에 따라 건물의 뼈대를 세우고, 벽돌을 쌓고, 그 안에 가구를 배치한다. 프로그래밍에서 알고리즘을 표현하기 위해 설계도와 같은 역할을 하는 것이 순서도(Flow Chart)이다.

프로그래밍을 하기 위해서는 알고리즘을 먼저 생각하고 순서도를 만들어야 한다. 일의 양이 적거나 과정이 짧으면 머릿속으로 생각하고 그대로 코딩할 수도 있다. 하지만 일이 복잡하고 과정이 길어지면, 단순히 기억하는 것만으로는 알고리즘을 설계할 수 없다. 순서도를 사용하면 알고리즘을 정리하고 체계적으로 설계할 수 있기 때문에 더 정확하고 효율적으로 프로그래밍할 수 있다.

| Definition |
순서도(Flow Chart) : 알고리즘의 과정을 기호나 도형으로 사용하여 순차적으로 표현한 흐름도이다.

순서도는 보기 쉽게 다음과 같은 특정 도형을 사용한다. 예를 들어 직사각형은 '처리(Process)'를 뜻한다. 알고리즘을 표기하는 데 처리 과정을 나타내고 싶다면 이 직사각형을 그리고 도형 안에 처리할 내용을 적는다.

기호	명칭	기능	기호	명칭	기능
▭	처리 (Process)	각종 연산, 데이터 이동 등을 처리	⬡	준비 (Preparation)	초깃값 설정 및 선언으로 준비
▱	입출력 (Input/Output)	데이터의 입력과 출력		서류 (Document)	서류 매체를 통한 입출력 표시
⬭	단자 (Terminal)	순서도의 시작과 끝, 정지, 지연, 중단의 기능		수동 입력 (Manual Input)	수작업에 의한 입력
◇	판단 (Decision)	여러 개의 결론 중 한 가지를 결정	⬠	디스플레이 (Display)	결과를 모니터로 디스플레이
◯	연결자 (Connector)	흐름을 다른 곳으로 연결	→	흐름선 (Flowline)	처리 과정의 흐름과 기호를 연결

이 도형을 사용하여 간단한 순서도를 만들어보자. 도형의 색이나 크기는 크게 상관이 없다.

우리의 일상생활에서의 알고리즘과 순서도를 먼저 생각해보자. 예를 들어 '전등의 불이 켜지지 않는다.'라는 문제가 생겼다고 해보자. 이 문제를 해결하는 방법과 과정을 알고리즘으로 표현하면 다음과 같다.

a. 전등의 불이 들어오지 않는다.
b. 전기가 들어 왔는지 확인한다.
c. 전기가 들어오지 않았으면 전기를 켠다.
d. 전기가 들어와 있으면, 전구의 필라멘트가 끊어졌는지 확인한다.
e. 전구의 필라멘트가 끊어져 있다면 전구를 새것으로 교체한다.
f. 전등의 필라멘트가 끊어져 있지 않다면 전등 수리공을 불러 고친다.

이 알고리즘을 순서도로 표현하면 다음과 같다.

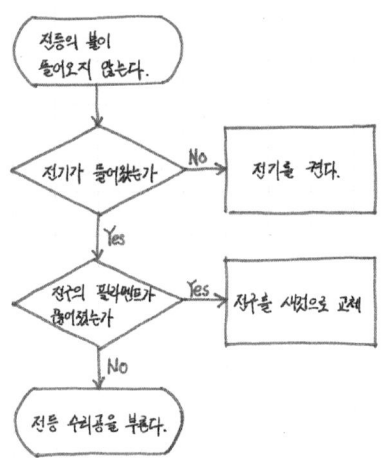

디자이너나 아티스트 또는 프로그래밍 초보자가 프로그래밍하면서 가장 두려워하는 것 중 하나가 수학적 논리이다. 창의적인 소질을 가진 디자이너나 아티스트 또는 감성적인 사람은 수학적 논리가 약하다고 생각하고 계산하거나 알고리즘 짜는 것을 어려워한다.

그래서인지 코딩하려고 컴퓨터 자판에 손을 얹으면, 머릿속과 코딩을 위한 화면이 항상 백지처럼 하얗게 되곤 한다. 즉, 무엇부터 시작해야 할지 모른다.

이를 극복하는 방법의 하나가 알고리즘과 순서도 연습이다.

a. 프로그래밍을 통해 하고자 하는 목표를 정확하게 세우고
b. 이를 해결하기 위한 아이디어, 즉 알고리즘으로 방법을 계획하고
c. 계획한 알고리즘을 순서도로 푼다.

중고등학교 시절 수학 시간에 순서도를 접하면서 다음과 같은 자(Ruler)를 한 번쯤 본 적이 있을 것이다. 재미있는 그림을 그린다고 생각하면서 도형을 그리고 그 안에 논리를 넣어 순서도 그리는 연습을 해보자. 분명 프로그래밍에 한 발짝 더 다가갈 수 있다.

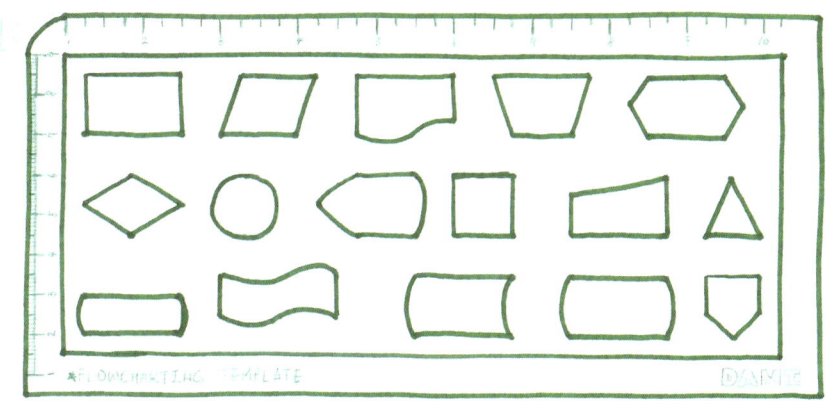

▲ 순서도 기호 자(Ruler)

매번 약속한 도형으로 순서도를 그리는 것이 귀찮게 느껴진다면 순서만이라도 계획을 세우고 프로그래밍에 돌입하는 것이 좋다. 예를 들어, 투명한 전구가 있고, 마우스로 클릭하면 전구의 색상이 노란색으로 변하는 것을 프로그램한다고 가정해보자. 다음과 같이 순서를 생각해보고 메모를 하거나 순서도를 그리면 된다.

a. 전구의 소켓을 그린다.
b. 투명한 전구 볼을 그린다.
c. 전구의 영역을 지정한다.
d. 지정한 전구 영역에 마우스가 클릭 되었는지 확인한다.
e. 마우스가 클릭 되었으면 전구 볼의 색상을 노란색으로 바꾼다.
f. 마우스가 클릭 되지 않았으면 투명한 전구 볼을 그대로 유지한다.

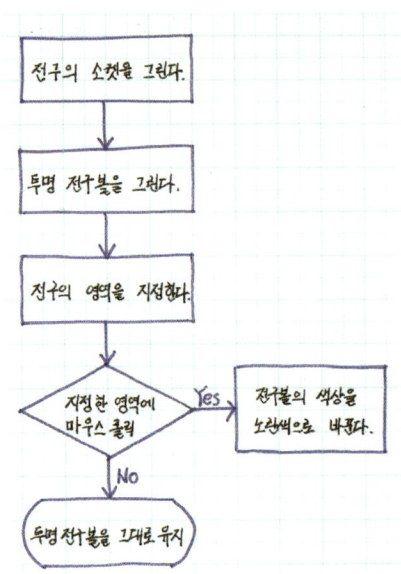

Exercise

❶ 프로그래밍 언어(Language)란 무엇인가?

❷ 컴퓨터 세계에서 이진법은 어떤 의미가 있는가?

❸ 다음을 순서도로 표현하라.

 (1) 컴퓨터가 작동하지 않는 문제를 해결하기 위한 알고리즘
 (2) 화면에 그려진 자동차를 클릭하면 왼쪽에서 오른쪽으로 움직이는 알고리즘

CHAPTER

02

언어(Language)

이번 장에서는 프로그래밍 세계에 존재하는 언어의 종류와 구사법, 구조와 문법에 대해 이해하고자 한다. 모든 프로그래밍 언어에서 나타나는 문법의 개념과 기본적인 코딩방법을 이해하면 앞으로 다루게 될 '프로세싱(Processing)'이라는 언어뿐만 아니라, 다른 언어도 쉽게 배울 수 있다.

Ruby Pascal
BASIC
         Action Script   C++   Object C
ASP
         LANGUAGE   PHP
Python
     Java   Processing
                 C   COBAL
FORTRAN   Java Script
                                    HTML
          C#   Delphi   JSP

SECTION 1 언어의 종류와 대화법

컴퓨터와 소통할 수 있는 프로그래밍 언어의 종류는 다양하다.
대표적인 언어에는 어떤 것이 있는지 살펴보고, 대화하는 기본 원리를 살펴보자.

언어의 종류

인간이 사용하는 언어가 한국어, 영어, 프랑스어, 독일어, 일본어, 중국어… 등 다양하게 있듯이 컴퓨터 프로그래밍 세계에서 사용하는 언어 또한 다양하다. 예를 들어 C, C++, Visual C, Java, PHP 등이 있다.

인간의 언어가 생김새나 지역, 구조, 기원 등에 의해 분류할 수 있듯 프로그래밍 언어도 쓰임새나 구조 등에 의해 종류를 구분할 수 있다. 영어를 알면 글자 생김새와 어순이 비슷한 프랑스어와 독일어가 쉬워지듯 프로그래밍 언어도 한 가지 언어를 알면 비슷한 부류의 언어를 훨씬 쉽게 이해할 수 있다.

이 많은 언어 중에 나는 과연 어떤 언어를 배우고 사용해야 할까? 정답은 자신이 수행해야 하는 일의 목적에 맞는 언어를 선택하는 것이다. 내가 피라미드의 비밀을 파헤치는 고고학자라면 이집트의 상형문자를 배워야 할 것이고, 미국 메이저리그 야구 선수가 되고 싶다면 영어를 배워야 할 것이다. 윈도우와 같은 운영체제를 다루는 데는 C언어가 필요하고 서버나 네트워크, 홈페이지 제작에는 자바(Java)가 주목받고 있다. 최근 아이폰 애플리케이션을 제작하는 데는 오브젝티브-C(Objective-C)라는 프로그래밍 언어가 사용되기도 한다.

모든 종류의 프로그래밍 언어를 다 알아야 할 필요는 없다. 중요한 것은 어떤 종류의 언어가 있고 그 특징이 무엇인지 살펴보고, 내가 필요로 하는 일에 어떤 언어가 적절하고 효과적인지 파악하는 것이다. 우리가 이 책에서 예시로 사용한 '프로세싱(Processing)'은 주로 시각적인 형태와 움직임, 인터랙션을 구현하는 데 강력한 장점이 있는 언어이다.

그럼 몇 가지 대표적인 언어의 특징을 간략하게 살펴보자. 'TIOBE Programming Community Index'는 해마다 프로그래밍 언어의 순위를 포스팅한다.(http://www.tiobe.com/index.php/content/paperinfo/tpci/index.html) TIOBE 순위는 Google, MSN, Bing, Yahoo, Wikipedia, YouTube, Baidu의 검색 키워드를 기반으로 인기 순위를 매긴 것이다. 2013년 기준 상위권에 있는 대표적인 프로그래밍 언어를 살펴보자. 인기 순위가 무조건 좋은 프로그래밍의 기준은 아니다. 그렇지만, 대중적으로 많이 사용한다는 것을 대변하므로 프로그래밍 흐름이나 전망 등을 참고하는 데는 좋은 자료가 될 것이다.

Position Aug 2013	Position Aug 2012	Delta in Position	Programming Language	Ratings Aug 2013	Delta Aug 2012	Status
1	2	↑	Java	15.978%	-0.37%	A
2	1	↓	C	15.974%	-2.96%	A
3	4	↑	C++	9.371%	+0.04%	A
4	3	↓	Objective-C	8.082%	-1.46%	A
5	6	↑	PHP	6.694%	+1.17%	A
6	5	↓	C#	6.117%	-0.47%	A
7	7	=	(Visual) Basic	3.873%	-1.46%	A
8	8	=	Python	3.603%	-0.27%	A
9	11	↑↑	JavaScript	2.093%	+0.73%	A
10	10	=	Ruby	2.067%	+0.38%	A
11	9	↓↓	Perl	2.041%	-0.23%	A
12	15	↑↑↑	Transact-SQL	1.393%	+0.54%	A
13	14	↑	Visual Basic .NET	1.320%	+0.44%	A
14	12	↓↓	Delphi/Object Pascal	0.918%	-0.09%	A--
15	20	↑↑↑↑↑	MATLAB	0.841%	+0.31%	A--
16	13	↓↓↓	Lisp	0.752%	-0.22%	A
17	19	↑↑	PL/SQL	0.751%	+0.14%	A
18	16	↓↓	Pascal	0.620%	-0.17%	A-
19	23	↑↑↑↑	Assembly	0.616%	+0.11%	B
20	22	↑↑	SAS	0.580%	+0.06%	B

- Java(자바)

1991년 '선 마이크로시스템(Sun Microsystems)' 사가 개발한 프로그래밍 언어로 객체지향 프로그래밍 언어이다. 객체지향 프로그래밍 언어에 대해서는 10장에서 자세히 다룰 것이다. 웹과 관련된 시스템이나 다양한 운영체제에서 호환성이 뛰어나며 보안성이 강하다.

- C++(C 플러스 플러스)

C 언어를 기반으로 확장시킨 객체지향 프로그래밍 언어로 운영체제 개발, 서버 프로그래밍, 데이터베이스 등 광범위하게 사용되고 있다.

- Objective-C(오브젝티브-C)

'Productivity Products International' 사에 의해 개발된 것으로 C 언어에서 파생된 객체지향 프로그래밍 언어이다. 애플의 매킨토시 운영체제에서 사용되고 있으며 최근 스마트 기기의 애플리케이션 개발용으로 많이 사용되고 있다.

- PHP(Hypertext Preprocessor)

웹 시스템 개발에 특화된 프로그래밍 언어로 컴파일이 필요 없는 인터프리터(Interpretor) 언어이다. 코드의 작성 양이 적고 직관적인 코드 작성이 가능하다. 데이터베이스와의 연동이 매우 쉽고 윈도우, 유닉스, 리눅스, 매킨토시 등 다양한 운영체제에서 작동한다.

- C#(C 샵)

'마이크로소프트(Microsoft)' 사가 .Net(닷넷) 플랫폼을 위해 개발한 객체지향 프로그래밍 언어이다. C++를 기반으로 Visual Basic(비주얼 베이직)의 편의성을 결합하여 제작하였다. 그래서 이 두 가지 언어의 장점인 사용자 친화성, 객체지향성, 다중성 등의 특징이 있다. 웹 프로그램, 윈도우 응용 프로그램, XML 웹 서비스 등을 구현하는 데 주로 사용된다.

- Visual Basic(비주얼 베이직)

마이크로소프트에서 개발한 윈도우용 응용 프로그램 개발 언어이다. GUI(Graphic User Interface) 프로그램을 개발하는 데 강력하고 애니메이션, 데이터베이스 작성까지도 가능한 소프트웨어 개발도구이다. 엑셀(Excel)이나 액세스(Access) 등과 같은 응용 프로그램과 같이 사용할 수 있다.

- Python(파이썬)

귀도 반 로섬(Guido van Rossum)이라는 프로그래머가 개발한 대화형 인터프리터 언어이다. 컴파일할 필요 없이 실행되며 라이브러리가 강력하여 초보자도 쉽게 접근할 수 있다. 다른 언어에 비해 코드가 짧지만, 속도가 느리다는 특징을 가진다. 최근에 배우기 쉽다는 장점 때문에 학교나 초보자들에게 주목받고 있으며 해킹 보안과 관련해 많이 사용되고 있다.

- Ruby(루비)

마쓰모토 유키히로(Matsumoto Yukihiro)에 의해 개발된 객체지향 스크립트 언어이다. 오픈 소스로 코드가 간결하고 생산성을 강조한다. 자연스럽게 읽고 쓰기 편한 프로그램을 만들 수 있다.

- Perl(펄)

래리 월(Larry Wall)이 개발한 인터프리터 방식의 언어이다. 문자열(String) 처리에 강력해서 웹과 관련된 프로그래밍에 최적화되었다. 또한, 코드를 자연어처럼 쓸 수 있고 자유도가 높다.

대화법

일반적으로 프로그래밍 언어로 작성된 것을 컴퓨터가 이해해서 실행하게 하려면 번역하는 과정을 거쳐야 한다. 즉, 프로그래밍 언어로 작성된 코딩을 컴퓨터가 이해하도록 기계어로 바꿔줘야 한다. 번역해주는 방법에는 컴파일러(Compiler)와 인터프리터(Interpreter)가 있다. 컴파일러는 프로그램 전체를 번역하기 때문에 번역 속도는 느리지만, 실행 속도는 빠르다. 인터프리터 방식은 프로그램 한 줄씩 번역하고 실행하기 때문에 번역 속도는 빠르지만, 실행 속도는 느리다.

> | Definition |
>
> **컴파일(Compile)** : 프로그래밍 언어를 컴퓨터가 이해할 수 있는 기계어로 번역하는 것을 컴파일이라고 한다. 이것을 처리하는 프로그램을 컴파일러라고 한다.
>
> 컴파일의 뜻은 본래 '데이터, 서류, 출처로부터 자료나 책으로 엮다, 편집하다.'이다. 컴퓨터 세계에서 컴파일은 주어진 소스를 컴퓨터가 이해할 수 있도록 기계어로 변환한다는 의미이다. 모든 소프트웨어는 실제로 컴퓨터 안에서 기계어로 구성되어 있지만, 사용자들에게는 인간이 이해할 수 있는 문자나 시각언어로 변환되어 화면에 보인다. 중간에 통역자의 역할을 해주는 것이 컴파일이라고 할 수 있다.
>
> **인터프리트(Interpret)** : 컴파일과 같이 소스코드를 기계어 코드로 번역하는 것이다. 이것을 처리하는 프로그램을 인터프리터라고 한다. 컴파일러는 프로그래밍 전체를 한꺼번에 번역하지만, 인터프리터는 한 줄씩 번역한다.

번역 단계에서 컴퓨터와 약속한 프로그래밍 언어의 문법이 맞지 않으면 컴퓨터는 이해하지 못하고 에러 메시지를 보낸다. 프로그래밍 언어에서는 마침표 하나만 빠져도 이해하지 못해 실행되지 못한다. 그러므로 프로그래머는 인간의 언어보다 프로그래밍 언어의 문법을 더 정확하게 알고 사용해야 한다.

종종 에러의 원인이 되는 잘못된 문법을 찾기 위해 빼곡히 써내려간 코딩을 눈이 빠지도록 읽는다. 잘못된 오타 하나, 세미콜론 하나를 찾기 위해 뜬눈으로 밤을 새우기도 한다. 하지만 최근 언어들은 친절하게도 코딩하면서 잘못된 부분이 있으면 알아서 에러 메시지를 띄워주고 어느 부분이 어떻게 잘못된 것 같다고 알려준다.

또한, 그 많은 문법을 다 외울 필요 없이 참고(References)를 찾아가며 코딩해 나갈 수도 있다. 잘못된 문법을 발견하고 필요한 문법을 찾다 보면 프로그래밍 언어에 익숙해지고 점점 프로그래밍 속도가 빨라질 것이다.

SECTION 2
언어의 구조와 문법

프로그래밍 언어의 어휘구조는 기본적으로
영어의 알파벳으로 구성된 단어와 숫자, 특수문자 등을 사용한다.
인간의 언어에도 약속해 놓은 규칙인 문법이 있듯 컴퓨터와의 대화를 위한 언어에도 문법이 있다.
이를 구문(Syntax)이라고 한다.
한국어와 영어의 문법이 다른 것처럼 프로그래밍 언어마다 구문도 다르다.

문장 쓰기

우선 프로그래밍을 처음 접하는 사람들이 알아두어야 할 규칙이 있다. 늘 프로그래밍을 하는 사람에게는 당연하지만 처음 접하는 사람에게는 생각지도 못한 낯설고 신기한 것이 분명하다.
코딩은 대략 다음과 같이 작성한다. 다음의 프로그래밍 언어가 암호처럼 보일지도 모르겠다. 지금은 세부적인 문법 내용을 몰라도 괜찮다. 문장을 작성하는 일반적인 쓰기 방식을 중심으로 보자. ('프로세싱' 프로그램 설치 및 코딩방법은 다음에 이어지는 3장에서 자세히 다루고 있다.)

다음의 코딩은 '프로세싱'을 사용해 격자 무늬를 그리라는 명령을 수행하기 위한 것이다.

사용 예제 : Chapter02_01.pde

```
void setup() {
  size(320, 240);
}

void draw() {
  background(125);
  noStroke();
  for (int i = 0; i < height; i += 20) {
    fill(230, 190, 15);
    rect(0, i, width, 10);
    fill(255);
    rect(i, 0, 10, height);
  }
}
```

13줄로 이루어진 이 코딩은 다음과 같은 프로그래밍 언어 문법 규칙에 따라 쓰였다.

● **위에서 아래로의 순서를 따른다**

코딩에서는 무조건 위에서 아래로 차례대로 순서를 철저하게 지킨다.

<여덟 번째 줄>　fill(230, 190, 15);

노란색으로 채우라는 뜻으로 가로가 긴 사각형인 rect(0, i, width, 10);에 적용된다.

<열 번째 줄> fill(255);

하얀색을 채우라는 뜻으로 세로가 긴 사각형인 rect(i, 0, 10, height);에 영향을 준다. 따라서 완성된 그림을 보면 여덟 번째 줄이 실행되어 맨 위에 그려진 가로가 긴 노란색 사각형이 먼저 그려진다. 그 뒤로 열 번째 줄이 실행되어 그 위에 세로가 긴 하얀색 사각형

이 맨 왼쪽에 그려졌다. 하얀색을 채우는 fill(255); 문장이 윗줄에 있는 가로로 긴 사각형에 영향을 주지는 않는다.

```
fill(230, 190, 15);
rect(0, i, width, 10);
fill(255);
rect(i, 0, 10, height);
```

프로그래밍 언어의 문법에서 아래에서 위로 영향을 주는 문장은 없다. 마치 자동차가 도로에서 전진만 있고 후진은 할 수 없는 것처럼 말이다.

● **앞의 예제에서 13줄의 문장을 한 줄로 써도 결과 값은 똑같다**

코딩을 작성하는 화면에서 키보드의 엔터를 쳐서 줄 바꿈을 했다고 해도 컴퓨터가 그 동작을 이해하지는 못한다. 프로그래밍에서는 직접 '이 문장은 끝나고 다음 문장으로 넘어간다.'라는 코딩으로 알려주어야 한다. 이 의미로 약속한 기호가 세미콜론(;)이다. 따라서 컴퓨터가 일을 수행할 때 화면상에서 보이는 코딩의 문장이 줄 바꿈을 했는지는 중요하지 않다.

다음에 제시한 [Case A]와 [Case B]는 우리가 보기에는 다르게 보이지만, 컴퓨터는 이 두 가지 경우를 같은 것으로 이해한다. [Case B]와 같이 줄 바꿈을 한 것은 작성하는 프로그래머나 사용자가 보기 편하게 하려는 것으로 일반적인 작성법이다.

- [Case A]

사용 예제 : Chapter02_02CaseA.pde

```
void setup() { size(640, 360); }
void draw() { background(127); noStroke(); for (int i = 0; i < height; i += 20) { fill(129, 206, 15); rect(0, i, width, 10); fill(255); rect(i, 0, 10, height); }}
```

- [Case B]

```
사용 예제 : Chapter02_03CaseB.pde
void setup() {
  size(640, 360);
}

void draw() {
  background(127);
  noStroke();
  for (int i = 0; i < height; i += 20) {
    fill(129, 206, 15);
    rect(0, i, width, 10); fill(255); rect(i, 0, 10, height);
  }
}
```

띄어쓰기도 마찬가지이다.

다음 [Case C]와 [Case D]는 띄어쓰기와 공백이 다르지만, 컴퓨터는 이 두 가지 코딩에 대한 이해가 같아서 결과 값은 똑같이 발생한다. 단, 'size'나 'background'와 같은 함수 이름을 's ize'와 같이 쓸 수는 없다.

- [Case C]

```
사용 예제 : Chapter02_04CaseC.pde
size(300, 200);
background(100);
```

- [Case D]

```
사용 예제 : Chapter02_05CaseD.pde
size
( 300,          200)
;
background    (100        )         ;
```

● 스펠링 하나, 쉼표 하나의 오타에 따라 프로그래밍이 달라지거나 작동이 안 될 수 있다. 예를 들어, 앞의 코딩 [Case B]에서

<다섯 번째 줄> background(127);

부분을 실수로 backgorund(127);이라고 썼다고 해보자. 'r'과 'o'의 순서가 바뀌어 스펠링에 오타가 생겼다. 이 단어를 아는 사람이라면 글자를 보고 스펠링에 오타가 난 것이고, 'background'의 의미도 충분히 인지할 것이다. 하지만 '프로세싱' 언어에서 약속한 background 명령어의 스펠링이 다르면 컴퓨터는 전혀 이해하지 못하고 에러가 발생한다. 에러가 발생하면 프로그래머는 문법상 무슨 문제가 있는지 그 원인을 찾아서 수정해야 한다.

```
사용 예제 : Chapter02_06backgorund.pde
void setup() {
  size(640, 360);
}

void draw() {
  backgorund(127);
  noStroke();
```

```
    for (int i = 0; i < height; i += 20) {
      fill(129, 206, 15);
      rect(0, i, width, 10);
      fill(255);
      rect(i, 0, 10, height);
    }
  }
```

● **영어의 대소문자가 영향을 미치는 프로그래밍 언어가 있다**

'프로세싱' 언어는 대소문자를 구별하여 사용한다. 앞서 배운 코딩의

<여섯 번째 줄> noStroke();

는 테두리가 없다는 의미이다. 이것을 nostroke();이라고 모두 소문자만을 이용해서 쓰면 선이 없다는 명령어로 이해하지 못해 실행되지 않는다.

사용 예제 : Chapter02_07nostroke.pde
```
void setup() {
  size(640, 360);
}

void draw() {
  background(127);
  nostroke();
  for (int i = 0; i < height; i += 20) {
    fill(129, 206, 15);
    rect(0, i, width, 10);
    fill(255);
    rect(i, 0, 10, height);
  }
}
```

● **묶어주는 괄호는 반드시 짝으로 다닌다. 여는 괄호가 있으면 반드시 닫는 괄호가 있어야 한다**

프로그래밍 코드에서는 괄호를 사용하여 블록 단위로 문장을 구성한다. 괄호의 사용은 기능의 시작과 끝을 구분해준다. 또한, 큰 기능 안에 작은 기능을 구분하기도 하고, 프로그래머들이 보기 편하게 만들어주기도 한다. 중요한 것은 여는 괄호와 짝이 되는 닫는 괄호가 없으면 에러가 발생하기 때문에 꼭 짝을 찾아 넣어주어야 한다.

앞의 코딩은 그래도 단순한 편이지만, 길이가 길어지고 괄호의 개수가 많아지면 짝을 구분하기 어렵고 놓칠 수 있기 때문에 주의가 필요하다. 특히 중괄호 { } 안에 다른 중괄호 { }를 포함할 때는 들여쓰기를 활용해서 구분해준다. 들여쓰기 역시 사용자가 보기 편하게 해줄 뿐이지 문법에는 영향을 주지 않는다.

사용 예제 : Chapter02_08Brackets.pde

```
void setup() {
  size(640, 360);
}

void draw() {
  background(127);
  noStroke();
  for (int i = 0; i < height; i += 20) {
    fill(129, 206, 15);
    rect(0, i, width, 10);
    fill(255);
    rect(i, 0, 10, height);
  }
}
```

● 괄호 안의 숫자나 단어들은 각 순서에 대해 정해진 의미가 있다

예를 들어 'fill'이라는 명령어는 뒤에 따라나오는 소괄호 안에 있는 값만큼 색을 칠하라는 의미이다. 똑같이 'fill'이라는 명령어를 쓰더라도

<열 번째 줄> `fill(255);`

처럼 숫자가 1개인 경우는 검은색에서 하얀색까지의 무채색 수치값을 의미하는 것으로 255는 하얀색이다.

<여덟 번째 줄> `fill(129, 206, 15);`

와 같이 숫자가 3개인 경우는 각각 순서대로 R(Red), G(Green), B(Blue) 값을 표현한 것이다.

● 부등호와 등호와 같은 기호들은 일반 수학에서 의미하는 것과 다를 수 있다

산수 시간에 배웠던 등호(=)는 프로그래밍 언어에서 형태는 같지만 의미가 다르다. 수학적 의미로는 '같다(Equal)'를 의미하지만, 프로그래밍 언어에서는 '대입하다(Assign)'라는 의미가 있다. 수학 연산자에 대한 사항은 다시 자세히 설명할 것이다.

변수(Variables)

변수는 단어의 뜻 그대로 변하는 수치이다. 프로그래밍에서는 단어 그대로의 뜻보다 더 중요한 의미가 있다. 인간이 프로그래밍을 하면 컴퓨터는 쓰인 코딩의 순서대로 자신의 메모리에 정보를 기억하면서 일을 처리해 나간다. 변수는 컴퓨터가 명령을 수행하는 데 필요한 자료나 데이터값을 넣어두는 메모리 공간에 대한 위치를 의미한다.

| **Definition** |
변수(Variables) : 컴퓨터에서 처리되는 값을 저장하는 메모리 공간, 또는 위치를 말한다.

우리가 사는 집이라는 공간의 위치를 표시하기 위해서 주소가 있듯, 컴퓨터의 메모리에도 각 공간의 위치에 대한 주소가 있다. 데이터를 메모리의 어떤 위치에 저장했는지 기억하기 위해 붙이는 주소가 변수 이름이다.

그런데 변수로 주소를 한 번 부여하면 그 공간 안의 데이터값은 고정된 것이 아니라 다른 데이터값으로 바뀌어 저장될 수 있다. 즉, 논현동 1,000번지 주소의 집에 40세 주부가 살 수도 있고, 세입자가 바뀌어 7세 초등학생이 살 수도 있다. 이처럼 a라는 변수의 메모리 공간에 0이 들어갈 수도 있고, 1 또는 100이 들어갈 수도 있다.

주소를 부여할 때 구를 먼저 쓰고 이어서 동네 이름, 번지수 또는 길 이름이 붙는 것처럼 프로그래밍의 변수도 이름을 붙일 때 따라야 할 규칙이 있다. 이렇게 주소를 부여하는 것을 '선언한다'라고 말한다.

〈인간의 언어〉
a번지 집에 0이 살고 있다.
b번지 집에 1이 살고 있다.

〈프로그래밍 언어〉
a = 0
b = 1

프로그래밍 언어에서는 정확하게 'a라는 변수에 0이라는 데이터를 넣는다.'라는 의미이다. 변수는 프로그래머가 필요한 때 직접 만든다.

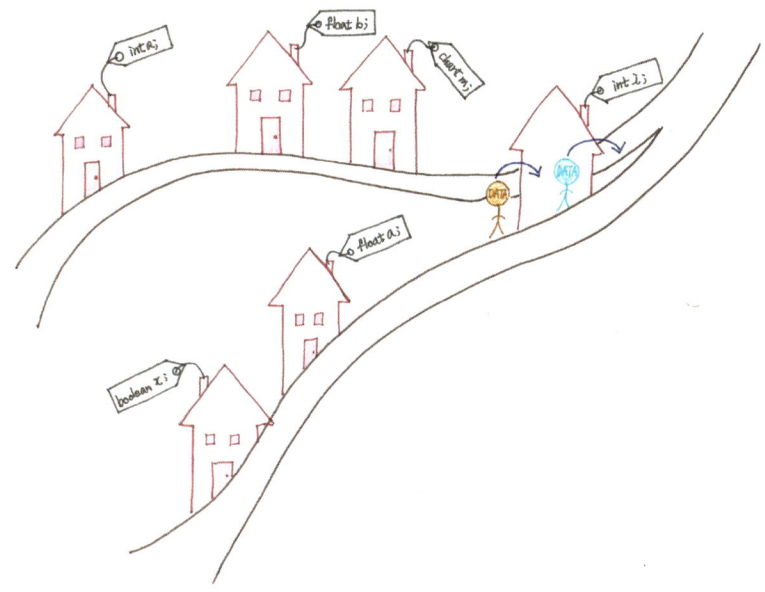

변수명의 규칙

변수명을 정할 때는 다음과 같은 규칙을 따른다.

● **변수명의 첫 문자는 A~Z, a~z, 0~, _(Under bar), $(Dollar)가 가능하다**

숫자 사용은 불가능하다. 다음과 같이 a, name, Num_first 등으로 쓸 수 있다.

```
a = 10
name = 100
Num_first = 1000
```

● **변수명의 길이는 제한이 없다**

그러나 명쾌하고 짧으며 쉽게 기억할 수 있는 것이 좋나. aaaaaaaaaaaa라고 써도 되지만, 사용자가 쉽게 알아볼 수 있는 apple이 더 좋은 변수명이다.

```
aaaaaaaaaaaa = 10;
apple = 100;
```

● 영문자의 대소문자는 별개의 것으로 구분된다

변수 a와 A는 다르다. 같은 공간이 아니라 다른 공간으로 구별된다.

```
a = 10
A = 10
```

● 예약어(Keyword)는 사용할 수 없다

예약어는 말 그대로 이미 그 프로그래밍에서 의미와 용도가 정해져 있는 단어이다. 예약어에는 다음과 같은 단어들이 있다.

기본형 데이터 타입 : boolean, true, false, byte, short, int, long, float, double, char

제어문 관련 : break, continue, case, default, do, else, switch, while, for, if

접근 지정자 : private, protected, public

클래스, 메서드, 멤버 : final, abstract, static

클래스 관련 : interface

기타 : synchronized, transient, volatile, native

클래스 관련 : class, new, super, this, instanceof

예외 관련 : try, catch, finally, throw, throws

메서드 관련 : return, void

디버그 관련 : assert

상속/구현 관련 : extends, implements

패키지 관련 : package, import

기타 : const, goto, enum

주소는 내가 기억하고 다른 사람이 찾기 쉬워야 한다. 그러므로 변수의 이름은 간략하면서도 서로 알아보기 쉽도록 선언하는 것이 좋다.

변수를 선언할 때 그 공간 안에 저장할 데이터 형식을 지정해 준다. 변수명을 a라고 선언할 때 이름 앞에 int 또는 float 등의 데이터 유형을 쓴다. int는 integer라는 정수를 의미하는 것이고 float는 소수를 말한다.

```
int a
float b
```

데이터 유형	데이터
int	정수	⋯ −3, −2, −1, 0, 1, 2, 3, ⋯
float	소수	⋯ −0.3, −0.2, −0.1, 0.0, 0.1, 0.2, 0.3, ⋯
boolean	논리값	true(참) 또는 false(거짓)
char	문자	a, b, c, ⋯ A, B, C, ⋯

변수명 선언하기

그럼 이제 변수명을 어떻게 선언하고 사용하는지 그 방법을 보자. 변수를 사용하고 싶다면 우선 변수를 선언하고 처음의 변숫값을 초기화해야 한다. 초기화한다는 것은 변수에 처음 대입하는 값을 지정하는 것을 말한다. 이를 표현하는 방법에는 2가지가 있다.

● **변수를 선언하고 그다음에 초기화**

변수를 선언하는 문장을 하나 만들고, 새로운 문장으로 변수를 초기화한다.

```
데이터형 변수명;
변수명=초기화 값;
```

```
int a;        // 변수 선언  (a라는 변수를 지정하고 정수 값만을 저장하도록 한다.)
a = 12;       // 변수 초기화  (a라는 변수에 처음 저장된 값은 12이다.)
```

● **동시에 변수 선언과 초기화**

변수 선언과 초기화를 동시에 한 문장으로 만드는 것이다.

```
데이터형 변수명 = 초기화 값;

int a = 12;   // 변수 선언과 초기화(정수 값만을 저장하도록 하는  a라는 변수를 지정하고 처음
              // 12라는 값을 저장한다.)
```

앞의 2가지 방법은 결국 같은 결과를 나타낸다. 2가지 방법 중에 상황에 따라 편한 방법을 선택하면 된다. 그러나 이와 같은 2가지 방법을 혼동하여 다음과 같이 쓰면 에러가 발생한다.

```
int a;           // 변수 선언  (a라는 변수를 지정하고 정수 값만을 저장하도록 한다.)
int a = 12;      // 변수 선언과 초기화  (정수 값만을 저장하도록 하는  a라는 변수를 지정하고
                 // 처음  12라는 값을 저장한다.)
```

이것은 변수 a를 두 번이나 지정한 것이 되므로 똑같은 주소가 2개가 될 수 없는 것과 같아서 프로그램을 수행하지 못한다.

논리식

컴퓨터 세상에서는 우리가 알고 있던 논리식과 수식에 대한 표현과 의미가 다른 부분이 있다. 우선 참(True)과 거짓(False)을 밝히는 논리에는 다음과 같은 것들이 있다.

일상적인 언어에서는

나는 학생이다. → 참

나는 커피를 좋아한다. → 참

나는 외계의 별에서 왔다. → 거짓

수학을 기반으로 한 논리학에서는

10보다 25가 더 작다. → 거짓

0은 -10보다 같거나 크다. → 참

7과 7은 같다. → 참

이것을 일반 수학에서 수식으로 쓰면

10 > 25 → 거짓

0 = -10 or 0 > -10 → 참

7 = 7 → 참

그런데 프로그래밍 논리식에서 사용하는 연산자는 일반 수학에서 사용하는 연산자와 비교하여 생김새와 의미가 같은 것도 있지만 비슷하면서 다르게 표현되는 것들도 있다. 예를 들어 곱셈 연산자는 일반 산수에서 '×'로 나타내지만, 프로그래밍에서는 '*'로 표현한다. 프로그래밍에서 사용되는 연산자를 정리하면 다음과 같으니 반드시 기억해 두어야 한다.

● **산술 연산자**

연산자	의미
+	덧셈
-	뺄셈
*	곱셈
/	나눗셈
%	나머지
=	대입(저장)

주의하자! 등호(=)는 일반 산수에서 사용하는 '같다(equal)'와는 다른 중요한 의미가 있다. 프로그래밍에서 등호(=)는 부호 오른쪽에 있는 값을 왼쪽에 저장한다는 의미로 해석해야 한다.

a = a + 2;라는 코드는 등호(=) 왼쪽에 있는 a와 오른쪽에 있는 a + 2가 같다는 뜻이 아니다. 오른쪽에 있는 a + 2의 데이터값을 왼쪽의 a라는 변수에 대입(Assign)한다는 것을 의미한다. 이것은 a += 2;로도 표현할 수 있다.

a = a + 2;
a += 2;

● **대입 연산자**

연산자	의미
+=	더한 값을 대입
-=	뺀 값을 대입
*=	곱한 값을 대입
/=	나눈 값을 대입
%=	나머지를 대입

● **증감 연산자**

연산자	의미
++	증가 연산자 (자신의 값을 하나 증가시킨다.)
--	감소 연산자 (자신의 값을 하나 감소시킨다.)

● 비교 연산자

연산자	의미
==	같다.(산수의 등호와 같은 의미로 프로그래밍에서 등호를 두 번 쓰는 것으로 표현한다.)
<	작다.
>	크다.
<=	작거나 같다.
>=	크거나 같다.
!=	같지 않다.

● 논리 연산자

연산자	의미
&&	그리고
||	또는
!	~가 아니다.

● 연산 순서

산수에서는 +인 덧셈이 먼저라든지 ( ) 값의 연산이 우선시된다는 규칙이 있다. 프로그래밍에서도 연산의 우선순위가 있다. 다음은 연산의 순서를 나열한 것이다.

순서	연산자	의미
1	( )	괄호
2	++, --, !	전치, 후치, 단항 연산자
3	*, /, %	곱셈과 나눗셈
4	+, -	덧셈과 뺄셈
5	% >, <, <=, >=	관계
6	==, !=	동등
7	&&	논리곱
8	||	논리합
9	=, +=, -=, *=, /=, %=	대입(할당)

함수(Function)

함수(Function)라는 뜻이 영어로 '기능'인 것처럼 일련의 처리 집합을 말한다. 본래 수학에서 함수라고 하는 것은 변수 x와 y 사이에 x값에 따라 y값이 정해지는 관계에 있을 때 y는 x의 함수라고 한다. 프로그래밍 언어에서 함수를 좀 더 쉽게 이해할 수 있도록 기본적인 개념을 알아보자.

● **함수의 개념**

다음 그림과 같이 과자를 만드는 기계가 있다고 하자. 이 기계의 기능은 '동그란 쿠키를 만든다.'이다. 여기에 밀가루를 넣고 기계를 돌리면 그 결과 동그란 밀가루 쿠키가 만들어진다. 밀가루 대신 초콜릿을 넣으면 동그란 초콜릿 쿠키가 만들어진다.

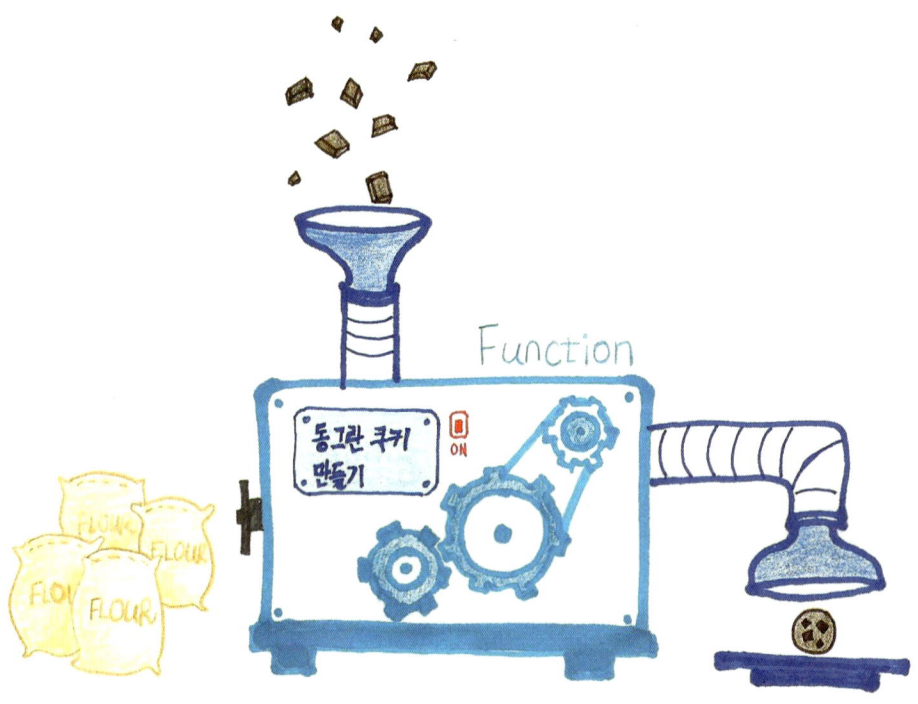

프로그래밍 언어에서는 동그란 쿠키를 만드는 기계가 하나의 함수가 되는 것이다. 동그란 밀가루 쿠키와 동그란 초콜릿 쿠키를 만드는 데 기계를 따로 만들 필요가 없다. 동그란 과자를 만드는 기계 하나를 만들어놓고 들어가는 재료를 달리하면 된다. 동그란 쿠키라는 결과는 같지만, 재료에 따라 맛이 다른 과자가 2개가 생기는 것이다.

예를 들어 프로그래밍에서 색상이 다른 우주선을 여러 대 만든다고 가정해보자. 우주선을 그리는 함수를 하나 만들어놓고 색상이라는 재료만 다르게 해서 실행할 수 있다. 빨간색 재료가 들어가면 빨간색 우주선이 생기고, 파란색 재료를 넣으면 파란색 우주선이 그려지는 것이다. 함수를 이용하여 형태는 같지만 다른 색상의 우주선을 여러 대 그릴 수 있다. 이때 만들어놓은 기계인 함수를 가져오는 것을 '함수를 호출한다.'라고 표현한다. 넣는 재료는 '인수(파라미터)'라 하고 처리해서 나온 결과는 '반환 값'이라고 한다.

프로그래밍에서 많은 함수를 사용하는 이유는 모듈성(Modularity)에 있다. 예를 들어 레고는 한 칸짜리, 세 칸짜리, ㄱ자 블록 등 여러 가지 다양한 용도로 쓰이는 블록을 조합하여 비행기, 트럭, 성 등을 만들 수 있다. 이처럼 함수 역시 서로의 결합으로 다양한 형태를 만들 수 있다. 이런 블록 하나하나가 모듈이 되고 모듈을 결합하면 무궁무진한 결과물을 효과적으로 만들어낼 수 있다.

   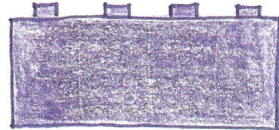

▲ 여러 가지 형태의 모듈

▲ 모듈의 조합하여 만든 다양한 형태의 결과물

| Definition |
함수(Function) : 특정 기능을 수행하는 독립적인 부분으로 프로그램을 구성하는 기본적인 구성 요소인 모듈을 말한다. 함수에는 프로그래밍 언어에서 이미 만들어진 '라이브러리 함수'와 사용자가 직접 만드는 '사용자 정의 함수'가 있다.

● 함수의 정의

함수는 이미 만들어진 것도 있고 새로 만들 수도 있다. 예를 들어 '프로세싱'에서 선을 그리는 line() 함수, 색을 채우는 fill() 함수 등은 이미 만들어져 있다. 이 프로그램 언어의 환경에 내장되어 있어서 필요할 때 이 함수들을 호출해서 사용할 수 있다.

함수명 : `line`
기능 : 파라미터의 두 점의 위치를 연결하여 선을 그린다.
파라미터 : 첫 번째 점의 위치 x값, 첫 번째 점의 위치 y값, 두 번째 점의 위치 x값, 두 번째 점의 위치 y값

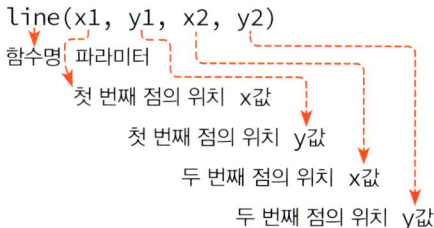

함수명 : fill(색을 채우는 함수)
기능 : 파라미터의 3가지 RGB 값을 섞어 최종 색을 만들어 채운다.
파라미터 : 빨간색(Red) 값, 초록색(Green) 값, 파란색(Blue) 값

```
fill(value1, value2, value3)
```
함수명 파라미터
　　　빨간색(Red) 값, 초록색(Green) 값, 파란색(Blue) 값

이 두 개의 함수가 합쳐져서 색상이 있는 선을 하나 그릴 수 있다. 파라미터의 값에 따라 원하는 색상에 원하는 길이의 선을 특정 위치에 그릴 수 있게 된다.

프로그래머가 직접 함수를 만들려면 앞서 말한 인자, 함수 이름, 반환 값을 포함하여 '정의'해야 한다. 이 장에서는 함수에 대한 기본 개념만을 이해하자. 3장에서 구체적으로 어떻게 함수를 호출하고 사용하는지 살펴볼 것이다.

Exercise

❶ 컴파일(Compile)이 무엇인지 정의하라.

❷ 다음을 변수로 선언

　(1) 정수 t의 변수를 선언하고 초깃값을 0으로 할당하라.
　(2) 소수 speed 변수를 선언하고 초깃값을 100으로 대입하라.

Interesting

랜덤(Random)

랜덤은 프로그래밍에서 참 매력적인 요소이다. 특히 '프로세싱' 프로그램에서 아름다운 비주얼을 만들 때 이 랜덤에서 나오는 아름다움을 곧 발견하게 될 것이다. 사실 일상적인 자연세계에서는 똑같은 것이 하나도 없다. 쌍둥이도 100% 똑같지 않다. 사람의 얼굴도 그렇고 나무나 눈꽃송이 하나하나 모두 다른 모습을 가지고 있다.

프로그래밍에서도 나뭇가지에 붙어 있는 수백 개의 나뭇잎을 자연스럽게 표현하고 싶다. 그러나 일일이 다른 모양을 만드는 데는 한계가 있다. 이때 하나씩 따로 나뭇잎을 만들지 않고 랜덤 요소를 사용하면 같은 형태에 계속 다른 색상을 무작위로 나타내게 한다든지 제한된 공간 안에 잎이 떨어지는 움직임을 랜덤으로 발생하게 할 수 있다. 물론 우리는 신도 아니고, 컴퓨터는 기계이기 때문에 자연과 같이 완벽하게 모두 다른 형태로 표현할 수는 없다. 일정 범위에서 무작위의 성격이 반영되는 것이다.

어찌 보면 랜덤이란 것은 자연스러운 표현이면서도 우연성의 미학인 것 같다. 잭슨 폴락(Jackson Pollock)의 그림에서 물감을 뿌려서 만드는 랜덤의 미학처럼 자연스러운 아름다움과 무엇이 나올지 몰라서 갖게 되는 기대감이 공존하게 된다.

▲ '프로세싱'에서 랜덤에 의해 만들어진 이미지

CHAPTER

03

프로세싱(Processing) 환경과 구조

'프로세싱'은 디자인과 예술분야의 시각적 표현이 강력하고 영어와 같거나 비슷한 단어를 명령어로 사용하고 있다. 초보자도 쉽게 접근할 수 있도록 한, 배려심이 많은 프로그래밍 언어이다. 프로세싱이 어떤 언어인지 살펴보고 기본적으로 갖추고 있는 환경과 인터페이스를 보면서 워밍업 시간을 갖자.

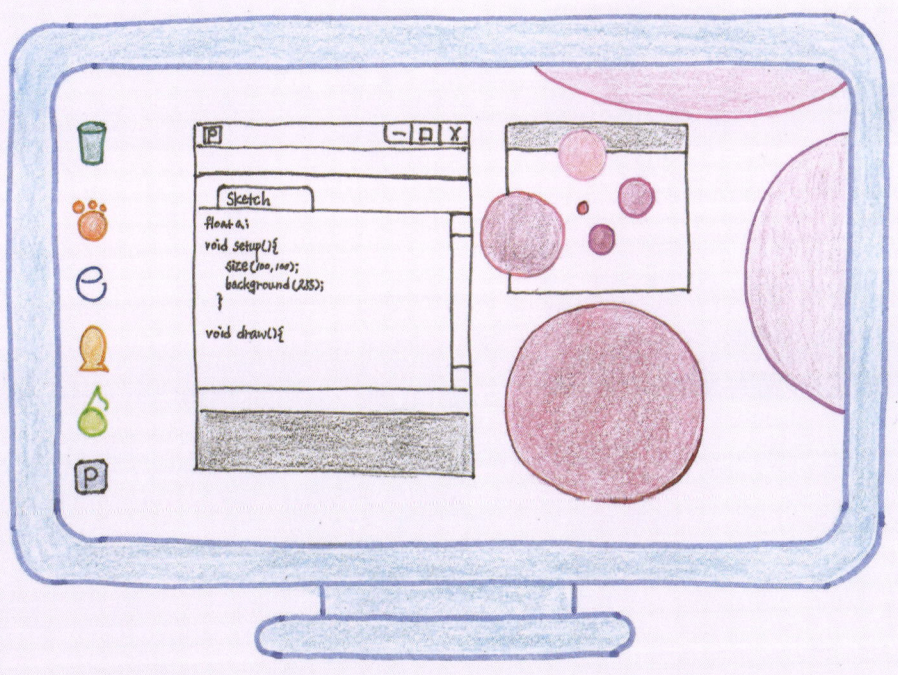

SECTION 1
프로세싱(Processing)이란?

'프로세싱(Processing)'과 처음 인사하는 자리이다.
어떤 일에 적합한 언어인지, 그리고 어떻게 구성되어 있는지 살펴보자.

프로세싱 이해

프로세싱이라는 프로그래밍 언어는 C++, Java, HTML 등과는 좀 다른 발상에서 탄생하였다. MIT 공대생들이 자바를 기반으로 개발한 프로그래밍 언어로서, 사용자 관점에서 쉽게 접근할 수 있게 하였다. 컴퓨터나 과학분야의 전문가가 아닌 디자이너나 아티스트와 같은 사람들이 좀 더 쉽게 프로그래밍 언어를 다룰 수 있도록 하였다. 2014년 1월 현재버전(Version) 2.1까지 발표되었다.

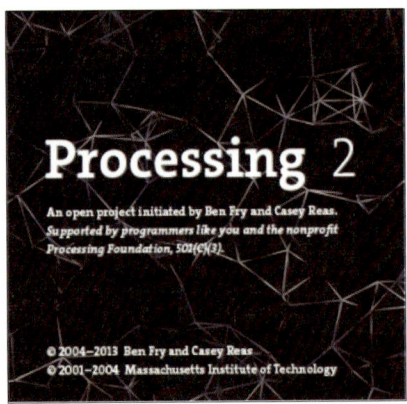

프로세싱의 가장 큰 장점은 시각적인 표현에 있다. 시각물을 중심으로 그래픽, 이미지, 애니메이션, 인터랙션을 쉽게 만들 수 있게 해준다. 이 언어를 개발한 사람들은 코드에 '스케치(Sketch)'라는 이름을 붙였다. 마치 그림을 그리듯이 코딩한다는 의미일 것이다.

프로세싱 설치하기

윈도우(Windows) 또는 매킨토시(Macintosh) OS에서 실행 가능하며 오픈 소스(Open Source)이기 때문에 누구나 자유롭게 내려받아서 얼마든지 써도 된다. 그것도 당당하게….

http://www.processing.org/download

이 홈페이지에서 자신이 사용하는 운영체제에 맞는 버전을 선택하여 내려받는다. 버전(Version) 2로 업데이트되면서 돈을 지급할 것인지에 대해 물어보는 새로운 단계가 생겼다. 무료로 사용하겠다면 'No Donation'을 체크하면 된다. 프로세싱에 대한 가치를 기부금으로 지급하겠다면 해당 금액을 체크하고서 내려받으면 된다.

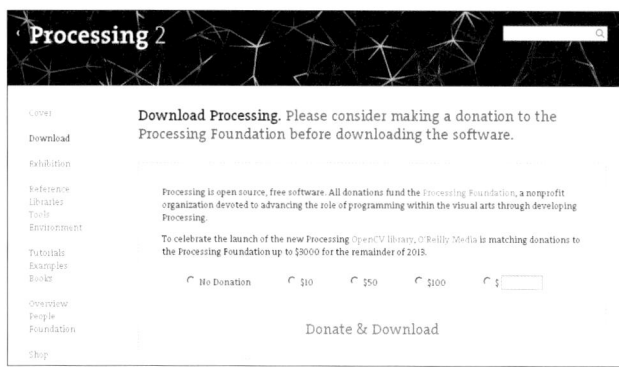

● 윈도우 환경 설치하기

zip 파일을 받아서 더블클릭하여 원하는 곳에 압축을 푼다. 꼭 'Program Files' 폴더가 아닌 '바탕화면'에 풀어도 상관없다. 원하는 곳에 압축을 풀면 그 안에 'processing.exe' 파일이 보인다. 이를 더블클릭하여 실행하면 설치된다.

프로세싱을 실행하면 다음 그림과 같이 프로세싱 화면을 볼 수 있다. 왼쪽 편집 창(Editor Window)에 실제로 코딩하고, 실행시키면 오른쪽과 같이 결과가 보이는 디스플레이 창(Display Window)이 나타난다.

▲ 텍스트 편집 창과 디스플레이 창

● **매킨토시 환경 설치하기**

앞에서와 같이 홈페이지에서 dmg 파일을 내려받는다. 프로세싱 아이콘을 응용 프로그램 폴더나 바탕화면에 드래그하여 이동한 후 더블클릭하면 실행된다.

프로세싱 구성

● **개발 환경 PDE(Processing Development Environment)**

프로세싱을 내려받아서 설치하면 다음과 같은 아이콘이 생긴다. 이 아이콘을 더블클릭하면 '프로세싱' 프로그램이 실행되고 위의 그림처럼 텍스트 편집 창이 작동을 시작한다. 코딩한 파일을 저장하면 파일명 뒤에 확장자명은 .pde로 붙는다.

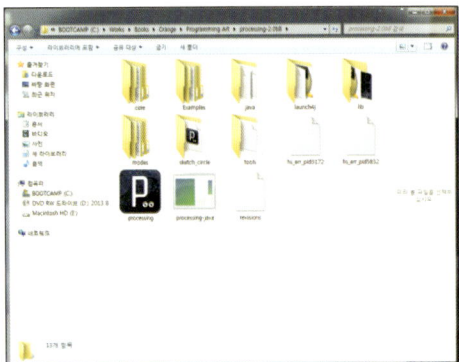 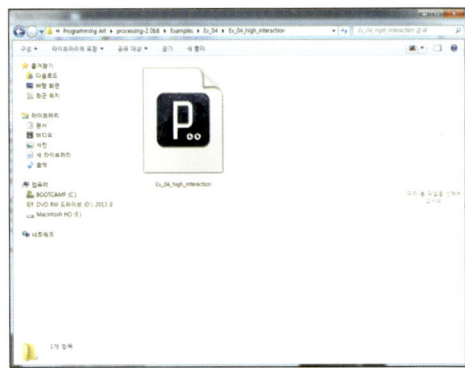

● 함수 모음(Collection of Functions)

2장에서 함수에 대한 개념을 언급하였다. 프로세싱의 가장 큰 특징 중 하나는 코딩이 간략하고 짧아서 다른 언어에 비해 프로그래밍이 쉽다는 것이다. 특히, 시각적 표현을 위한 함수들이 미리 만들어져 있고, 라이브러리가 잘 구성되어 있기 때문에 필요할 때 호출하여 사용하면 된다. 예를 들어 선을 하나 그리기 위해서는 다음과 같이 단 한 줄만 작성하면 된다.

line(30, 20, 85, 75);

여기서 line()은 선을 그리기 위한 함수가 되고 괄호 안에 들어가 있는 4개의 값은 함수의 행동(Behavior)을 결정하는 매개변수(Parameter)가 된다. 각 매개변수는 순서대로 첫 번째 점의 x값, 첫 번째 점의 y값, 두 번째 점의 x값, 두 번째 점의 y값을 의미한다. 그래서 이 두 점을 연결한 선을 하나 그리게 된다.

이러한 함수들이 모여 하나의 일을 수행하는 프로그래밍이 되는 것이다. 또한 라이브러리(Libraries)에 더 많은 함수가 준비되어 있다. 도서관의 책처럼 빼서 그대로 사용할 수 있다. 어떤 함수가 있는지를 알기만 하면 필요한 것을 찾아 활용하면 된다.

● 언어 문법(Language Syntax)

프로세싱의 조상은 자바이기 때문에 자바가 가진 객체지향 언어 OOP(Object Oriented Programming)의 유전자를 지니고 있다. 근본적인 원리가 같고 성격도 비슷하다. 그래서 만약에 자바를 사용할 줄 안다면 프로세싱은 금방 이해가 될 것이다. 프로세싱을 이해한다면 자바 역시 쉽게 접근할 수 있다. 객체지향 언어에 대해서는 10장에서 자세히 설명할 것이다.

● 온라인 커뮤니티

프로세싱 홈페이지를 비롯하여 관련된 사이트가 활성화되어 있다. 오픈 소스이므로 관련된 코딩 역시 대부분 오픈하여 공유하고 있다. 독자들도 다른 사람들의 소스를 참고하되 자신의 작품도 온라인에 공유하는 전문가가 되기를 바란다.

다음 관련된 홈페이지들에서 정보도 얻고 영감도 받으며 프로세싱에 대한 궁금증을 풀어보자.

● 프로세싱 공식 사이트(www.processing.org)

프로세싱의 모든 것을 볼 수 있는 공식 홈페이지이다. 프로세싱에 대한 기본 지식, 다운로드, 자료 모음, 예제, 문법 설명, 작품 등을 볼 수 있다.

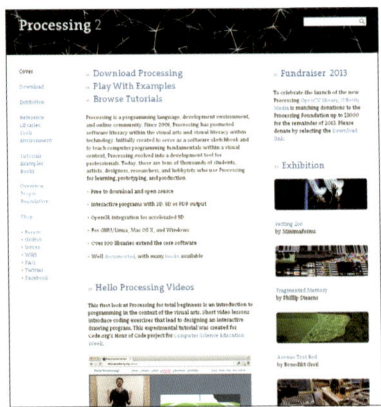

● Open Processing(www.openprocessing.org)

프로세싱 관련 작품이나 작업물들과 소스들을 볼 수 있는 홈페이지이다. 실제 프로세싱 사용자들이 직접 제작한 프로그램을 공유하여 다양한 예시와 작품들을 볼 수 있다.

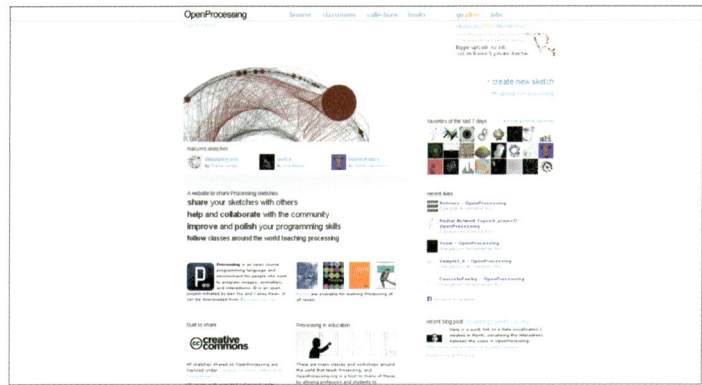

● Vimeo의 프로세싱(vimeo.com/tag:processing.org)

프로세싱과 관련된 동영상 자료를 볼 수 있는 곳이다. 프로세싱 관련 전문가의 강의나 작품 제작 과정 등을 고해상도 동영상으로 볼 수 있다.

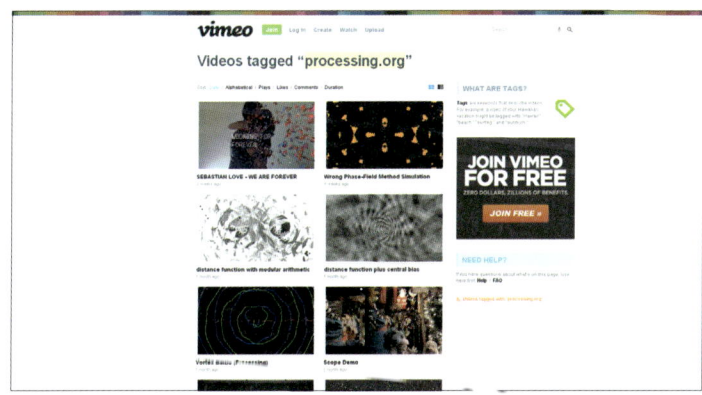

SECTION 2 프로세싱 작업환경 및 메뉴

이제 프로세싱이 어떻게 생겼는지 구경해 보자. 프로세싱을 사용하기 위한 인터페이스와 메뉴 구성에 대해 알아보자.

인터페이스(Interface)

설치된 프로세싱을 실행하면 일단 다음과 같은 창이 나온다. 이것이 앞에 설명한 프로세싱 개발 환경(PDE)이다. 인터페이스는 크게 2개의 창으로 나누어 볼 수 있다. 왼쪽의 그림과 같이 프로그래밍을 코딩하고 텍스트를 편집할 수 있는 편집 창(Editor Window)이 나타난다. 무엇인가를 코딩하고 나서 프로그래밍을 실행시키면 오른쪽과 같은 디스플레이 창(Display Window)이 생기고 결과물이 나타난다.

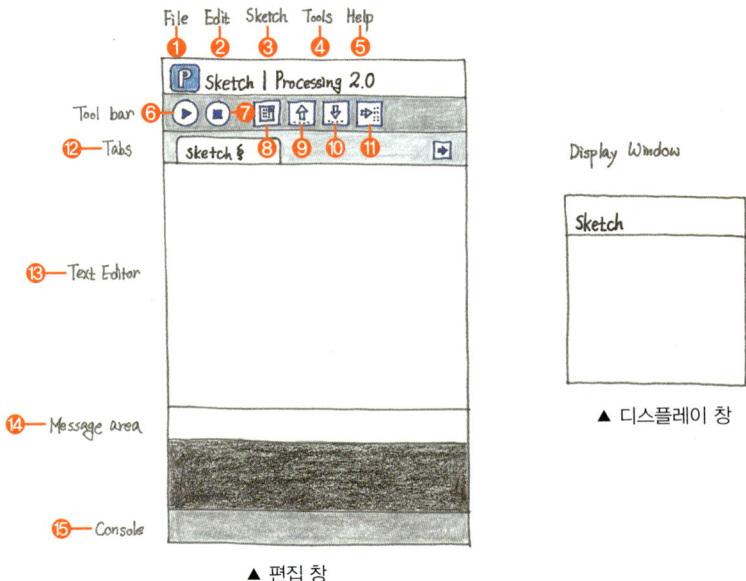

▲ 편집 창

▲ 디스플레이 창

● 메인 메뉴(Menu)

❶ File

프로세싱 전체에 대한 운영과 파일에 대한 저장(Save), 내보내기(Export) 등이 있다.

❷ Edit

텍스트 편집에 대한 조정으로 자르기(Cut), 복사(Copy), 붙이기(Paste), 찾기(Find) 등이 있다.

❸ Sketch

프로그램을 실행(Run)하거나 정지(Stop)할 수 있다. 또한, 미디어 파일을 더하거나 라이브러리를 가져오는 메뉴가 있다.

❹ Tools

프로세싱을 사용하는 데 도와주는 도구들로 폰트 파일을 만들거나 색을 선택하는 기능이 있다.

❺ Help

환경과 언어에 대한 설명과 참조(Reference)가 있다.

● 툴바(Toolbar) 아이콘 메뉴

❻ Run

프로그래밍을 코딩한 결과를 보기 위한 실행 아이콘이다.

❼ Stop

실행하고 있는 것을 멈춘다.

❽ New

새로운 프로그래밍을 시작한다.

❾ Open

이미 저장된 프로세싱 파일을 연다.

❿ Save

파일을 저장하면 기본적으로 'sketchbook' 폴더가 생성되고 그 안에 pde 파일로 저장된다.

⓫ Export Application

프로그래밍한 파일을 저장하고, 이 'Export Application' 아이콘을 클릭하면, 저장한 파일을 리눅스(Linux), 매킨토시(Macintosh), 윈도우(Windows) 등 원하는 플랫폼에서 사용할 수 있게 내보낼 수 있다.

⓬ 탭(Tabs)

현재 오픈되어 있는 'Sketch'의 이름이 탭으로 나와 있다. 여러 개가 오픈되어 있는 경우 원하는 파일의 이름 탭을 클릭하여 편집한다.

⓭ 텍스트 편집(Text Editor)

하얀색 공간이 코딩할 수 있는 텍스트 편집기(Text Editor)이다. 직접 이곳에 입력하여 프로그래밍을 작성한다.

⓮ 메시지 영역(Message Area)

한 줄로 알려줄 메시지가 나온다.

⓯ 콘솔(Console)

자세한 메시지 상황이나 에러 상황에 대한 것들이 표시된다.

예제(Examples)

[File] 메뉴에 있는 [Examples]에는 꼭 염두에 두어야 할 예제 모음이 들어 있다. 미리 프로그래밍이 되어 있는 수많은 예제가 저장되어 있다. 기본적 예제인 'Basics'과 주제별로 모아놓은 'Topics' 폴더가 있다. 폴더를 열어서 원하는 pde 파일을 더블클릭하면 편집 창에 예제의 코딩이 나타난다. 오픈 소스이므로 예제를 활용하는 것도 좋은 방법이다.

그러나 프로세싱에 대한 언어의 사용법을 잘 모르면 만들어진 코딩이 그림의 떡이나 다름없다. 수많은 좋은 예제가 있으나 자신이 표현하고 싶은 것으로 수정하고 활용하기 위해서는 언어에 대한 이해가 먼저 수행돼야 한다.

일단 궁금하면 예제에서 제목을 보고 더블클릭해서 편집 창으로 불러와 실행해보자. 무궁무진한 소스들이 있고, 표현 가능성을 살펴볼 수 있으니 자신에게 좋은 영감을 불러줄 것이다.

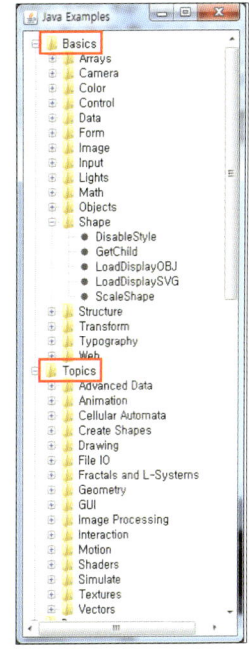

다음 그림은 [Examples] 메뉴에서 [Basics〉Shape〉ScaleShape]라는 파일을 실행한 것이다. 원하는 파일을 더블클릭하면 텍스트 편집 창에 'ScaleShape.pde' 프로그램 파일의 코드가 열린다. 있는 그대로 'Run' 아이콘을 클릭하면 바로 실행할 수 있다. 디스플레이 창에 코딩된 캐릭터가 나오고, 마우스의 움직임에 따라 크기가 변하는 것을 볼 수 있다.

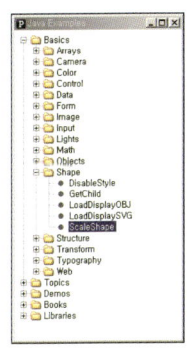 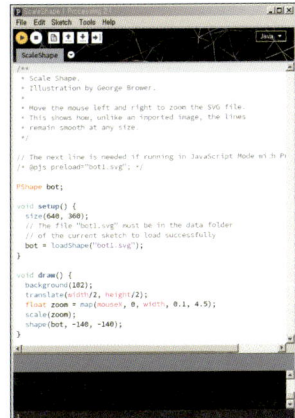 

참조(Reference)

참조(Reference)는 코딩 과정에서 매우 유용하게 사용되며 작업자의 궁금증을 해결해 주는 프라임 사전이다. 모든 단어와 명령어를 처음부터 외울 수 없으므로 필요한 문법이나 함수의 이름을 찾아서 참조할 수 있다.

참고(Reference)를 찾는 방법에는 다음 세 가지가 있다. 자신이 편리한 방법을 찾아서 활용하면 된다.

1. 프로세싱 공식 사이트인 www.processing.org의 'Reference' 메뉴에서 찾는다.
2. 텍스트 편집 창에서 코딩한 단어를 음영이 되게 선택하고 [Help] 메뉴의 [Find in Reference]를 선택해도 된다.
3. 텍스트 편집 창에서 코딩한 단어를 선택하고 마우스 오른쪽 버튼을 클릭한다. 나타나는 팝업 메뉴 중에서 [Find in Reference]를 선택한다.

각 함수에 대한 참고(Reference)는 다음과 같이 구성되어 있다.

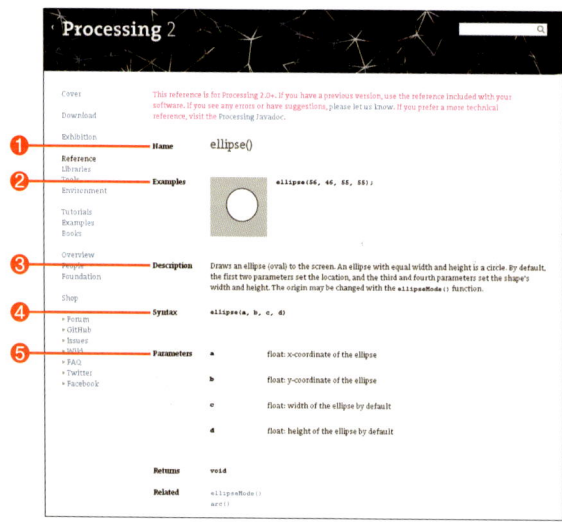

❶ Name : 함수의 이름을 보여준다.

❷ Examples : 디스플레이되는 결과 이미지와 해당 코드 예시를 보여준다.

❸ Description : 어떤 함수인지에 대한 설명이다.

❹ Syntax : 함수에 대한 문법으로 괄호 안에 파라미터의 값을 나열한다.

❺ Parameters : 괄호 안의 수치에 대한 정확한 요소와 가능한 데이터 형식을 설명한다.

❻ 기타

- Returns : 호출한 함수에 대한 반환 값이다.
- Usage : 함수가 어떤 형식으로 사용 가능한지를 명시하고 있다.
- Related Methods : 관련된 다른 함수들과 링크되어 있다.

3 SECTION
프로세싱 환경

프로세싱이 작동되는 환경에 대해 알아보자.
프로세싱에서 사용되는 단위와 좌표계 그리고 실행되는 이미지의 색채에 대한 기본 지식을 쌓아보자.

픽셀(Pixel)

우리 인간의 몸은 세포로 이루어져 있다. 작은 세포 하나하나가 모여 우리의 몸을 구성하듯 디스플레이되는 모니터의 화면은 픽셀(Pixel)로 구성되어 있다. 단, 픽셀은 세포처럼 유기적인 형태가 아니라 정사각형 모양으로 수백 개, 수천 개가 줄을 지어 격자(Grid) 형태로 화면에 꽉 차 있다. 각 픽셀에는 각기 다른 색을 담을 수 있다. 각 픽셀에 표현되는 색이 모여서 하나의 이미지로 보인다.

다음과 같이 이미지를 확대하면 정사각형의 픽셀들이 보인다. 이와 같은 픽셀은 이미지 또는 화면을 구성하는 최소 기본 단위를 의미한다.

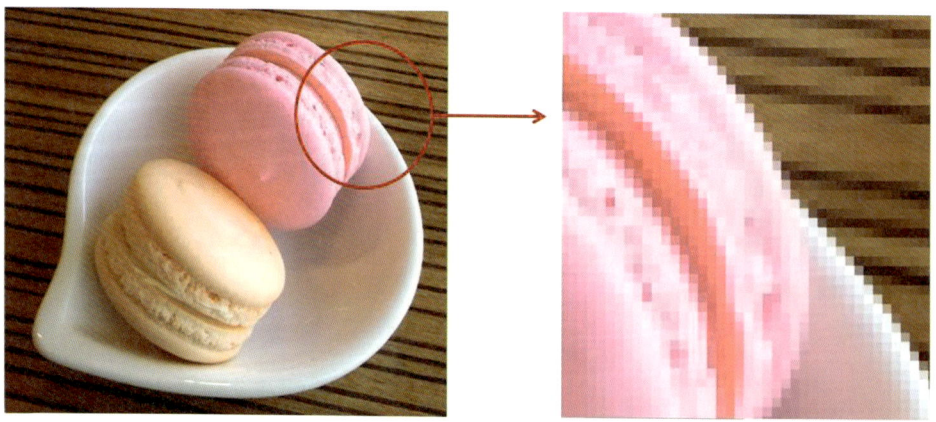

| **Definition** |
픽셀(Pixel) : 'Picture Element'의 줄임말로 컴퓨터 이미지를 구성하는 최소 단위의 점을 말한다.

같은 크기의 13인치 모니터라도 해상도에 따라서 픽셀의 개수는 달라진다. 픽셀이 가로 320개, 세로 240개가 있을 수도 있고, 가로 1,280개, 세로 768개가 있을 수도 있다. 다음 그림과 같이 화면에 그려진 보라색 대각선 이미지를 보자.

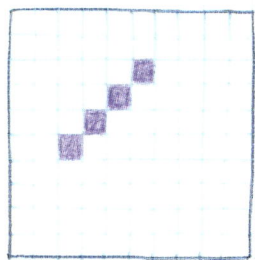
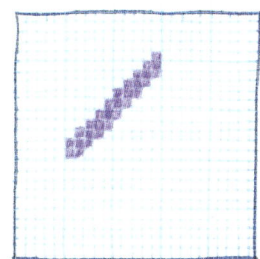

여러 개의 픽셀로 구성된 대각선은 픽셀의 각진 형태 때문에 선이 매끄럽게 보이지 않는다. 마치 계단이 있는 것처럼 보인다. 그래도 오른쪽 대각선은 왼쪽의 그림보다는 낫다. 오른쪽 그림처럼 픽셀 수가 많은 경우는 픽셀의 크기가 작아져서 왼쪽 그림보다 선이 더 곧고 깨끗하게 보인다.

픽셀 수가 많아진다는 것은 해상도가 좋아진다는 것이고, 이것은 곧 이미지의 질이 높아진다는 것이다.

프로세싱이 작동하는 컴퓨터 세계의 디스플레이 환경은 이 픽셀을 기반으로 표현되기 때문에 픽셀의 개수, 픽셀의 위치값으로 모든 것이 설정된다. 예를 들어 프로세싱에서 디스플레이되는 창의 크기를 만들기 위해서는 다음과 같이 코딩한다.

```
size(200, 100);
```

이것은 size(200pixel, 100pixel);이라는 뜻으로 픽셀(Pixel)이라는 단위가 생략된 것이다. 첫 번째 값 200은 가로의 크기로 픽셀이 200개 있다는 것이다. 두 번째 값 100은 세로의 크기로 픽셀이 100개 있다는 것을 의미한다. 디스플레이 창 안에는 결국 20,000개의 픽셀이 존재한다.

다음 이미지를 보면 맛있는 마카롱이 왼쪽 사진에서 더욱 빛난다. 왼쪽 사진의 해상도가 더 높고, 오른쪽은 해상도가 낮아서 픽셀의 사각형이 다 보일 지경이다. 최근에는 디지털 기술의 발달로 이미지와 사진의 해상도가 좋아졌다. 아무래도 해상도가 높아서 이미지의 질이 좋아 보이면 같은 디자인 또는 같은 작품이어도 더 잘한 것처럼 보인다.

하지만 해상도가 높아질수록 용량은 커진다. 프로세싱에서 높은 해상도의 이미지를 부르면 큰 용량 때문에 디스플레이되는 속도가 떨어진다. 또는 많은 양의 이미지를 한꺼번에 디스플레이하는 것도 속도에 문제가 생긴다. 특히, 실시간으로 이미지를 보여주거나 인터랙션에 의한 반응을 표현할 때 속도가 느려지지 않도록 해야 한다. 따라서 전송 속도와 이미지 질의 적정선을 찾아서 조절해야 한다.

좌표계

비주얼 커뮤니케이션(Visual Communication)의 기본은 점에서부터 시작한다. 점은 2차원이라는 전제로 x값, y값으로 표현할 수 있는 위치값을 가진다. 위치값을 가지고 있는 두 점을 찍고 연결하면 선이 된다. 선이 쌓이면 면이 되고, 면이 겹치면 부피가 생겨서 3차원의 입체가 생성된다. 프로세싱에서 형태를 만드는 원리는 이것과 같다.

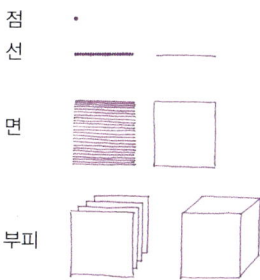

프로세싱에서 디스플레이되는 화면은 픽셀을 기준으로 그 위치값을 표시한다.
다음 그림과 같이 화면 위에 점을 하나 그려보자. 같은 크기의 사각형 영역을 2개 만들고 각각 같은 자리에 점을 하나씩 그렸다. 왼쪽의 영역에 그린 점은 A, 오른쪽 영역에 그린 점은 B로 표시하였다. 점 A와 B는 사각형 영역의 위치로 보면 같은 자리이지만 영역의 위치를 표시해주는 좌표계가 달라서 점의 값은 다르다.
왼쪽은 초등학교 시절부터 산수와 수학 시간에 익숙하게 봤던 직교 좌표계이고, 오른쪽은 지금 배우고 있는 프로세싱에서 구동되는 컴퓨터 화면에서의 좌표계이다.

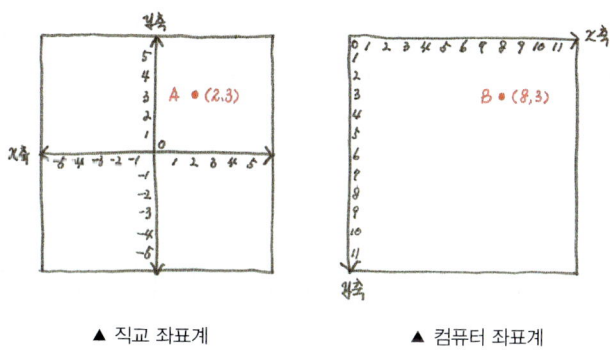

▲ 직교 좌표계　　　　▲ 컴퓨터 좌표계

직교 좌표계는 화면의 한가운데가 (x값=0, y값=0)이 된다. (x값=0, y값=0) 위치를 기준으로 x축은 오른쪽이 +값, 왼쪽이 -값이 된다. y축에서는 위쪽이 +값, 아래쪽이 -값이 된다. 따라서 현재 점 A의 좌푯값은 (2, 3)이다.

그런데 컴퓨터 세계에서의 좌표계는 다르다. 오른쪽의 그림과 같이 영역의 제일 왼쪽 위가 (x값=0, y값=0)이다. 이 위치를 기준으로 x축은 오른쪽이 +값이 되고, 왼쪽이 -값이 된다. y축은 아래가 +값이고 위쪽이 -값을 가진다. 따라서 점 B는 좌푯값이 (8, 3)이 된다. 점 B는 직교 좌표계와 같은 자리에 있지만, 컴퓨터 좌표계상에 있기 때문에 다른 위치값을 가진다.

프로세싱은 컴퓨터 세계의 규칙을 따르기 때문에 수학 시간에 배웠던 직교 좌표계가 아니라 오른쪽에 있는 컴퓨터 좌표계를 따른다.

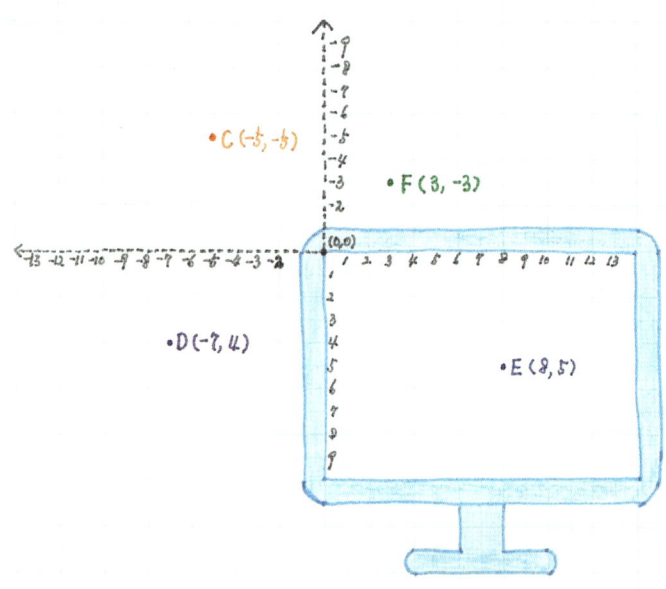

그림에서 점 E는 화면 안 (8, 5)의 위치에 있다. C, D, F는 x값이나 y값 중 하나라도 -값을 가지고 있다. 따라서 화면 밖에 있기 때문에 실제로 화면에서 보이지는 않는 점이다. 실제로 보이지는 않지만 이러한 점에 대한 설정이 필요할 때가 있다. 예를 들어서 공이

화면 밖에서 화면 안으로 들어오는 움직임을 프로그램한다고 가정해보자. 이때 공의 처음 위치값은 화면 밖에서 시작되어야 하기에 –값을 가진다.

프로세싱에서는 이렇게 위치값을 가지고 점을 그린다. point() 함수를 이용하여 괄호 안에 점의 x값과 y값을 넣으면 해당 위치에 점이 그려진다.

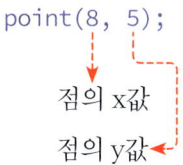

이제 컴퓨터 좌표계에서 선을 하나 그려보자. 앞에서 선은 두 개의 점을 연결해서 그린 것이라고 언급했다. 프로세싱에서 이 원리를 이용해서 우선 두 개의 점을 그린다. 점 A는 (4, 3) 위치에, 점 B는 (10, 6)에 그린 후에 두 개의 점을 연결하면 하나의 선이 만들어진다. 이와 같은 원리로 프로세싱에서 선을 그릴 수 있다. 직선을 그릴 때, 프로세싱에서는 다음과 같이 코딩한다. line() 함수에 첫 번째 점의 위치값과 두 번째 점의 위치값을 파라미터로 넣는다. 그러면 디스플레이 창에는 두 개의 점을 잇는 선으로 표현된다.

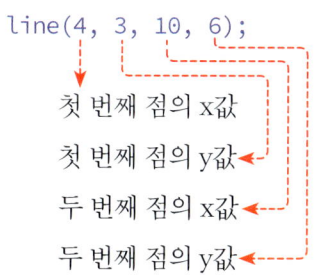
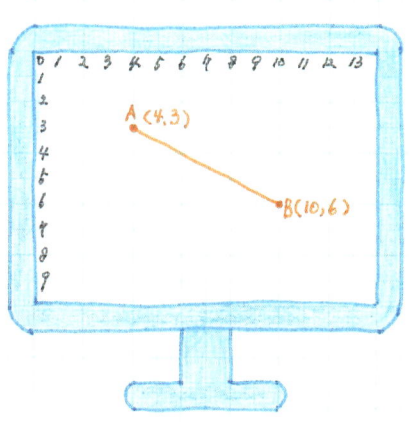

이번에는 사각형을 그려보자. '프로세싱'에서는 rect() 함수를 사용한다. 함수의 파라미터는 왼쪽 위 모서리의 꼭짓점을 기준으로 너비값과 높이값을 설정해서 그린다.

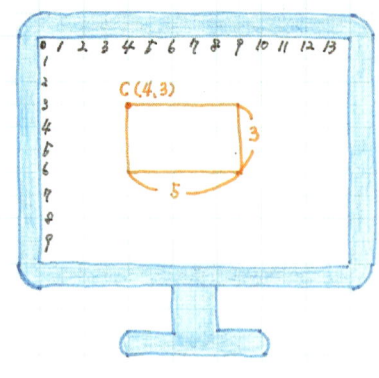

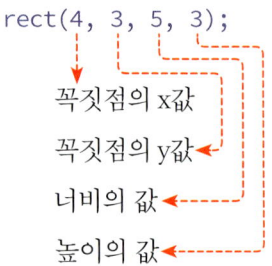

컬러(Color)

형태를 만들기 위한 기본을 알았으니, 이제 만든 모양에 컬러를 입히기 위한 기초 이론을 살펴보자. 시각적 표현이 강력한 프로세싱에서 컬러는 가장 중요한 요소이자 내 마음대로 주무를 수 있는 좋은 아이템이다. 컬러에 대한 문법과 사용법을 알려면 프로그래밍과는 별개로 컬러에 대한 기본 지식을 갖추고 있는 것이 좋다.

● RGB

프로세싱에서 나온 결과물은 대부분 모니터나 스크린을 통해 디스플레이된다. 따라서 RGB를 기본으로 색상을 지정한다. RGB는 모니터나 프로젝터 등의 빛을 기반으로 하는 3원색인 Red, Green, Blue를 말한다.

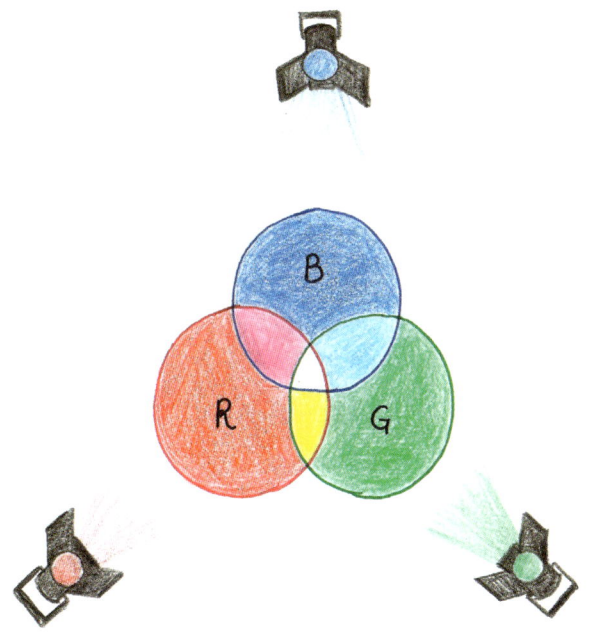

원색이라는 것은 어떤 색들을 섞어서도 나오지 않는 색을 말한다. 주황색은 빨간색과 노란색을 섞으면 나오고, 보라색은 빨간색과 파란색을 섞으면 표현할 수 있다. 그러나 원색인 빨간색은 어떤 물감의 색을 섞어서도 만들 수가 없다. 이러한 Red, Green, Blue 원색을 적절히 섞으면 그 밖의 모든 컬러를 만들 수 있다. 그리고 삼원색을 모두 섞으면 빛은 하얀색이 된다.

프로세싱에서 컬러 지정은 RGB의 삼원색 각 값을 넣어서 표현한다. 각 색은 색상이 전혀 없는 0에서부터 꽉 채운 255까지 256가지 수치로 그 정도를 표현한다. 예를 들어 빨간색에 대해서 50, 125, 200, 255의 수치의 색감을 비교해보자. 수치가 높을수록 순수 빨간색에 가깝고, 수치가 낮을수록 어두워진다.

빨간색 50 → fill(50, 0, 0);

빨간색 125 → fill(125, 0, 0);

빨간색 200 → fill(200, 0, 0);

빨간색 255 → fill(255, 0, 0);

이것을 프로세싱에서는 fill() 함수를 사용하고 다음과 같이 컬러 값을 넣는다. fill() 함수의 파라미터 3개는 차례대로 (Red, Green, Blue)를 뜻한다. 따라서 위의 빨간색을 표현하기 위해서는 첫 번째 파라미터인 빨간색 값만 넣고, 나머지 두 번째의 초록색과 세 번째의 파란색 값은 0으로 넣는다.

Red, Green, Blue의 각 색의 섞이는 정도에 따라 다양한 컬러를 만든다.

fill(125, 170, 50);

fill(220, 220, 0);

fill(50, 100, 130);

fill(220, 50, 180);

fill(20, 70, 70);

● HSB

색을 표현하는 방법에는 삼원색을 이용하는 것 이외에 색의 삼속성을 이용하는 방법도 있다. 색의 삼속성은 색상, 채도, 명도이다. 이것을 HSB(Hue, Saturation, Brightness)라고 한다.

'Hue'는 색상으로 빨간색, 주황색, 노란색, 연두색, 초록색, 청록색, 파란색, 보라색, 자주색의 순서로 원 형태의 휠(Wheel)을 따라 배치된다. 원의 0도에서 360도 수치로 배치된 색을 지정한다.

'Saturation'은 탁한 정도, 즉 채도를 말한다. 원뿔의 중심축에서 멀어질수록 채도가 높아져서 순수한 색이 된다. 반대로 중심축으로 가까워질수록 채도가 낮아져서 회색 기미가 많은 탁한 색이 된다. 채도의 정도는 0에서 100까지의 수치로 표현한다.

'Brightness'는 명암으로 밝고 어두운 것을 나타낸다. 중심축에서 가장 아래에 있는 검은 색에서부터, 맨 위에 있는 하얀색까지 0에서 100까지 범위에서 그 정도를 표시한다.

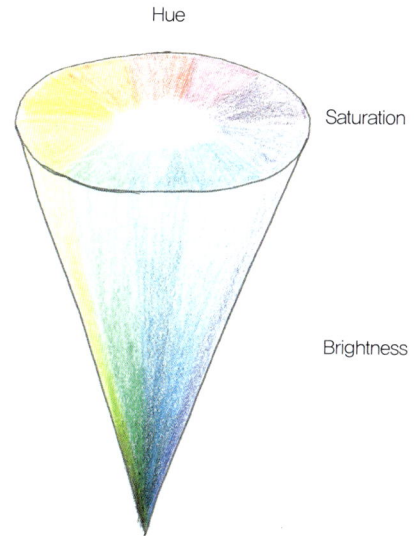

'프로세싱'에서 HSB를 사용하고 싶다면 우선 컬러 모드(Color Mode)를 HSB로 바꾸어주어야 한다. 모드에 대한 설정이 없으면 기본으로 RGB 모드를 따른다. 따라서 colorMode() 함수를 사용하여 HSB 모드로 바꿔주면 그다음에 나오는 fill() 함수의 파라미터값은 차례대로 색상(Hue), 채도(Saturation), 명도(Brightness) 값이 된다.

```
colorMode(HSB, 360, 100, 100);
fill(130, 100, 100);
```

● **무채색(Grayscale)**

무채색만으로 색을 표현할 때는 검정인 0부터 하얀색인 255까지 256단계로 표현된다. 따라서 0에 가까울수록 어두운 회색이 되고 255에 가까울수록 밝은 회색이 된다.
fill() 함수에서 파라미터를 3개가 아닌 단 한 개만을 지정하면 무채색을 뜻하는 것이다. 예를 들어 파라미터에 128이란 값을 넣으면 중간도 회색을 말한다.

```
fill(128);
```

● **투명도**

컬러에는 투명도인 알파값을 줄 수 있다. 투명도는 일반적으로 Transparency, Opacity 등의 용어로 쓰이기도 한다. 알파값은 완전히 투명한 0부터 완전한 불투명인 255까지 모두 256단계의 투명도 값을 지정할 수 있다. 투명도는 투과되는 정도에 따라 겹쳐 있는 뒤의 그림이 어우러져 깊이감이 느껴지고 겹치는 정도에 따른 색의 변화를 볼 수 있다. 따라서 다양한 컬러를 표현할 수 있는 효과적인 방법이다.

알파값이 프로세싱에서는 fill() 함수의 파라미터로 맨 뒤에 추가로 붙는다. 예를 들어 fill(200, 50);이면 앞에 200은 무채색의 값으로 회색을 말하며 뒤에 50은 투명한 정도를 뜻한다. fill(200, 0, 0, 50);이면 빨간색이면서 50의 투명 값을 가진다.

똑같은 빨간색이라도 투명도를 나타내는 알파값에 따라 다르게 나타난다. 뒤에 있는 파란색 원이 투명도에 따라 다르게 비추어 보인다.

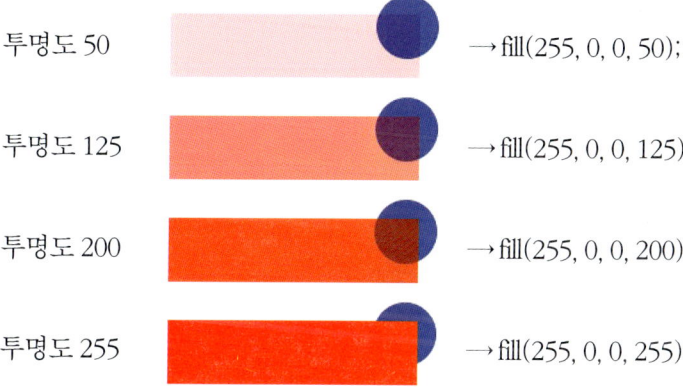

주석(Comment)

기나긴 코딩을 하다 보면 내가 직접 작성한 텍스트라도 무엇 때문에 이 함수를 썼는지 또는 내가 만들었던 그 도형이 어디 있는지 찾기 어려울 때가 있다. 화가가 그림을 그리고 밑에 근사하게 사인하듯이 나의 흔적을 남기고 싶을 때도 있다. 또한, 다른 사람이 나의 코드를 쉽게 이해하길 바랄 때도 있다. 주석(Comment)은 이럴 때 쓰는 메모로 코드에는 어떠한 영향도 주지 않는다. 주석에는 보충 설명을 쓰거나 필요한 정보를 메모할 수 있다.

각 코드의 행 앞에 슬래시 두 개, 즉 //를 넣으면 해당 행의 코드는 없다고 생각하기 때문에 프로그래밍 실행 시 적용되지 않는다. 여러 줄을 한꺼번에 주석으로 사용하고 싶으면 시작되는 부분에 슬래시와 별 하나로 /* 를 쓰고 끝나는 부분에 별 하나에 슬래시 하나를 써서 */로 표현한다.

두 줄의 슬래시 //는 코딩 한 줄에 대한 주석 표시이다. 다음 예제를 보자.

```
fill(255, 0, 0);            // 빨간색으로 채운다.
ellipse(30, 30, 30, 30);    // 원을 그린다.
// fill(0, 255, 0);         초록색으로 그린다.
rect(60, 60, 20, 20);       // 사각형을 그린다.
```

이 코드는 빨간색 원과 초록색 사각형을 그리는 프로그램이다. 코드 이외에 각 줄에 대한 설명을 한글로 하였다. 설명 문구 앞에 참조 표시를 했기 때문에 코드에 에러가 발생하지 않으면서 메모를 남겼다. 세 번째 줄에서는 fill(0, 255, 0); 앞에 두 개의 슬래시로 주석을 표시하였다. 이 한 줄의 코드는 실행되지 않는다. 따라서 빨간색 원과 빨간색 사각형이 그려진다.

한 줄의 슬래시와 별, 즉 /*은 코딩 여러 줄에 대한 주석에 대해 첫 시작 표시이고, 별과 슬래시 */는 주석의 끝을 알린다. 다음 예제를 살펴보자.

```
/* fill(255, 0, 0); 빨간색으로 채운다.
ellipse(30, 30, 30, 30); 원을 그린다. */
fill(0, 255, 0);        // 초록색으로 그린다.
rect(60, 60, 20, 20); // 사각형을 그린다.
```

이번에는 첫 번째 줄과 두 번째 줄에 주석 표시를 하였다. 따라서 이 프로그램을 실행하면 빨간색 원은 나타나지 않고 초록색 사각형만 그려진다.

이 주석은 작업상 나의 힌트나 옵션으로 표시하기에도 좋은 방법이다. 예를 들어 원 하나를 그리는데 빨간색 계통으로 하면 좋을지, 파란색 계통으로 하면 좋을지 결정하지 못할 때가 있다. 이럴 때 두 가지 옵션을 모두 써 놓고, 그중 하나를 참조로 표시하여 실행해 본다. 그리고 다음 번에는 다른 색을 참조로 가리고 실행하여 비교해 본다. 지우는 건 나중에 해도 좋다. 혹시 밤샘작업 다음날 빨간색보다 파란색이 마음에 들지도 모른다. 참조로 보관해 두었다가 비교해 보며 나중에 마음이 바뀌었을 때 다시 새로 쓰는 일을 줄일 수 있다.

코드 구조

프로세싱에서 코드를 어떻게 작성하는지 기본적인 구조를 살펴보자.

● **코드 1**

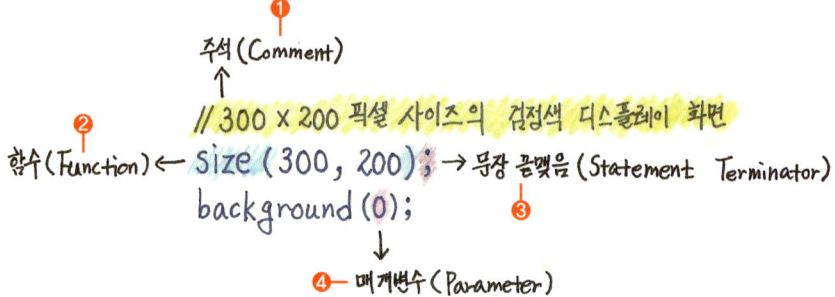

```
// 300x200 픽셀 사이즈의 검은색 디스플레이 화면
size(300, 200);
background(0);
```

❶ 주석(Comment)

코드에 대한 설명이나 메모로 실제 프로그래밍 실행에 영향을 미치지 않는다.

❷ 함수(Function)

프로그래밍 기본 구성단위로 특정 작업을 수행한다. 파라미터값에 따라 그 결과를 반환한다.

❸ 문장 끝맺음(Statement Terminator)

한 문장이 끝났음을 알려주는 마침표와 같은 역할을 한다.

❹ 매개변수(Parameter)

함수에 할당되는 값이다.

● 코드 2

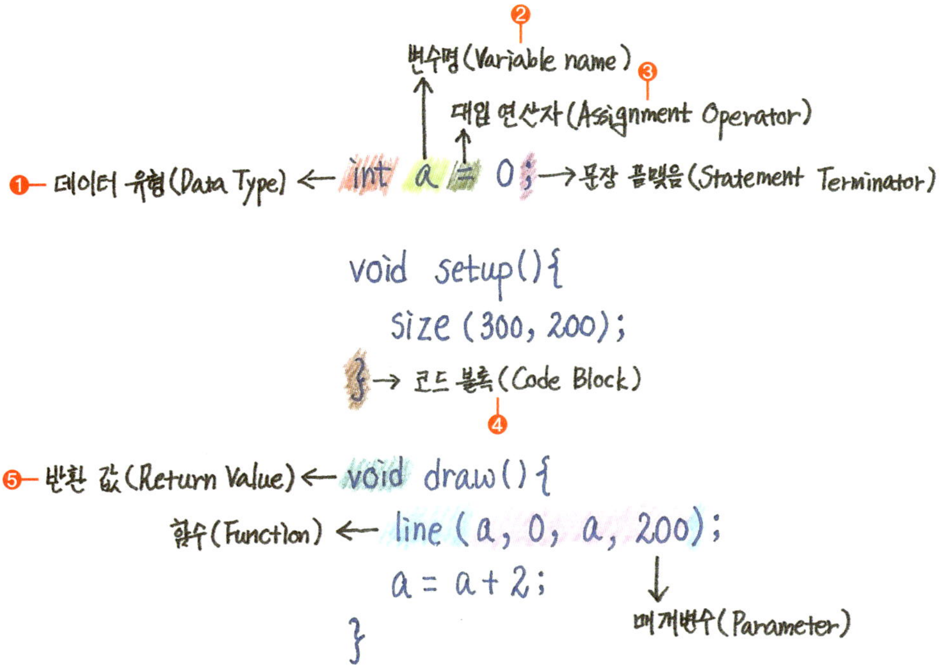

① 데이터 유형(Data Type) ← int a = 0; → 문장 끝맺음(Statement Terminator)
② 변수명(Variable name)
③ 대입 연산자(Assignment Operator)

void setup(){
　size(300, 200);
} → 코드 블록(Code Block)
④

⑤ 반환 값(Return Value) ← void draw(){
함수(Function) ← line(a, 0, a, 200);
　　　　　　　　　　　　　　　↓ 매개변수(Parameter)
　a = a + 2;
}

```
int a = 0;

void setup(){
    size(300, 200);
}

void draw(){
    line(a, 0, a, 200);
    a = a + 2;
}
```

❶ 데이터 유형(Data Type)

변수를 선언할 때 데이터 유형을 지정한다.

❷ 변수명(Variable Name)

변수의 이름이다.

❸ 대입 연산자(Assignment Operator)

오른쪽에 있는 데이터의 값을 왼쪽 변수에 대입하라는 연산자이다.

❹ 코드 블록(Code Block)

시작과 끝을 정의해 놓은 코드로 중괄호로 표시한다. 여는 중괄호가 있으면 반드시 닫는 중괄호가 있다.

❺ 반환 값(Return Value)

함수를 호출하였을 때 수행한 결과 값이다.

Exercise

❶ 프로세싱을 내려받아서 자신의 컴퓨터에 설치(Install)해보자.

❷ 컴퓨터 좌표계를 직접 그리고 다음에 해당하는 점과 선을 그려보자.

(1) point(5, 2);
(2) point(-3, 4);
(3) point(2, -7);
(4) point(-6, -1);
(5) line(1, 0, 8, 5);
(6) line(-3, -5, 4, 9);

❸ 프로세싱에서 사용할 수 있는 컬러 체계에는 어떤 것이 있는지 생각해보자.

❹ 다음 fill() 함수를 보고 어떤 색인지를 추측해보자.

(1) fill(200, 0, 200);
(2) fill(220, 220, 0);
(3) fill(50, 150, 170);
(4) fill(230, 180, 20, 100);
(5) fill(70, 50);

❺ 다음 코드에서 문법상 잘못된 부분이 어디인지 찾아보자.

```
int t;
int t = 0;
void setup(){
  size(300, 200); /* 사이즈가 가로 300픽셀, 세로 200픽셀
  background(0);

void draw(){
  line(t, 30, t, 100)
  t = t + 1;
}
```

Interesting

컬러(Color)에서 255라는 숫자의 의미

궁금한 게 하나 생겼다. 왜 색에 관한 수치들은 대부분 0에서 255라는 범위를 갖게 되는 걸까? 200 또는 250도 아닌 하필이면 255까지 256개의 값을 가지는 것일까. 이것은 컴퓨터 하드웨어의 메모리와 관련이 있다. 컴퓨터에서 데이터 하나를 저장하는 공간을 비트(bit)라고 한다. 하나의 비트에서 나올 수 있는 결과 값은 0 또는 1로 2개의 경우의 수를 가진다.

만약 저장공간이 2개인 2비트이면 00, 01, 10, 11 등 4개의 결과를 가진다.

3비트이면 000, 001, 010, 011, 100, 101, 110, 111까지 8개가 된다. 즉 2의 3승인 $2^3 = 2 \times 2 \times 2$로 계산할 수 있다.

이런 식으로 비트를 8개 묶어서 8비트가 되면 1바이트(byte)라 한다. 결과적으로 8비트 컴퓨터에서는 $2^8 = 256$개의 데이터 저장이 가능하다. 컬러 데이터도 256개를 저장할 수 있다.

프로세싱에서는 Red 256개, Green 256개, Blue 256개를 사용할 수 있기 때문에 8비트 3개인 24비트가 필요하다. 이것을 섞어서 만들 수 있는 색의 개수는 무려 16,777,216개가 된다. 이 정도의 컬러 개수는 실제로 사람이 보고, 구분할 수 있는 충분한 색이기 때문에 트루 컬러(True Color)라고 부른다. 최근의 컴퓨터는 32비트를 지원하기 때문에 RGB 3가지 컬러의 256색 이외에도 투명도를 나타내는 알파값을 256개 더 사용할 수 있다.

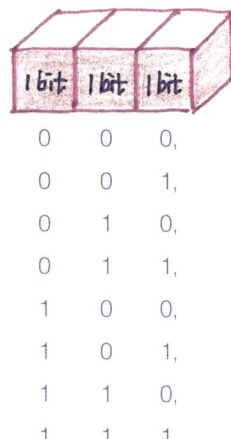

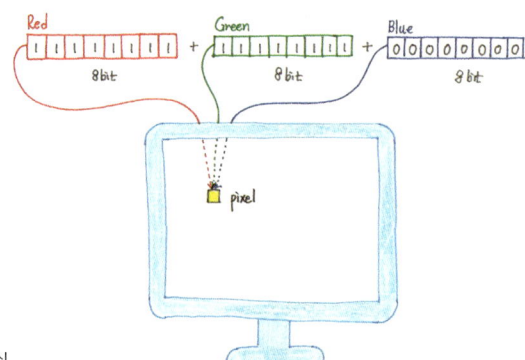

CHAPTER

04

제작(Creating)

이번 장에서는 프로세싱에서 만들 수 있는 시각적 형태(Visual Form) 그리기, 모션(Motion) 만들기, 인터랙션(Interaction) 구현에 대한 전체 과정을 살펴보려고 한다. 세부적 기능과 방법은 5장 이후에서 차근차근 밟아갈 것이다. 여기서는 무조건 따라 해보면서 '나도 할 수 있다!', '프로그래밍 별거 아니네!', '우와! 신기하다!'를 느낄 수 있으면 된다.

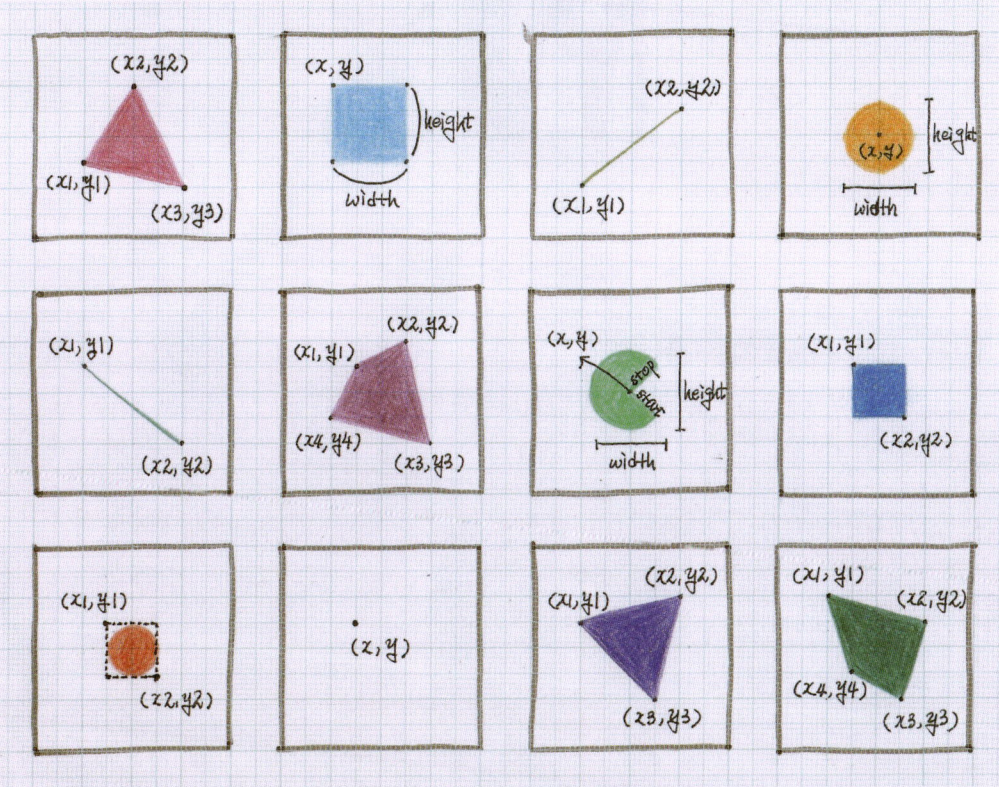

SECTION 1
시각적 형태(Visual Form)

'프로세싱'에서 시각적 형태부터 시작해보자. 가장 기본적인 도형을 그릴 것이다. 형태에 따라 원형, 사각형, 다각형 등을 그리고 색을 입혀보자.

이번에 그릴 도형은 오른쪽 디스플레이 창에 있는 결과물처럼 삼각형, 사각형, 원의 형태이다. 다양한 형태와 색상으로 다른 위치에 디스플레이할 계획이다. 결과물을 만들려면 코딩을 비교하면서 작업하는 것이 좋다. 도형을 만들도록 명령하는 방법에 대해 하나 하나 알아보자.

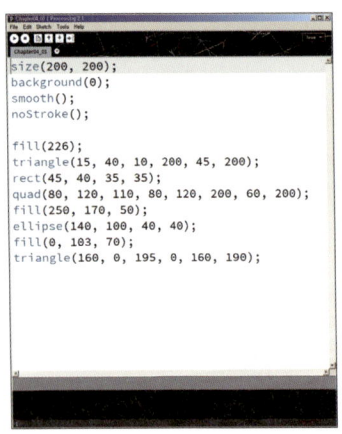

일단 위와 같이 코딩하고 결과물을 얻기까지 다음과 같은 과정을 따른다.

① 프로세싱 실행
일단 프로세싱 아이콘을 더블클릭하여 프로세싱을 실행시킨다. 텍스트 편집기(Text Editor) 영역이 비어 있는 창이 뜰 것이다.

② 코딩하기

비어 있는 텍스트 편집기(Text Editor) 창 안에 클릭하여 커서가 깜박거리면 다음과 같은 텍스트를 쓴다. 즉, 코딩을 한다.

사용 예제 : Chapter04_01.pde

```
size(200, 200);
background(0);
smooth();
noStroke();

fill(226);
triangle(15, 40, 10, 200, 45, 200);
rect(45, 40, 35, 35);
quad(80, 120, 110, 80, 120, 200, 60, 200);
fill(250, 170, 50);
ellipse(140, 100, 40, 40);
fill(0, 103, 70);
triangle(160, 0, 195, 0, 160, 190);
```

③ 실행하기

실행(Run) 아이콘을 클릭하면 오른쪽 그림과 같이 삼각형, 사각형, 원형 등이 그려진 디스플레이 창이 뜬다.

④ 수정하기

실행되지 않고 에러가 발생하면 편집 창 아래에 있는 에러 메시지를 읽고 잘못된 곳을 찾아 수정한다.

⑤ 저장하기

저장(Save) 아이콘을 클릭하거나 [File 〉 Save]를 하면 현재 코딩한 pde 파일이 저장된다.

⑥ 코딩 이해하기

실행된 결과가 어떻게 해서 나왔는지 한 줄씩 되짚어보자.

`size(200, 200);`

그림을 그리기 위해서는 도화지가 필요하듯이 도형이 그려질 영역을 마련한다. 최종 결과물이 디스플레이되는 화면 크기를 명령한다. 픽셀(Pixel) 단위로 항상 가로 너비인 x값이 먼저이다. 즉, 가로 너비 200픽셀, 세로 높이 200픽셀의 영역을 만들라는 뜻이다.

[Syntax] `size(width, height)`

`background(0);`

화면의 배경색을 검은색으로 한다.

[Syntax] `background(gray)`
`background(gray, alpha)`

`smooth();`

도형의 테두리를 부드럽게 한다.(Anti-aliased)

[Syntax] `smooth()`

`noStroke();`

도형의 테두리를 없게 한다. 다시 말해 도형 안에 색이 채워지기만 하고 테두리는 따로 표시되지 않는다.

[Syntax] `noStroke()`

`fill(226);`

도형에 채울 색은 226이라는 무채색이다. 검은색 0에서부터 하얀색 255까지 256단계로 되어 있다. 따라서 226은 하양에 가까운 밝은 회색이다. 다음 fill() 함수가 나올 때까지 이번 명령어 이하의 도형에 모두 이 회색이 영향을 미친다.

[Syntax] fill(gray)
         fill(gray, alpha)

triangle(15, 40, 10, 200, 45, 200);

triangle() 함수는 영어의 삼각형(Triangle)과 같은 의미로 삼각형을 만들 수 있다. 삼각형을 그리기 위해서 3개의 꼭짓점의 위치를 지정한다. 따라서 괄호 안에 6개의 파라미터는 순서대로 다음과 같다.

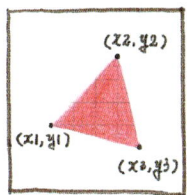

　첫 번째 꼭짓점 x 좌푯값 15, 첫 번째 꼭짓점 y 좌푯값 40,
　두 번째 꼭짓점 x 좌푯값 10, 두 번째 꼭짓점 y 좌푯값 200,
　세 번째 꼭짓점 x 좌푯값 45, 세 번째 꼭짓점 y 좌푯값 200

[Syntax] triangle(x1, y1, x2, y2, x3, y3)

rect(45, 40, 35, 35);

rect() 함수는 영어의 직사각형(Rectangle) 단어와 같은 의미로 직사각형을 만든다. 직사각형은 꼭짓점이 4개지만 마주 보는 변이 서로 평행이다. 따라서 왼쪽 위의 꼭짓점에 대한 좌푯값을 넣고, 가로 너비값과 세로 높이값을 파라미터로 넣는다.

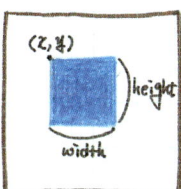

　왼쪽 위 꼭짓점 x 좌푯값 45,
　왼쪽 위 꼭짓점 y 좌푯값 40,
　너비 35,
　높이 35

[Syntax] rect(x, y, width, height)

`quad(80, 120, 110, 80, 120, 200, 60, 200);`

quad() 함수는 영어의 사각형(Quadrangle) 단어와 같은 의미로 사각형을 만든다. 사각형의 4개의 꼭짓점 위치값을 순서대로 넣어준다.

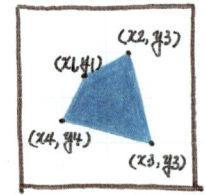

   첫 번째 꼭짓점 x 좌푯값 80, 첫 번째 꼭짓점 y 좌푯값 120,

   두 번째 꼭짓점 x 좌푯값 110, 두 번째 꼭짓점 y 좌푯값 80,

   세 번째 꼭짓점 x 좌푯값 120, 세 번째 꼭짓점 y 좌푯값 200,

   네 번째 꼭짓점 x 좌푯값 60, 네 번째 꼭짓점 y 좌푯값 200

[Syntax] `quad(x1, y1, x2, y2, x3, y3, x4, y4)`

`fill(250, 170, 50);`

주황색을 채운다. fill() 함수의 파라미터가 3개이므로 RGB 모드의 빨간색, 초록색, 파란색의 값을 넣는다.

[Syntax] `fill(red, green, blue)`
           `fill(red, green, blue, alpha)`

`ellipse(140, 100, 40, 40);`

ellipse() 함수는 영어의 원형(Ellipse) 단어와 같은 의미로 원형을 그린다. 파라미터는 원의 중심점과 너비값, 높이값을 넣는다.

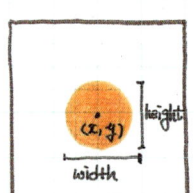

   원의 중심점 x 좌푯값 140,

   원의 중심점 y 좌푯값 100,

   너비 40,

   높이 40

[Syntax] `ellipse(x, y, width, height)`

`fill(0, 103, 70);`

진한 초록색을 채운다.

[Syntax] `fill(red, green, blue)`
         `fill(red, green, blue, alpha)`

`triangle(160, 0, 195, 0, 160, 190);`
　첫 번째 꼭짓점 x 좌푯값 160, 첫 번째 꼭짓점 y 좌푯값 0,
　두 번째 꼭짓점 x 좌푯값 195, 두 번째 꼭짓점 y 좌푯값 0,
　세 번째 꼭짓점 x 좌푯값 160, 세 번째 꼭짓점 y 좌푯값 190

[Syntax] `triangle(x1, y1, x2, y2, x3, y3)`

이렇게 코딩이란 것을 해보았다. 프로세싱 편집 창에 약속된 언어를 쓰고 실행하는 것으로 시각적 형태를 디스플레이할 수 있다. 조금 더디게 느껴지더라도 한 줄씩 이해하면서 이제는 디스플레이한 도형을 움직이게 해보자.

SECTION 2
시각적 형태(Visual Form) +모션(Motion)

앞서 만든 도형들을 이제 움직여보자.
움직임, 즉 동작을 만들기 위해서는 먼저 모션, 영상, 애니메이션 등이 지닌 공통적 원리를 이해해야 한다.
우리가 화면에서 보는 움직임은 사실 한 장 한 장의 이미지를 빨리 넘겨서 보는 것과 같다.
빠르게 넘기는 이미지들에 의해 생기는 잔상효과가 겹쳐서 자연스러운 움직임이 표현된다.

학창시절 교과서의 귀퉁이에 연속된 그림을 그린 후, 빠르게 책장을 넘기는 장난을 쳤던 기억이 있을지 모른다. 그랬다면 당신은 벌써 애니메이션을 만들어본 사람이다. 그림을 그렸던 한 페이지 한 페이지를 영상에서는 프레임(Frame)이라고 부른다. 보통 1초에 24장 이상의 프레임을 넘기면 움직임이 자연스럽게 보인다. 프로세싱에서도 이러한 원리를 생각하며 움직임을 만들어야 한다.

앞서 시각적 형태에서 만든 도형으로 다음과 같은 움직임을 만들 것이다. 주황색 원이 점점 위로 움직이는 모션을 만들어볼 것이다. 프로세싱에서 이러한 움직임을 만들려면 다음과 같은 이미지를 한 장 한 장 그려서 연속으로 디스플레이하게 된다. 이미지는 주황색 원의 위치가 연속적으로 바뀌고 있다. 즉, 원의 y축 위치값이 변하는 것이다.

앞서 시각적 형태를 만들었던 코딩에 움직임을 추가해보자.

> **사용 예제 : Chapter04_02.pde**
>
> ```
> float a=100;
>
> void setup(){
> size(200, 200);
> smooth();
> noStroke();
> }
>
> void draw(){
> background(0);
> ```

```
fill(226);
triangle(15, 40, 10, 200, 45, 200);
rect(45, 40, 35, 35);
quad(80, 120, 110, 80, 120, 200, 60, 200);
fill(0, 103, 70);
triangle(160, 0, 195, 0, 160, 190);

a=a-0.5;
fill(250, 170, 50);
ellipse(140, a, 40, 40);
}
```

`float a=100;`

주황색 원의 위치가 계속 변해야 모션이 만들어지므로 변수 a를 선언한다. 원이 위로 움직이기 때문에 위치의 x값은 변하지 않고 y값만 바뀔 것이므로 y값을 대체할 변수 하나만 있으면 된다. 변수 유형을 소수인 float로 지정하고 처음 주황색 원의 위치는 100으로 설정한다.

[Syntax] float var
         float var = value

`void setup()`

프로그램을 시작하면서 디스플레이 창의 크기나 배경색 등의 초깃값을 지정해준다.

[Syntax] setup()

`size(200, 200);`

`smooth();`
`noStroke();`

`void draw()`
중괄호 블록 안에 있는 함수들을 실행하여 디스플레이 창에 그려준다.

[Syntax] `draw()`

```
background(0);

fill(226);
triangle(15, 40, 10, 200, 45, 200);
rect(45, 40, 35, 35);
quad(80, 120, 110, 80, 120, 200, 60, 200);
fill(0, 103, 70);
triangle(160, 0, 195, 0, 160, 190);
```

`a=a-0.5;`
주황색 원의 y 위치값으로 지정한 변수 a에 대한 코드이다. 주황색 원이 계속 위로 올라가는 그림을 그려야 하므로 y값이 계속 줄어들어야 한다. 이 코드에서는 0.5 값만큼씩 감소하게 하였다. 코드의 첫 번째 줄에서 float a=100;으로 a의 초깃값을 100으로 설정했다. 실행하면 처음 a값은 100, 다음은 99.5, 99, 98.5, 98, 97.5…로 계속 변할 것이다.

```
fill(250, 170, 50);
ellipse(140, a, 40, 40);
```
원의 중심점의 x값은 140, y값은 변수 a가 된다. a값이 계속 변하므로 원의 위치가 계속 바뀐다.

SECTION 3
시각적 형태(Visual Form)+ 모션(Motion)+인터랙션(Interaction)

도형 중에서 사각형에 인터랙션을 더해보겠다.
사각형이 마우스를 따라 움직이는 것을 만들어보자.

> **사용 예제** : Chapter04_03.pde

```
float a=100;

void setup(){
size(200, 200);
smooth();
noStroke();
```

```
}

void draw(){
background(0);
fill(226);
triangle(15, 40, 10, 200, 45, 200);
rect(mouseX, mouseY, 35, 35);
quad(80, 120, 110, 80, 120, 200, 60, 200);
fill(0, 103, 70);
triangle(160, 0, 195, 0, 160, 190);

a=a-0.5;
fill(250, 170, 50);
ellipse(140, a, 40, 40);
}
```

```
float a=100;

void setup()
size(200, 200);
smooth();
noStroke();

void draw(){
background(0);
fill(226);
triangle(15, 40, 10, 200, 45, 200);

rect(mouseX, mouseY, 35, 35);
```

사각형을 그리는 함수에서 왼쪽 위 끝의 꼭짓점 위치값을 mouseX, mouseY로 지정하면 마우스의 현재 위치값으로 실행된다.

```
quad(80, 120, 110, 80, 120, 200, 60, 200);
fill(0, 103, 70);
triangle(160, 10, 195, 0, 160, 190);

a=a-0.5;
fill(250, 170, 50);
ellipse(140, a, 40, 40);
}
```

지금까지 도형을 만들고, 움직임을 생성하고 마우스에 따라 반응하는 인터랙션까지 프로세싱으로 할 수 있는 핵심 요소를 구경하였다. 전체 돌아가는 과정을 경험했으니, 세부적인 사항을 다음 장부터 속속들이 파헤쳐보자.

Exercise

❶ 앞에서 도형을 그렸던 코드에서 삼각형, 사각형, 원의 색상과 위치, 크기 등을 바꾸어보자.

사용 예제 : Chapter04_Example.pde

```
size(200, 200);
background(0);
smooth();
noStroke();

fill(226);
triangle(15, 40, 10, 200, 45, 200);
rect(45, 40, 35, 35);
quad(80, 120, 110, 80, 120, 200, 60, 200);
fill(250, 170, 50);
ellipse(140, 100, 40, 40);
fill(0, 103, 70);
triangle(160, 0, 195, 0, 160, 190);
```

❷ 다음 사항을 프레임에 연속적인 그림으로 그려보자.

(1) 공이 떨어져서 바닥에 튕기는 애니메이션

(2) 사각형이 바닥을 굴러가는 애니메이션

Interesting
모션의 원리(애니메이션, 영상의 원리)

움직이는 그림은 장난감에서 시작되었다. 앞면은 새, 뒷면은 새장의 그림이 있는 종이판이 있다. 이 종이판을 양쪽에 달린 고무줄을 사용해서 비비 꼬아 돌렸다가 양쪽으로 쭉 잡아당길 수 있다. 판이 휘리릭 빠르게 돌아가면서 앞 뒷장의 그림이 겹쳐 보이면서 마치 새장 안에 새가 들어 있는 것처럼 보인다. 누구나 어렸을 때 한 번 해봤음 직한 장난감이다.

이처럼 양면의 그림이 한 장의 그림처럼 보이는 것은 잔상효과 때문이다. 내 눈에 비친 앞장에 있는 새의 그림이 완전히 사라지지 않고 잔상으로 남아 있는 사이 뒷장에 있는 새장 그림이 겹쳐서 보이게 된다. 따라서 여러 장의 연속된 그림을 보면 연결된 움직임으로 인식하게 된다. 따라서 잔상효과는 움직이는 모션, 영상의 기본 원리가 된다. 연속적인 수십 장의 그림이 잔상효과에 의해 연결되어 보이기 때문에 정지된 그림이 아니라 마치 움직이는 것처럼 보이게 된다.

CHAPTER

05

시각적 형태 : 그리기
(Visual Form : Drawing)

이번 장에서는 스케치북에 그림을 그리듯이 '프로세싱'을 이용해 도형이나 형태를 만든다. 연필 대신 프로세싱을 사용해 그림을 그리는 것이다. 점, 선, 면으로 시작되는 2D 기본 도형부터 시작한 후, 테두리를 두르고 면에 색을 입힌다. 나만의 시각에서 그리고 싶은 그림을 그려보자.

SECTION 1 도형 그리기

기본적인 도형을 그리는 방법을 익히고 그리는 순서와 속성을 활용하여 다양한 형태를 만들어보자.
앞 장에서 살짝 맛보았던 도형 그리기를 다시 한 번 되새김질해보자.

① '프로세싱'을 실행시키고 텍스트 편집 창에 마우스 커서를 클릭해 코딩할 준비를 한다.
② 텍스트 편집 창에 그리고 싶은 도형에 해당하는 함수를 호출한다. 예를 들어 직사각형은 rect() 함수, 원형은 ellipse()가 된다.

```
rect();
```

③ 함수 안에 파라미터값을 넣는다. 함수마다 파라미터 구성이 다르므로 해당 값을 확인하고 지정한다. 예를 들어 rect() 함수는 4개의 파라미터를 가진다. 순서대로 사각형의 왼쪽 위 꼭짓점 x값, 오른쪽 위 꼭짓점 y값, 가로 너비, 세로 높이가 된다.

```
rect(25, 30, 50, 40);
```

④ 프로세싱의 실행(Run) 아이콘을 클릭하면 디스플레이 창이 뜨고 도형이 나타난다.

기본 도형 그리기

점, 선, 삼각형, 직사각형, 사각형, 원, 호 등과 같은 기본적인 도형들은 프로세싱에서 함수를 호출하여 쉽게 그릴 수 있다.

- 점

point(x, y)

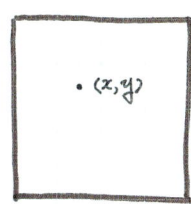

- 선

line(x1, y1, x2, y2)

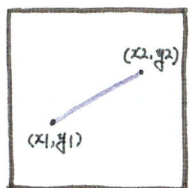

- 삼각형

triangle(x1, y1, x2, y2, x3, y3)

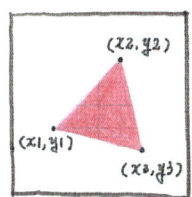

- 직사각형

rect(x, y, width, height)

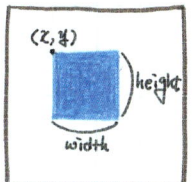

- 사각형

quad(x1, y1, x2, y2, x3, y3, x4, y4)

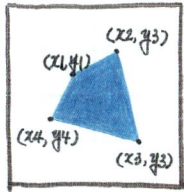

- 원

ellipse(x, y, width, height)

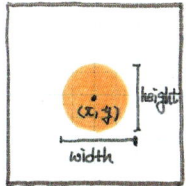

- 호

arc(x, y, width, height, start, stop)

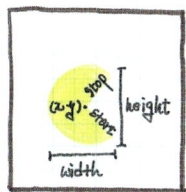

다음 예제를 따라 하면서 기본 도형을 그려본다. 프로세싱의 텍스트 편집 창에 다음의 코딩을 직접 입력한다. 단, 주석으로 써놓은 것은 이해를 돕기 위해 적어 놓은 것이므로 연습할 때는 이 부분을 입력하지 않아도 된다.

Lesson_05_01 _ 선 그리기

화면 사이즈를 가로 300픽셀, 세로 200픽셀로 지정하여 그림을 그릴 도화지를 먼저 설정한다. 이후에 선을 4개 그릴 것이다.

```
[Syntax]      size(width, height)          디스플레이 창의 영역을 정의(픽셀 단위)
[Parameters]    width                      int : 디스플레이 창의 너비
                height                     int : 디스플레이 창의 높이

[Syntax]      line(x1, y1, x2, y2)
[Parameters]    x1                         float : 첫 번째 점의 x 좌표
                y1                         float : 첫 번째 점의 y 좌표
                x2                         float : 두 번째 점의 x 좌표
                y2                         float : 두 번째 점의 y 좌표
```

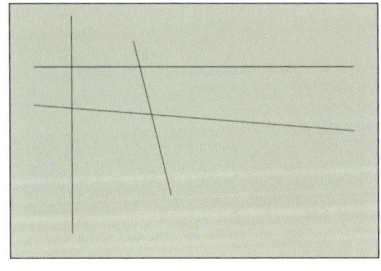

사용 예제 : Chapter05_Lesson05_01.pde

```
size(300, 200);                // 화면 사이즈 300×200픽셀

line(20, 50, 280, 50);         // 위에 있는 가로선
```

```
line(20, 80, 280, 100);      // 아래에 있는 가로선
line(50, 10, 50, 180);       // 왼쪽에 있는 세로선
line(100, 30, 130, 150);     // 오른쪽에 있는 세로선
```

Lesson_05_02 삼각형 그리기

이제 삼각형을 5개 그릴 것이다. 5개 중 2개의 삼각형은 일부가 화면 밖으로 나가 있어서 잘려 보인다. 일부 꼭짓점의 위치가 디스플레이 영역 밖으로 설정되어 있기 때문이다. 예를 들어 왼쪽 첫 번째 삼각형의 두 번째 꼭짓점인 (x2, y2) 값이 (-20, 60)으로 설정되어 있다. x값이 -이면 디스플레이 창의 왼쪽 밖이므로 꼭짓점이 화면 밖에 생긴다. 이런 도형은 다른 설정이 없는 이상 기본적으로 검은색 테두리에 하얀색 면의 도형으로 표현된다.

[Syntax]   triangle(x1, y1, x2, y2, x3, y3)   3개의 점을 연결하여 만드는 삼각형
[Parameters] x1   float : 첫 번째 점의 x 좌표
             y1   float : 첫 번째 점의 y 좌표
             x2   float : 두 번째 점의 x 좌표
             y2   float : 두 번째 점의 y 좌표
             x3   float : 세 번째 점의 x 좌표
             y3   float : 세 번째 점의 y 좌표

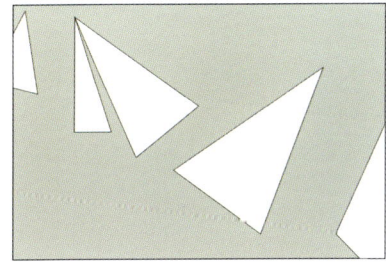

사용 예제 : Chapter05_Lesson05_02.pde

```
size(300, 200);

triangle(10, 5, -20, 60, 20, 70);        // 왼쪽 첫 번째 삼각형
triangle(50, 10, 50, 100, 80, 100);      // 두 번째 삼각형
triangle(50, 10, 100, 120, 150, 80);     // 세 번째 삼각형
triangle(250, 50, 130, 130, 200, 180);   // 네 번째 삼각형
triangle(320, 50, 260, 180, 330, 250);   // 제일 오른쪽 다섯 번째 삼각형
```

Lesson_05_03 _ 원형 그리기

사이즈와 형태가 다른 원을 몇 개 그려보자. 원을 그리는 기본 방법은 중심점의 위치를 지정하고, 너비와 높이의 값을 입력한다. 너비와 높이의 사이즈가 같으면 정원이 되지만, 한쪽이 길면 타원이 만들어진다. 첫 번째 큰 원처럼 중심점의 y값이 0이면 위쪽의 반원은 디스플레이 창 밖에 그려지기 때문에 보이지 않는다.

[Syntax]   ellipse(x, y, width, height)   원형 그리기
[Parameters] x   float : 중심점의 x 좌표
              y   float : 중심점의 y 좌표
              width   float : 너비
              height   float : 높이

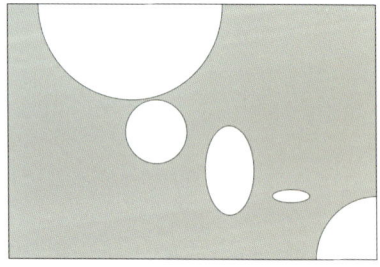

사용 예제 : Chapter05_Lesson05_03.pde

```
size(300, 200);

ellipse(100, 0, 150, 150);          // 맨 위에 반원
ellipse(120, 100, 50, 50);          // 작은 정원
ellipse(180, 130, 40, 70);          // 세로가 긴 타원형
ellipse(230, 150, 30, 10);          // 가로가 긴 타원형
ellipse(300, 200, 100, 100);        // 원의 1/4 형태
```

Example_05_01 _ 사각형으로 모니터와 전등 그리기

직사각형 4개로 모니터 형태를 만들고, 사각형 1개, 직사각형 2개로 전등 형태를 만든다.

사용 예제 : Chapter05_Example05_01.pde

```
size(300, 200);

                                    // 모니터 형태
rect(30, 30, 150, 100);
rect(50, 130, 110, 5);
rect(90, 135, 30, 30);
rect(70, 165, 70, 10);


                                    // 갓 전등 형태
quad(220, 90, 200, 120, 260, 120, 240, 90);   // 삿갓 형태의 마름모꼴
rect(225, 120, 10, 40);
rect(215, 160, 30, 10);
```

Lesson_05_04 _ 호로 피자 조각 그리기

다음 그림과 같이 조각이 다른 5개의 피자 판을 그려보려고 한다. 이러한 호의 형태는 단순히 원의 일부분인 것 같지만, 원보다 그리는 방법이 복잡하다. 특히 이 호를 그리는 arc() 함수의 파라미터 중에서 각도는 원의 모션을 만들 때도 사용되기 때문에 정확하게 이해해야 한다. 각도를 나타내는 방법에는 두 가지가 있다. 다음 [Code A]와 [Code B]는 달라 보여도 결과 값은 다음 그림처럼 똑같이 나타난다. 우선 다음과 같이 코딩을 따라 해보고 원의 아름다움에 대한 비밀을 파헤쳐보자.

```
[Syntax] arc(x, y, width, height, start, stop)   호 그리기
[Parameters] x                                    float : 중심점의 x 좌표
             y                                    float : 중심점의 y 좌표
             width                                호의 원형 너비
             height                               호의 원형 높이
             start                                호를 그리기 시작하는 각도
             stop                                 호 그리기를 멈추는 각도
```

- [Code A] : 호도(Radian)법으로 각도를 나타내는 방법

사용 예제 : Chapter05_Lesson05_04_CodeA.pde

```
size(500, 200);

arc(20, 100, 80, 80, 0, HALF_PI);
```

```
    // 첫 번째 호로 0도부터 90도까지 그리기
arc(120, 100, 80, 80, 0, PI);
    // 두 번째 호로 0도부터 180도까지 그리기
arc(230, 100, 80, 80, 0, PI+HALF_PI);
    // 세 번째 호로 0도부터 180도+90도, 즉 270도까지 그리기
arc(340, 100, 80, 80, PI, TWO_PI+HALF_PI);
    // 네 번째 호로 180도부터 360도+90도, 즉 450도까지 그리기
arc(450, 100, 80, 80, QUARTER_PI, PI+QUARTER_PI);
    // 다섯 번째 호로 45도부터 180도+45도, 즉 225도까지 그리기
```

- **[Code B]** : 도(Degree)로 각도를 나타내는 방법

사용 예제 : Chapter05_Lesson05_04_CodeB.pde

```
size(500, 200);

arc(20, 100, 80, 80, radians(0), radians(90));
    // 첫 번째 호로 0도부터 90도까지 그리기
arc(120, 100, 80, 80, radians(0), radians(180));
    // 두 번째 호로 0도부터 180도까지 그리기
arc(230, 100, 80, 80, radians(0), radians(270));
    // 세 번째 호로 0도부터 180도+90도, 즉 270도까지 그리기
arc(340, 100, 80, 80, radians(180), radians(450));
    // 네 번째 호로 180도부터 360도+90도, 즉 450도까지 그리기
arc(450, 100, 80, 80, radians(45), radians(225));
    // 다섯 번째 호로 45도부터 180도+45도, 즉 225도까지 그리기
```

이 두 코드의 결과 값은 같지만, start와 stop에 해당하는 파라미터 부분은 다르다. 즉, 각도(Angle)에 대한 값을 '호도(Radian)' 또는 '도(Degree)'라는 두 가지 방법으로 표현할 수 있다.

● **호도(Radian)**

'호도(Radian)'는 원주율(1π = 3.14)을 사용해서 각도를 표현한다. 예를 들어 1π는 180도를 의미한다.

1/2π = 90도(degree)
1π = 180도(degree)
2π = 360(degree)

프로세싱에서는 원주율인 파이(π)를 PI로 표기한다.

PI 180도(degree)
TWO_PI 360(degree)
HALF_PI 90도(degree)
QUARTER_PI 45도(degree)

예를 들어, [Code A]의 첫 번째 호를 그리기 위한 코드는 다음과 같다. 다음의 호는 start 파라미터가 0도, stop 파라미터가 HALF_PI, 즉 90도를 말한다.

```
arc(20, 100, 80, 80, 0, HALF_PI);  // 첫 번째 호로 0도부터 90도까지 그리기
```

● **도(Degree)**

'도(Degree)'는 한 회전을 360등분하여 0도에서 시작해서 360도까지 숫자로 각도를 나타낸다. 프로세싱에서 '도(Degree)'를 사용해서 각도를 표현하기 위해서는 radian() 함수를 호출한다. 본래 '프로세싱'에서 각도는 호도(Radian)로 설정되어 있다. 그러므로 우리에게 익숙한 숫자로 표기하는 도(Degree)를 사용하려면 호도로 변환해주는 radian() 함수를 쓴다.

```
[Syntax]      radians(degrees)              도(Degree)를 호도(Radian)로 변환
[Parameters]  degrees                       float : 도(Degree)
```

예를 들어, [Code B]의 두 번째 호를 그리기 위한 코드는 다음과 같다. 0도에서부터 180도까지 호를 그린다.

```
arc(120, 100, 80, 80, radians(0), radians(180));  // 두 번째 호로 0도에서
                                                  // 180도까지 그리기
```

● 호도(Radian)와 도(Degree)의 비교

다음 이미지와 도표를 통해 좀 더 쉽게 이해할 수 있다.

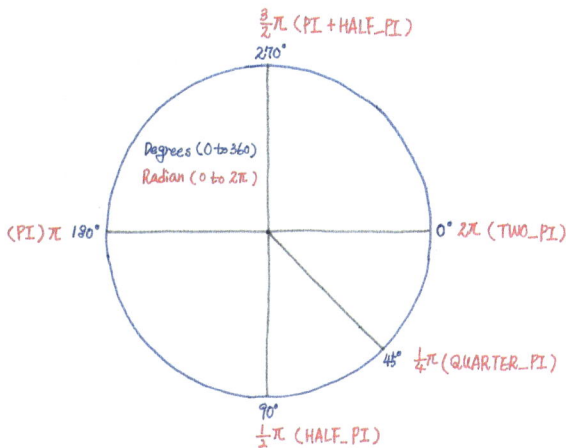

종류	각도				
호도(Radian)	QUARTER_PI	HALF_PI	PI	PI+HALF_PI	TWO_PI
도(Degree)	45	90	180	270	360

그리기 순서

프로그래밍은 새치기라는 것을 모른다. 코드가 쓰인 순서대로 정확하게 수행한다. 위에서 아래로 적힌 순서대로 그림을 그리기 때문에 맨 위에 작성한 코드의 도형이 그려지고 이어서 다음 줄에 적힌 코드의 도형이 그려진다. 두 개의 도형의 위치가 겹쳐 있으면 나중에 그려진 두 번째 도형이 디스플레이 화면에서 맨 위에 보이게 된다.

Lesson_05_05 _ 그리기 순서

다음의 예제 [Code A]와 [Code B]의 코드 구성 요소는 같다. 사각형, 원형, 삼각형을 하나씩 그렸다. 그러나 코드를 쓰는 순서에 따라 그림과 같이 다른 순서로 나타난다. [Code A]는 위에서부터 사각형, 원형, 삼각형이 그린 순서대로 쌓여서 디스플레이 창에 삼각형이 제일 위에 보이게 된다. 그러나 [Code B]는 삼각형에 대한 코드가 먼저 나오기 때문에 제일 먼저 그려지고 그다음에 원형, 사각형 순서로 그려진다.

- [Code A] : 사각형, 원형, 삼각형 순서

사용 예제 : Chapter05_Lesson05_05_CodeA.pde

```
size(300, 200);

rect(50, 50, 70, 70);
ellipse(120, 110, 80, 80);
triangle(190, 70, 110, 120, 220, 150);
```

- [Code B] : 삼각형, 원형, 사각형 순서

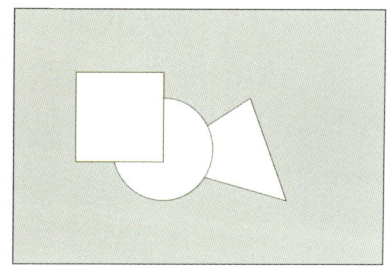

사용 예제 : Chapter05_Lesson05_05_CodeB.pde

```
size(300, 200);

triangle(190, 70, 110, 120, 220, 150);
ellipse(120, 110, 80, 80);
rect(50, 50, 70, 70);
```

그리기 속성

프로세싱에서 같은 사각형을 그리더라도 속성값의 조정에 따라 다른 형태의 사각형을 만들 수 있다.

● 부드럽게 하기(Smooth)

앞서 3장에서 픽셀에 관해 언급했었다. 프로세싱에서 결과물이 나오는 디스플레이 화면에 그려진 도형은 모두 사각형의 픽셀로 구성되어 있다. 따라서 엄밀히 들여다 보면, 특히 대각선이나 곡선 부분이 계단처럼 픽셀의 모서리가 보인다. 이러한 현상을 알리아싱(Aliasing)이라고 한다. 이것은 결국 이미지가 깨져 보이는 현상으로 나타난다.

알리아싱을 보완하기 위해 다음 오른쪽 그림처럼 경계선의 색을 혼합해서 색 차이가 크게 나지 않게 하기도 한다. 즉 바탕인 흰색과 글자의 초록색을 혼합하여 경계선의 픽셀

을 채워서 알리아싱을 완화한다. 이것
을 알리아싱 단어에 반대의 뜻을 지닌
안티(Anti)를 붙여 안티알리아싱(Anti-
Aliasing)이라고 한다.

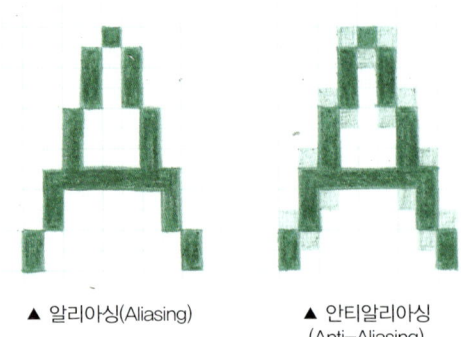

▲ 알리아싱(Aliasing)   ▲ 안티알리아싱(Anti-Aliasing)

Lesson_05_06 _ 부드럽게 하기

첫 번째 원은 부드럽게 하기에 대한 어떤 것도 설정하지 않았기 때문에 default 상태로 smooth가 적용되어 부드럽게 보인다. 두 번째 원은 noSmooth() 함수가 앞에 있기 때문에 부드럽지 않게 지정하였다. 이때 원은 경계선이 부드럽지 않고 계단 모양으로 처리된다. 세 번째 원은 다시 smooth() 함수를 주고 원을 그렸다. 이때 원은 안티알리아싱 효과로 경계선이 부드럽게 처리된다.

[Syntax] smooth()　　경계선을 부드럽게 하는 안티알리아싱으로 그리기
[Parameters]　　　　없음

[Syntax] noSmooth()　경계선이 부드럽지 않은 알리아싱으로 그리기
[Parameters]　　　　없음

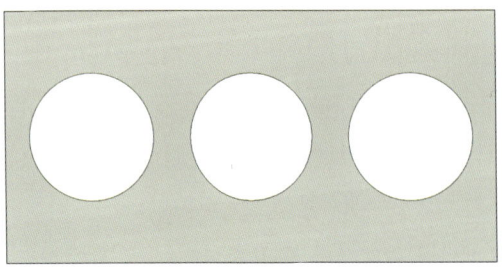

> **사용 예제** : Chapter05_Lesson05_06.pde
>
> ```
> size(400, 200);
>
> ellipse(70, 100, 100, 100);   // 첫 번째 원으로 smooth가 자동으로 설정
> noSmooth();                    // smooth를 적용하지 않아 알리아싱으로 표현
> ellipse(200, 100, 100, 100);  // 두 번째 원으로 smooth가 적용되지 않아 거친 경계선
> smooth();                      // smooth를 적용
> ellipse(330, 100, 100, 100);  // 세 번째 원으로 smooth가 적용되어 안티알리아싱 효과
> ```

● 테두리(Stroke) 두께

도형을 그리면 기본적으로 1픽셀 두께의 테두리가 자동으로 표현된다. 그리기 속성 중에 테두리의 두께를 조정하여 다양한 형태를 만들 수 있다. strokeWeight() 함수는 테두리의 두께를 지정할 수 있다. 원하는 두께를 픽셀 값으로 함수에 넣으면 된다. 테두리를 그리고 싶지 않다면 noStroke() 함수를 사용하면 된다.

Lesson_05_07   다양한 테두리 두께

첫 번째 원은 테두리에 어떤 지정도 하지 않았기 때문에 default 값인 1픽셀로 테두리가 그려진다. 두 번째 원은 두께를 5픽셀로, 세 번째 원은 10픽셀로 지정되어 해당 두께의 원이 그려졌다. 네 번째 원은 앞에 noStroke()가 있기 때문에 테두리를 그리지 않고 면만 있는 원으로 나타난다.

[Syntax] strokeWeight(weight)　　　　　테두리 선의 두께 설정
[Parameters]　　　　　　　　　　　　　float : 테두리 두께(픽셀 단위)

[Syntax] noStroke()　　　　　　　　　　테두리 선이 없는 것으로 설정
[Parameters]　　　　　　　　　　　　　없음

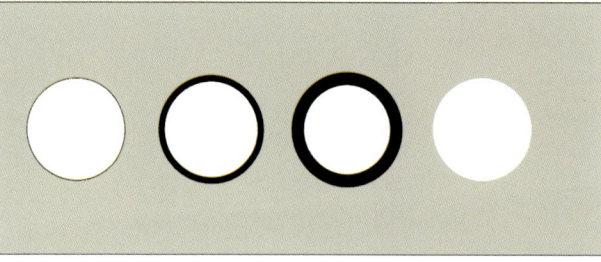

> **사용 예제** : Chapter05_Lesson05_07.pde

```
size(500, 200);

ellipse(70, 100, 80, 80);        // 첫 번째 원
strokeWeight(5);                 // 테두리 두께를 5픽셀로 설정
ellipse(180, 100, 80, 80);       // 두 번째 원
strokeWeight(10);                // 테두리 두께를 10픽셀로 설정
ellipse(290, 100, 80, 80);       // 세 번째 원
noStroke();                      // 테두리 없음
ellipse(400, 100, 80, 80);       // 네 번째 원
```

● **테두리 선의 속성**

선의 양쪽 끝 모양을 조절할 수 있다. 선의 두께가 얇을 때는 끝 모양이 잘 보이지 않지만, 두께가 두꺼워지면 끝 모양이 뚜렷이 보이기 때문에 형태가 달라 보인다. 선의 끝이 둥글거나 각이 지게 할 수 있고, 도형의 테두리에서는 선과 선이 만나는 모서리 지점의 속성을 설정할 수 있다.

Lesson_05_08 _ **선의 끝 모양**

선이나 테두리 끝의 모양을 strokeCap() 함수의 값에 따라 다르게 지정할 수 있다. 다음 그림을 보면, 첫 번째 선은 어떤 지정도 하지 않았으므로 기본적으로 끝이 둥근 선으로 마무리되었다. 두 번째 선은 SQUARE 값에 의해 끝이 각진 모양이 되고, 세 번째 선은 PROJECT를 파라미터로 지정하여 ROUND와 SQUARE가 합쳐진 모양이 된다.

두 선이 만나는 모서리 지점은 strokeJoin() 함수에 의해 변한다. 다시 아래의 그림을 보면, 첫 번째 사각형은 ROUND 값에 의해 모서리가 둥글고, 두 번째 사각형은 BEVEL에 의해 모서리가 빗각으로 나타난다. 세 번째 사각형은 MITER로 본래의 각진 모양으로 표현된다.

[Syntax]   strokeCap(cap)   선의 끝 스타일 설정
[Parameters]   ROUND   선의 끝이 둥근 모양
                SQUARE   선의 끝이 각진 모양
                PROJECT   선의 끝이 둥근 모양만큼 길이가 설정되고 모양은 각지게 처리

[Syntax]   strokeJoin(join)   테두리 선의 두께 설정
[Parameters]   ROUND   모서리가 둥근 모양
                BEVEL   모서리가 빗각 모양
                MITER   모서리가 각진 모양

사용 예제 : Chapter05_Lesson05_08.pde

```
size(500, 200);

strokeWeight(15);
line(50, 40, 50, 160);              // 기본값으로 끝이 둥근 선
```

```
strokeCap(SQUARE);
line(100, 40, 100, 160);        // SQUARE에 의해 끝이 각진 선
strokeCap(ROUND);
line(150, 40, 150, 160);        // ROUND에 의해 끝이 둥근 선
strokeCap(PROJECT);
line(200, 40, 200, 160);        // PROJECT에 의해 끝이 각지면서 둥근 모양
                                // 만큼의 길이가 되는 선

strokeJoin(ROUND);
rect(250, 40, 50, 120);         // ROUND에 의한 둥근 모서리 사각형
strokeJoin(BEVEL);
rect(330, 40, 50, 120);         // BEVEL에 의한 빗각 모서리 사각형
strokeJoin(MITER);
rect(410, 40, 50, 120);         // MITER에 의한 각진 모서리가 사각형
```

그리기 모드

모드(Mode)에 따라 도형을 그리는 방법이 달라진다. 예를 들어 사각형을 그리는 rect() 함수는 파라미터값이 똑같더라도 모드를 어떻게 설정하느냐에 따라 파라미터의 의미가 달라진다. 이어지는 색채 부분에서 다시 다루겠지만, 우선 그려진 도형을 구분하기 위해 색을 입힌 사각형으로 표현하였다.

Lesson_05_09 _ 사각형 모드

사각형의 기본 모드는 왼쪽 위의 꼭짓점을 기준으로 가로 너비와 세로 높이를 설정하여 그렸다. 하지만 사각형을 그리는 rect() 함수 전에 rectMode() 함수를 작성하면 모드에 따라 그리는 방식이 달라진다. 사각형 모드에는 CORNER, CENTER, CORNERS, RADIUS 가 있다.

[Syntax]   rectMode(Mode)   사각형 그리기 모드
[Parameters]   CORNER   기본적인 모드로 왼쪽 위의 꼭짓점 기준으로 그리기

CORNER가 적용된 rect(x, y, width, height)

x : 왼쪽 위 꼭짓점의 x 좌표
y : 왼쪽 위 꼭짓점의 y 좌표
width : 너비
height : 높이

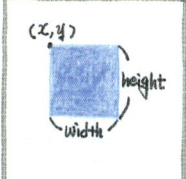

CENTER   가운데의 점을 기준으로 그리기

CENTER가 적용된 rect(x, y, width, height)

x : 사각형 가운데의 x 좌표
y : 사각형 가운데의 y 좌표
width : 너비
height : 높이

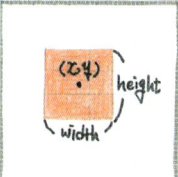

CORNERS   왼쪽 위의 꼭짓점과 오른쪽 아래의 꼭짓점 기준으로 그리기

CORNERS가 적용된 rect(x1, y1, x2, y2)

x1 : 왼쪽 위 꼭짓점 x 좌표
y1 : 왼쪽 위 꼭짓점 y 좌표
x2 : 오른쪽 아래 꼭짓점 x 좌표
y2 : 오른쪽 아래 꼭짓점 y 좌표

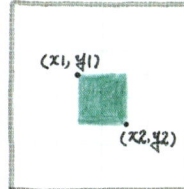

RADIUS   가운데의 점을 기준으로 너비와 높이의 절반값으로 그리기

RADIUS가 적용된 rect(x, y, width, height)

x : 사각형 가운데의 x 좌표
y : 사각형 가운데의 y 좌표
width : 사각형 전체 너비의 절반
height : 사각형 전체 높이의 절반

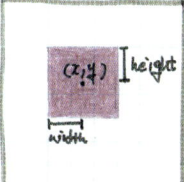

사용 예제 : Chapter05_Lesson05_09.pde

```
size(200, 200);

rectMode(CORNER);           // CORNER 사각형 그리기 모드로 설정
fill(200, 50, 50);
rect(100, 100, 80, 80);     // 빨간색 사각형

rectMode(CENTER);           // CENTER 사각형 그리기 모드로 설정
fill(50, 100, 200);
rect(100, 100, 80, 80);     // 파란색 사각형

rectMode(CORNERS);          // CORNERS 사각형 그리기 모드로 설정
fill(30, 200, 50);
rect(100, 100, 80, 80) ;    // 초록색 사각형

rectMode(RADIUS);           // RADIUS 사각형 그리기 모드로 설정
fill(230, 80, 50);
rect(35, 35, 20, 20) ;      // 주황색 사각형
```

> **Lesson_05_10** _ 원형 모드

원을 그리는 방식을 설정하는 ellipseMode() 함수도 사각형과 같이 CORNER, CENTER, CORNERS, RADIUS 4가지 모드를 가지고 있다.

[Syntax] `ellipseMode(Mode)` 원형 그리기 모드
[Parameters] CORNER 기본적인 모드로 왼쪽 위의 꼭짓점 기준으로 그리기

CORNER가 적용된 `ellipse(x, y, width, height)`
x : 원형의 바운딩 박스 왼쪽 위 꼭짓점의 x 좌표
y: 원형의 바운딩 박스 왼쪽 위 꼭짓점의 y 좌표
width : 너비
height : 높이

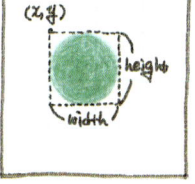

CENTER 기본 모드로 가운데 있는 점을 기준으로 그리기
CENTER가 적용된 `ellipse(x, y, width, height)`
x : 원형 가운데의 x 좌표
y : 원형 가운데의 y 좌표
width : 너비
height : 높이

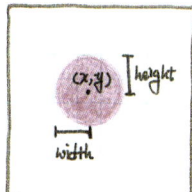

CORNERS 왼쪽 위의 꼭짓점과 오른쪽 아래의 꼭짓점 기준으로 그리기
CORNERS가 적용된 `ellipse(x1, y1, x2, y2)`
x1 : 원형의 바운딩 박스 왼쪽 위 꼭짓점 x 좌표
y1 : 원형의 바운딩 박스 왼쪽 위 꼭짓점 y 좌표
x2 : 원형의 바운딩 박스 오른쪽 아래 꼭짓점 x 좌표
y2 : 원형의 바운딩 박스 오른쪽 아래 꼭짓점 y 좌표

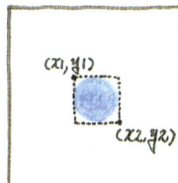

RADIUS 가운데 있는 점을 기준으로 너비와 높이의 절반값으로 그리기

RADIUS가 적용된 `ellipse(x, y, width, height)`

x : 원형 가운데의 x 좌표
y : 원형 가운데의 y 좌표
width : 원형 전체 너비의 절반
height : 원형 전체 높이의 절반

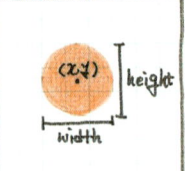

사용 예제 : Chapter05_Lesson05_10.pde

```
size(200, 200);

ellipseMode(RADIUS);
fill(200, 50, 50);
ellipse(100, 100, 70, 70);        // 빨간색 원

ellipseMode(CENTER);
fill(50, 100, 200);
ellipse(100, 100, 70, 70);        // 파란색 원

ellipseMode(CORNER);
fill(30, 200, 50);
ellipse(100, 100, 70, 70);        // 초록색 원
```

```
ellipseMode(CORNERS);
fill(220, 220, 0);
ellipse(100, 100, 70, 70);          // 노란색 원
```

SECTION 2 색칠하기

색에 대한 지정 없이 만들어진 도형은 기본적으로 검정 테두리에 흰색 면으로 표현된다.
이제 여기에 다양한 색을 입혀 생동감을 불어넣을 차례이다.

무채색

무채색은 검은색, 회색, 흰색을 말한다. 3장에서 설명했듯이 프로세싱에서는 검은색인 0부터 하얀색인 255까지 총 256단계로 나누어진다.

Lesson_05_11 _ 모던한 무채색

무채색은 색을 채우는 fill() 함수에 한 개의 파라미터를 넣는다. 2개의 파라미터가 있으면 두 번째 값은 알파값이다. 디스플레이 창의 배경색은 background() 함수를 사용하여 색을 바로 지정한다. 다음 코드에서는 파라미터값을 0을 넣어 검은색 배경이 되었다.

| [Syntax] | background(gray) | 디스플레이 창의 배경을 무채색으로 채우기 |
| [Parameters] | gray | float : 검은색인 0부터 흰색인 255 사이의 값 |

| [Syntax] | fill(gray) | 무채색으로 채우기 |
| [Parameters] | gray | float : 검은색인 0부터 흰색인 255 사이의 값 |

[Syntax]	fill(gray, alpha)	무채색이면서 투명도 추가
[Parameters]	gray	float : 검은색인 0부터 흰색인 255 사이의 값
	alpha	float : 투명한 0부터 불투명한 255 사이의 값

첫 번째 사각형은 fill() 함수의 파라미터값이 70으로 검정에 가까운 어두운 회색이다. 두 번째 사각형은 중간 회색이고, 세 번째 사각형은 밝은 회색이다.

네 번째 사각형은 fill() 함수의 파라미터값이 2개로 중간 회색을 지정하는 값 200과 함께 알파값 170이 있다. 투명도를 나타내는 알파값 역시 투명인 0부터 불투명인 255까지 256단계가 있다.

사용 예제 : Chapter05_Lesson05_11.pde

```
size(300, 200);

background(0);
noStroke();
fill(70);                   // 진한 회색
rect(30, 30, 100, 100);
fill(150);                  // 중간 회색
rect(50, 50, 100, 100);
fill(220);                  // 밝은 회색
rect(90, 80, 100, 100);
fill(200, 170);             // 회색이면서 중간 투명도
rect(140, 60, 130, 100);
```

유채색

유채색은 기본적으로 RGB 모드가 적용된다. fill() 함수를 사용하여 파라미터에 Red, Green, Blue 값을 차례대로 넣어 색을 표현한다. 3가지 각 색상은 색이 없는 0부터 해당 색이 꽉 찬 255까지 총 256단계가 있다. 파라미터가 4개가 되면 맨 끝의 값은 투명도를 나타내는 알파값이다.

Lesson_05_12 _ 화려한 유채색

원에 다양한 색을 채워보자. fill() 함수에 넣은 Red, Green, Blue 색상의 정도에 따라 다른 색이 채워진다. 제일 큰 보라색 원은 fill() 함수에 파라미터가 4개 있으므로 마지막 값은 알파값으로 투명하게 보인다. 따라서 뒤에 있는 주황색 원과 연두색 배경이 비춰 보인다.

```
[Syntax]      background(red, green, blue)         디스플레이 창의 배경을 유채색으로 채우기
[Parameters]  red                                   float : 빨간색 (0~255)
              green                                 float : 초록색 (0~255)
              blue                                  float : 파란색 (0~255)

[Syntax]      fill(red, green, blue)                유채색으로 채우기
[Parameters]  red                                   float : 빨간색 (0~255)
              green                                 float : 초록색 (0~255)
              blue                                  float : 파란색 (0~255)

[Syntax]      fill(red, green, blue, alpha)         유채색이면서 투명도 추가
[Parameters]  red                                   float : 빨간색 (0~255)
              green                                 float : 초록색 (0~255)
              blue                                  float : 파란색 (0~255)
              alpha                                 float : 투명도 (0~255)
```

> **사용 예제 : Chapter05_Lesson05_12.pde**

```
size(300, 200);

background(200, 200, 10);       // 연두색 배경
noStroke();
fill(200, 100, 10);             // 주황색 원
ellipse(60, 80, 80, 80);
fill(220, 150, 0);              // 노란색 원
ellipse(130, 70, 100, 100);
fill(30, 100, 120);             // 파란색 작은 원
ellipse(230, 40, 35, 35);
fill(150, 50, 150, 160);        // 보라색에 투명한 원
ellipse(180, 130, 130, 130);
```

Example_05_02 _ 같은 도형 다른 느낌

도형의 사이즈, 색상, 속성 등을 이용하여 다양한 형태를 만들어보자.

사용 예제 : Chapter05_Example05_02.pde

```
size(300, 200);

background(200);                          // 밝은 회색 배경

noStroke();
fill(200, 200, 0);
ellipse(100, 50, 230, 230);               // 노란색 큰 원
fill(0, 100, 100, 150);
triangle(30, 180, 295, 230, 280, 40);     // 청록색에 투명한 큰 삼각형

stroke(150, 0, 150);                      // 보라색 테두리
strokeWeight(10);                         // 두께 10픽셀인 테두리
fill(100, 0, 100);
ellipse(150, 140, 100, 100);              // 테두리가 있는 보라색 큰 원
ellipse(150, 140, 50, 50);                // 테두리가 있는 보라색 작은 원
noStroke();                               // 테두리 없음
ellipse(80, 55, 30, 30);                  // 테두리가 없는 보라색 작은 원

stroke(120);                              // 회색 테두리
strokeJoin(ROUND);                        // 둥근 모양 모서리
strokeWeight(12);                         // 두께 12픽셀인 테두리
noFill();                                 // 색 채우기 없음
triangle(150, 40, 250, 100, 270, 20);     // 테두리만 있는 회색 삼각형
```

3 SECTION
반복(Repetition)해서 그리기

지금까지 프로세싱으로 도형을 연습했다.
혹시 차라리 손으로 그리는 것이 더 빠르겠다고 생각한 사용자가 있을지 모른다.
이렇게 생각한 사용자는 '반복(Repetition)해서 그리기'를 통해 프로그래밍의 장점을 발견할 수 있을 것이다.
프로세싱에서는 어떤 형태를 반복해서 표현하는 경우가 많다.
프로그래밍에서는 똑같은 형태를 매번 그리지 않고 반복문과 조건문 등의 구문을 사용해 더욱 쉽게 그릴 수 있다.

Lesson_05_13 반복해서 그린 14개의 세로선

도형을 그리는 방법을 사용하여 20픽셀 간격의 선 14개를 그려보자. 다음 코드와 같이 선을 그리는 함수 line()을 14번 반복해서 쓰고, x 좌푯값에 대한 수치만 바꿔서 쓴다.

사용 예제 : Chapter05_Lesson05_13_01.pde

```
size(300, 200);

line(20, 20, 20, 180);
line(40, 20, 40, 180);
line(60, 20, 60, 180);
line(80, 20, 80, 180);
line(100, 20, 100, 180);
line(120, 20, 120, 180);
line(140, 20, 140, 180);
```

```
line(160, 20, 160, 180);
line(180, 20, 180, 180);
line(200, 20, 200, 180);
line(220, 20, 220, 180);
line(240, 20, 240, 180);
line(260, 20, 260, 180);
line(280, 20, 280, 180);
```

이 코드는 변수와 반복문을 사용하면 4줄만으로 똑같은 선을 반복해서 만들 수 있다.

사용 예제 : Chapter05_Lesson05_13_02.pde

```
size(300, 200);

for(int i = 20; i < 300; i += 20){
  line(i, 20, i, 180);
}
```

반복문은 어느 프로그래밍 언어에서나 나오는 중요한 문법 중 하나이다.
일단 이 4줄 코드를 직독 직해하면 다음과 같다.

```
size(300, 200);                          // 가로 300픽셀, 세로 200픽셀인
                                         // 디스플레이 화면을 만든다.

for(int i = 20; i < 300; i += 20){       // 반복문의 for문을 사용, 변수인 정수 i를 선언
                                         // 하고 초깃값은 20으로 설정한다.
                                         // i값이 300 미만이 될 때까지
                                         // i값에 계속 20만큼 더하는 과정을 반복한다.

  line(i, 20, i, 180);                   // (i, 20) 좌표의 첫 번째 점과 (i, 180)
                                         // 좌표의 두 번째 점을 잇는 선을 그린다.
}
```

이 4줄의 코드는 변수와 반복문을 사용하였다. 그럼 변수 선언과 반복문 사용법을 알아보자.

● **변수**

변수는 2장에서 그 개념과 프로그래밍에서의 기본 사용법을 다루었다. '프로세싱'에서도 일반적인 프로그래밍 언어와 마찬가지로 변수 선언을 위해서 변수명, 데이터 유형, 초깃값이 있어야 한다. 변수를 다음과 같이 선언하고 값을 대입(Assign)할 수 있다.

```
int i;        // int(정수의 형태)의 변수로 i라는 이름을 선언한다.
i = 20;       // i 변수에 20이라는 값을 초깃값으로 할당한다.
```

위와 같은 코드를 다음과 같이 써도 무방하다.

```
int i = 20;   // int(정수의 형태)의 변수를 i로 선언하고 20이라는 값을 초깃값으로 할당한다.
```

`Lesson_05_13` 에서 세로선의 패턴을 만든 코드는 반복문 안에 int i = 20;으로 변수를 선언하였다.

● **반복문**

반복문은 말 그대로 어떤 일을 반복해서 실행할 때 사용한다. 여기서는 반복문 중에 for 문을 사용하였다. 반복문에 대한 조건은 기본적으로 초기화(Initialization), 검사(Test), 갱신(Update) 세 부분을 가진다. 각 부분은 반복문 안에서 세미콜론(;)으로 나누어진다. 반복할 내용은 중괄호 블록 { }으로 묶어서 나타내고, 검사가 거짓(False)일 때까지 반복 실행한다.

```
[Syntax] for(init; test; update){
            statements
         }
```

[Parameters]	init	초기화 : 반복(Looping)을 시작할 때 구문(Statements) 실행
	test	검사 : 만약 검사(Test)가 참(True)이면 구문 (Statements) 실행
	update	갱신 : 각 반복이 끝난 후 실행
	statements	반복을 통해 매번 실행되는 구문들

Lesson_05_13 의 코드를 다시 보면 다음과 같다.

```
for(int i = 20; i < 300; i += 20)
```

변수인 정수 i의 초깃값을 20으로 시작해서 300 미만이 될 때까지 계속해서 20만큼 더한다. 이를 중괄호 안의 내용으로 수행한다.

초기화;	int i = 20;	// 정수 i를 선언하고 처음 i값은 20으로 초기화
검사;	i < 300;	// 정수 i가 300보다 작은지를 테스트
갱신;	i += 20;	// 테스트가 참(True)이면 i에 20을 더한 값으로 i를 // 다시 업데이트

```
{
    line(i, 20, i, 180);    // 첫 번째 (i, 20)인 점과 두 번째 (i, 180)인 점을 잇
                            // 는 선을 그림
}
```

위의 반복문 과정을 그대로 나열해보자.

첫 번째 실행 i값은 20, i < 300 검사 결과는 참, i += 20은 40
두 번째 실행 i값은 40, i < 300 검사 결과는 참, i += 20은 60
세 번째 실행 i값은 60, i < 300 검사 결과는 참, i += 20은 80

....

열두 번째 실행 i값은 240, i < 300 검사 결과는 참, i += 20은 260

열세 번째 실행 i값은 260, i < 300 검사 결과는 참, i += 20은 280

열네 번째 실행 i값은 300, i < 300 검사 결과는 거짓, 반복이 멈춘다.

이와 같은 반복문의 과정으로 14개의 선이 그려진다.

`Lesson_05_14` __ 대각선 패턴 만들기

반복문을 응용해서 이번에는 대각선을 만든다. 반복문 안에 변수는 i 하나이지만 선을 만들기 위한 lin() 함수의 파라미터에 같은 변수 i를 응용해서 넣을 수 있다.

선을 만드는 두 번째 점의 x값에 i+20을 넣어주면 똑같이 반복해서 갱신되는 i 값에 20을 더한 값으로 변하기 때문에 대각선 모양을 만들 수 있다.

사용 예제 : Chapter05_Lesson05_14.pde

```
size(300, 200);
```

```
for(int i=20; i<300; i+=20){
  line(i, 20, i+20, 180);        // 첫 번째 (i, 20)인 점과 두 번째 (i+20)
                                  // 인 점을 연결하는 선
}
```

Example_05_03 _ **변화하는 패턴 만들기**

반복문을 활용하여 변화하는 패턴을 만들어보자. 사각형을 반복해서 9개를 그리되 계속 높이값이 커지게 하려고 한다. 사각형을 만드는 rect() 함수의 파라미터 x 좌푯값과 세로 높이값에 변수를 적용하여 규칙적인 증가를 더할 수 있다.

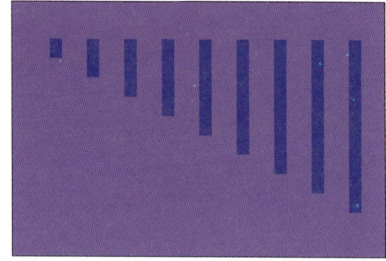

사용 예제 : Chapter05_Example05_03.pde

```
size(300, 200);

background(150, 100, 200);        // 보라색 배경

for(int j=30; j<300; j+=30){      // 정수 j를 변수로 선언하고 초깃값은 30으로
                                   // 설정
                                   // 변수 j가 300 미만이 될 때까지 반복
                                   // 변수 j값이 반복할 때마다 30씩 증가
    noStroke();
    fill(50, 50, 180);
    rect(j, 30, 10, j/2);          // 왼쪽 위 꼭짓점이 (j, 30), 너비 10,
                                   // 높이 j/2인 사각형
}
```

Lesson_05_15 _ 땡땡이 패턴 만들기

반복문은 또 다른 반복문을 품을 수 있다. 다음 그림은 초록색 원이 가로방향으로 반복되어 그려지면서 동시에 세로방향으로도 반복되어 그려졌다. 즉, 반복되는 사항이 가로와 세로 2가지이므로 반복문이 2개 필요하다. 이것을 동시에 표현하려면 하나의 반복문 안에 또 다른 반복문을 넣어서 만든다.

사용 예제 : Chapter05_Lesson05_15.pde

```
size(300, 200);
background(200, 200, 50);         // 연두색 배경

for(int x=20; x<300; x+=20){
  for(int y=20; y<200; y+=20){
    fill(20, 200, 150);
    ellipse(x, y, 10, 10);
  }
}
```

위의 코드에 관한 결과를 다시 되짚어보자.

첫 번째 for문인 for(int x=20; x<300; x+=20) 이 한 번 실행될 때마다,
두 번째 for문인 for(int y=20; y<200; y+=20){
        fill(20, 200, 150);
        ellipse(x, y, 10, 10);
    }
이 실행된다.

첫 번째 for문의 첫 번째 실행

  x값은 20

    두 번째 for문의 첫 번째 실행

      y값은 20, 중심점이 (20, 20)인 원을 그린다. y < 200 검사 결과는 참, y += 20은 40

    두 번째 for문의 두 번째 실행

      y값은 40, 중심점이 (20, 40)인 원을 그린다. y < 200 검사 결과는 참, y += 20은 60

    두 번째 for문의 세 번째 실행

      y값은 60, 중심점이 (20, 60)인 원을 그린다. y < 200 검사 결과는 참, y += 20은 80

      ....

    두 번째 for문의 아홉 번째 실행

      y값은 180, 중심점이 (20, 180)인 원을 그린다. y < 200 검사 결과는 거짓, 반복을 멈춤

  x < 300 검사 결과는 참, x += 20은 40

첫 번째 for문의 두번째 실행

  x값은 40

    두 번째 for문의 첫 번째 실행

      y값은 20, 중심점이 (20, 20)인 원을 그린다. y < 200 검사 결과는 참, y += 20은 40

    두 번째 for문의 두 번째 실행

      y값은 40, 중심점이 (20, 40)인 원을 그린다. y < 200 검사 결과는 참, y += 20은 60

    두 번째 for문의 세 번째 실행

      y값은 60, 중심점이 (20, 60)인 원을 그린다. y < 200 검사 결과는 참, y += 20은 80

      ....

두 번째 for문의 아홉번째 실행

　　y값은 180, 중심점이 (20, 180)인 원을 그린다. y < 200 검사 결과는 거짓, 반복을 멈춤

x < 300 검사 결과는 참, x += 20은 60

　　....

이렇게 반복을 하면 왼쪽 제일 위에 첫 번째 원을 그리고 같은 x 좌표 아래로 9개의 원을 그린다. 오른쪽으로 두 번째 줄에 9개의 원을 그린다. 이후 오른쪽 마지막 줄까지 반복해서 원을 그리게 된다.

Example_05_04 _ 점점 커지는 블록

사각형이 줄지어 반복해서 그려지되, y축으로 내려갈수록 사각형의 사이즈가 커지도록 한다.

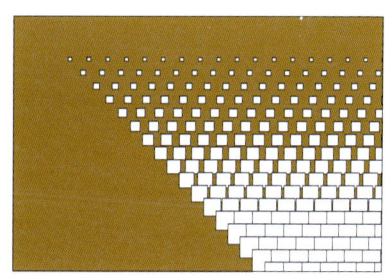

사용 예제 : Chapter05_Example05_04.pde

```
size(300, 200);

background(180, 130, 20);
smooth();
for(int a = 32; a<=height; a+=10){
  for(int b = 12; b<=width; b!=15){
    rect(a+b, a, a/10.0, a/10.0);
  }
}
```

Example_05_05 _ 컬러 그라데이션 패턴

반복문 안에 반복문을 넣어서 사각형이 가로와 세로방향으로 패턴처럼 그려진다. 반복해서 그려지는 사각형이 오른쪽 아래로 갈수록 밝은색을 채우고 있다. 즉, 사각형의 x 좌푯값과 y 좌푯값이 커질수록 점점 밝은색으로 채우는 것이다. 색을 표현하는 fill() 함수의 파라미터에 위치값을 나타내는 변수 x와 y를 적용했다. 따라서 계속 증가하는 x와 y 값에 의하여 색의 값 또한 점점 증가하여 밝게 변한다.

사용 예제 : Chapter05_Example05_05.pde

```
size(300, 200);

noStroke();
for(int y = 0; y<200; y+=20){
  for(int x=0; x<300; x+=20){
    fill((x+y)*0.5, (x+y)*0.3, (x+y)*0.8);
    rect(x, y, 20, 20);
  }
}
```

SECTION 4 내 맘대로 그리기

형태가 정해져 있는 기본 도형 이외에 자유로운 도형도 얼마든지 그릴 수 있다.
내가 마음대로 그릴 수 있는 도형은 점과 점을 연결하는 선으로 표현한다.
점은 'Vertex'로 정의되고 기본적으로 최단거리인 직선으로 점 사이를 연결한다.
연결되는 부분을 직선이 아닌 곡선으로 그릴 수 있고
시작점과 마지막 점을 연결하여 닫힌 형태로 면을 구성할 수 있다.

Lesson_05_16 _ 점과 점, 그리고 직선

내가 그리고 싶은 도형의 형태를 만들기 위한 점을 설정하고 그 점들을 연결하는 선을 그리는 방법을 알아보자.

[Syntax]	beginShape()	도형에 대한 점(Vertex)을 작성하기 시작
[Parameters]	없음	
[Syntax]	endShape()	도형에 대한 점(Vertex)의 작성을 멈춤
[Parameters]	없음	
[Syntax]	endShape(Mode)	도형의 모드 설정
[Parameters]	CLOSE	시작점과 끝점을 연결하여 선을 닫아주는 형태
[Syntax]	vertex(x, y)	도형의 꼭짓점으로 beginShape() 함수와 endShape() 함수 안에서 사용
[Parameters]	x	float : 꼭짓점의 x 좌표
	y	float : 꼭짓점의 y 좌표

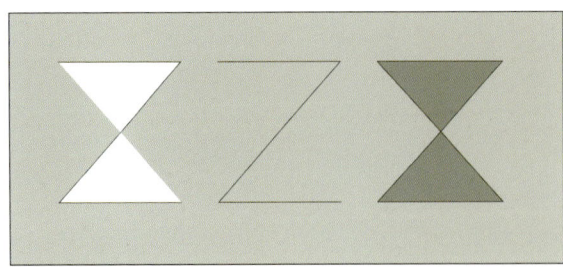

사용 예제 : Chapter05_Lesson05_16.pde

```
size(450, 200);

            // 첫 번째 도형으로 열린 선과 기본 채색
beginShape();
vertex(40, 40);
vertex(140, 40);
vertex(40, 150);
vertex(140, 150);
endShape();

            // 두 번째 도형으로 색 없고 선만 표현
noFill();
beginShape();
vertex(170, 40);
vertex(270, 40);
vertex(170, 150);
vertex(270, 150);
endShape();

            // 세 번째 도형으로 닫힌 선과 채색
fill(150);
beginShape();
vertex(300, 40);
```

```
vertex(400, 40);
vertex(300, 150);
vertex(400, 150);
endShape(CLOSE);
```

Example_05_06 _ 글자 그리기

형태가 복잡한 글자 모양도 꼭짓점(Vertex)을 이용해서 그릴 수 있다. 이러한 복잡한 형태를 그릴 때는 미리 손으로 스케치해보고 필요한 점을 표시한 후 해당 점을 코딩하면 편리하다.

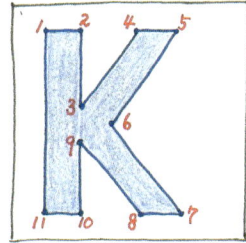

사용 예제 : Chapter05_Example05_06.pde

```
size(200, 200);

fill(20, 100, 200);
beginShape();
vertex(30, 30);            // 1
vertex(60, 30);            // 2
vertex(60, 80);            // 3
vertex(100, 30);           // 4
vertex(135, 30);           // 5
vertex(85, 95);            // 6
vertex(135, 160);          // 7
vertex(100, 160);          // 8
vertex(60, 110);           // 9
vertex(60, 160);           // 10
vertex(30, 160);           // 11
endShape(CLOSE);
```

Lesson_05_17 _ 점과 점, 그리고 곡선

곡선 그리기는 '프로세싱'에서 Curve Vertices()와 Bezier Vertices() 함수를 사용한다. 곡선을 그리는 데는 두 가지 종류의 점이 있다. 하나는 곡선을 연결하기 위한 점(Vertex)이고, 다른 하나는 연결하는 곡선의 구부러진 정도를 조정하는 제어점(Control Point)이다.

[Syntax] curveVertex(x, y)   곡선을 만들기 위한 점
[Parameters]   x   float : 점의 x 좌표
               y   float : 점의 y 좌표

[Syntax] bezierVertex(cx1, cy1, cx2, cy2, x, y)
두 개의 제어점과 한 개의 고정점(Anchor Point)가 있는 베지어 곡선을 만들기 위한 점
[Parameters]   cx1   float : 첫 번째 제어점의 x 좌표
               cy1   float : 첫 번째 제어점의 y 좌표
               cx2   float : 두 번째 제어점의 x 좌표
               cy2   float : 두 번째 제어점의 y 좌표
               x   float : 고정점의 x 좌표
               y   float : 고정점의 y 좌표

다음 그림을 통해서 곡선을 그리는 과정을 이해해보자. C1, C2, C3, C4…는 제어점(Control Point)을 말하고 V1, V2, V3, V4…는 점(Vertex)이다. 하늘색으로 표시된 선은 실제로 디스플레이 창에서 보이는 것이 아닌 가상의 선이다. 하늘색 선의 구부러진 정도에 따라 파란색의 실제 보이는 곡선의 구부러진 정도가 결정된다.

- Curve Vertices

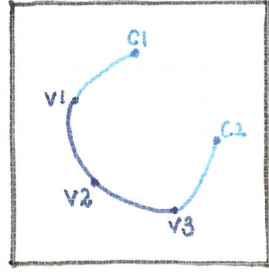 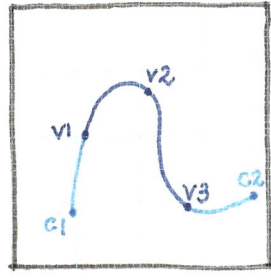 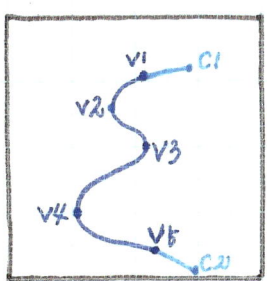

- Bezier Vertices

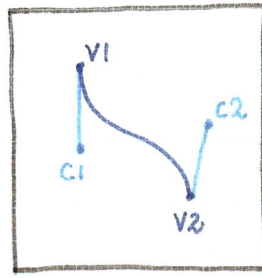 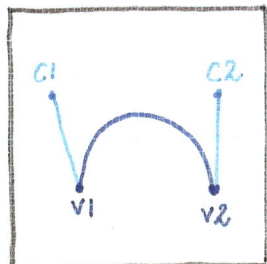 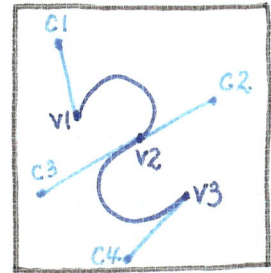

다음과 같은 곡선을 그리기 위해서는 오른쪽과 같이 4개의 점(Vertex)과 2개의 제어점(Control Point)이 필요하다.

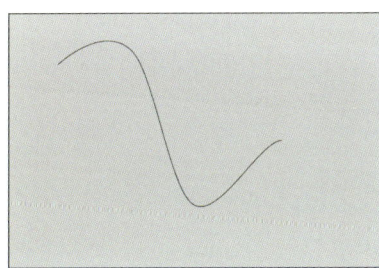 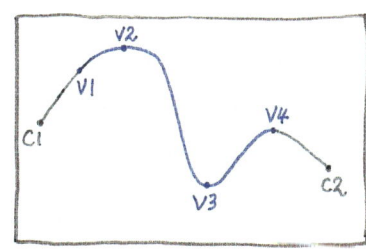

사용 예제 : Chapter05_Lesson05_17.pde

```
size(300, 200);

smooth();
noFill();
beginShape();
curveVertex(20, 100);          // C1
curveVertex(40, 40);           // V1
curveVertex(100, 30);          // V2
curveVertex(150, 150);         // V3
curveVertex(220, 100);         // V4
curveVertex(250, 150);         // C2
endShape();
```

Example_05_07 _ 부드러운 꽃잎 모양 그리기

베지어 곡선을 이용해서 꽃잎 모양을 만들어보자. 왼쪽 작은 꽃잎을 그리기 위해서는 시작점 V1, 중간 점 V2, 끝점 V3가 필요하다.

 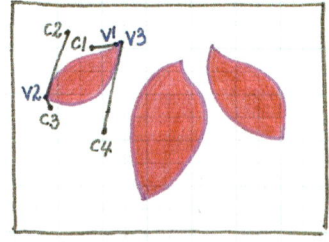

사용 예제 : Chapter05_Example05_07.pde

```
size(300, 200);

background(10, 100, 100);
```

```
noStroke();
fill(120, 30, 80);

beginShape();
vertex(100, 28);                        // V1
bezierVertex(90, 39, 54, 17, 26, 83);   // C1, C2, V2
bezierVertex(25, 83, 95, 110, 100, 30); // C3, C4, V3
endShape();

beginShape();
vertex(150, 50);
bezierVertex(90, 70, 100, 150, 120, 180);
bezierVertex(240, 100, 130, 50, 150, 50);
endShape();

beginShape();
vertex(180, 30);
bezierVertex(160, 120, 230, 130, 250, 120);
bezierVertex(280, 60, 180, 50, 180, 25);
endShape();
```

Exercise

❶ 기본 도형으로 지붕, 창문, 굴뚝이 있는 집 형태를 만들어보자.

❷ 기하학 무늬의 포장지 패턴을 디자인하라.

❸ 곡선을 사용하여 은행 나뭇잎과 단풍 나뭇잎을 만들어보자.

❹ 자신의 이름을 알파벳으로 그려보자.

Interesting

색 감각 키우기

시각물은 형태와 색으로 구성된다. 인간은 어떤 것을 볼 때 형태와 색 중에 0.001초(?) 정도의 아주 짧은 순간에 형태보다 색을 먼저 감지한다고 한다. 그래서인지 창밖에 무엇인가 쌩~하고 지나가면 형태는 잘 몰라도 '불그스름한 것이 지나간 것 같다.'라고 느끼며 색을 감지한다. 그만큼 시각에서 색은 중요하다. 색은 디자인에서 전체적인 분위기와 콘셉트를 좌우하고 연상과 상징의 의미도 있으며 첫인상을 결정한다. 그러므로 색만 잘 활용해도 좋은 결과물을 만들 수 있다. 똑같은 동그라미를 세 개 그려도 색채에 따라 세련됨과 촌스러움을 넘나들 수 있다.

사람들은 이러한 이유에서 색채 감각을 키우고 싶어 한다. 우리는 사실 항상 색과 같이 생활한다. 오늘 입고 나갈 옷과 가방, 구두 등의 색을 맞추고 펜 한 자루도 예쁜 색상을 고른다. 맛깔스러운 음식의 색상에 군침이 고이고, 푸릇한 가을 하늘색에 감탄한다. 따라서 색 감각을 키우기 위해서는 주위의 색에 조금 더 신경을 쓰는 것이 좋다. 색 감각을 키우기 위한 몇 가지 팁을 공유해보자.

a. 자연의 색 감상하기

세련된 색은 알고 보면 자연에서 온 것이 많다. 항상 보고 있는 하늘과 나무, 산과 꽃의 색들이 우리 눈에 친숙하고 편안하다. 이러한 자연의 색에는 유치한 색이 없다. 대개 채도와 명도가 중간 이하인 경우가 많다. 자연의 다양하고 아름다운 색을 사진에 담고, 닮으려고 애쓰면 촌스럽지 않은 세련된 색의 조화를 만들 수 있다.

b. 럭셔리 잡지 스크랩하기

비싼 잡지를 사라는 얘기가 아니다. 무료로 주는 백화점 광고용 잡지책도 좋고, 앱(App)으로 보는 명품 관련 매거진도 좋다. 명품 자체에 관심을 두지 말고 정제되어 있는 색의 조화에 눈길을 주자. 한 장 한 장의 이미지 컷에서 세련되고 독특한 색감들의 배색을 볼 수 있다. 마음에 드는 한 장의 이미지나 조화로운 색감의 배색 컷이 있다면 스크랩도 해보자. 그 배색을 나의 디자인에 적용하면 좋은 결과를 얻을 수 있다.

c. 예술작품 따라 하기

예술가는 색의 마술사이다. 다양한 색을 구성하고 형태와 조합한다. 예술가의 작품은 다양하고 실험적인 색의 조화까지도 배울 수 있다. 인터넷 화면으로 보는 것보다 직접 갤러리나 미술관에

Interesting

가서 볼 것을 권하고 싶다. 직접 본 아름다운 색채를 눈에 담아 자신의 작품에도 활용해보자. 분명 '프로세싱'을 사용하여 디자인을 하면서 어느 순간, 코드를 작성하는 기술보다 색채 감각에 의한 표현방법이 더 중요하다는 것을 깨닫게 될 것이다.

Interesting

곡선의 아름다움

건축가, 예술가, 철학자, 그리고 환경운동가였던 훈데르트 바서(Hundert Wasser)는 이렇게 말했다.

"The Straight Line is Godless."

이 말은 신의 세계에는 직선이 없다는 것이다. 다시 말해 자연세계에는 직선이 없고 곡선만이 존재한다는 뜻이다. 그래서 훈데르트 바서의 모든 건축물과 그림은 곡선으로 이루어져 있고 자연환경을 보호하기 위한 활동을 하였다. 가만히 생각해보면 산, 바다, 바위, 꽃, 나무, 동물, 인간 모두 곧은 직선이 없다. 디자인할 때 이러한 곡선으로 이루어진 자연세계를 표현하는 것이 직선의 건물을 표현하는 것보다 어렵다. 3D 모델링에 있어서도 직선으로 이루어진 책상을 만들기는 쉽지만, 사람의 얼굴을 만들거나 머리카락이 자연스럽게 찰랑거리는 표현은 가장 어려운 기술 중 하나다. 모바일의 디스플레이 화면도 처음에는 평면이었지만, 기술의 발달로 곡선 형태의 디스플레이 화면이 등장하고 있다.

우리는 디자인에서 항상 자연스러움을 추구한다. 프로세싱에서도 곡선의 형태를 만들거나 곡선의 움직임을 표현하는 것이 직선보다는 복잡해 보인다. 하지만 곡선을 표현하는 수학과 친숙해지고 유기적인 움직임을 잘 활용한다면 더 아름답고 더 유려한 디자인 결과물을 얻을 수 있다.

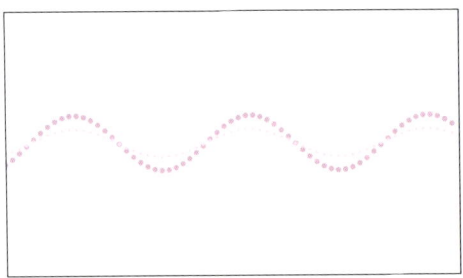 

CHAPTER
06

시각적 형태 : 변형
(Visual Form : Transform)

가지고 있는 재료와 요소는 같지만 구성이나 결합 과정을 바꾸면 다른 형태로 바꿀 수 있다. 이번 장에서는 5장에서 만든 도형들을 이동시키거나 회전시키고 비례를 조정하여 사이즈를 바꾸는 등 변형을 시도해보자.

SECTION 1 기본 변환

일반적으로 컴퓨터 그래픽에서 형태를 변화시킬 수 있는 것은 이동, 회전, 비례이다.
'프로세싱'에서도 마찬가지이다. 이 세 가지 요소의 함수를 이용해서 형태를 변화시킬 수 있다.
변환 방법은 기본적으로 도형 자체를 변환시키는 것이 아니라, 도형이 그려져 있는 좌표계 자체를 변화시키는 것이다.
3장에서 다루었던 좌표계를 상기해보자. 디스플레이 화면의 왼쪽 위에서 (x=0, y=0) 점이 있었다.
'프로세싱'에서 변환은 함수의 파라미터값만큼 좌표계 자체가 움직이거나 바뀌는 것으로 생각하면 된다.
이동, 회전, 비례에 대한 변환을 자세히 살펴보자.

이동(Translate)

이동은 위치값의 변화로 이루어진다. translate() 함수를 사용하여 도형을 이동시킨다.

Lesson_06_01 _ 사각형의 위치 이동

사각형 왼쪽 위 꼭짓점이 (10, 30)에 위치한 빨간색 사각형을 (60, 50)의 위치로 바꾸고자 한다.
먼저 모눈종이에 빨간색 사각형을 하나 그렸다고 가정해보자. translate() 함수는 그 모눈종이 자체를 움직여서 빨간색 사각형의 위치를 변화시키는 것이다.

```
[Syntax]      translate(x, y)         디스플레이 창에서 도형을 이동
[Parameters]  x                       float : 왼쪽 또는 오른쪽으로 이동
              y                       float : 위쪽 또는 아래쪽으로 이동
```

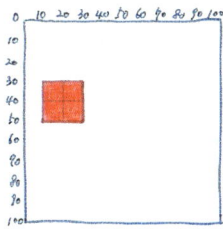 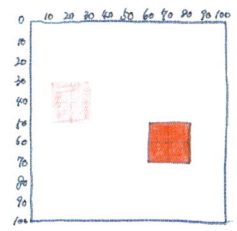 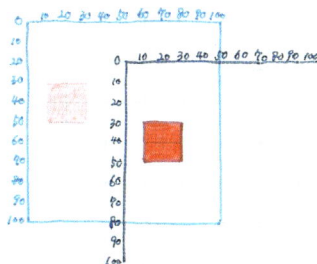

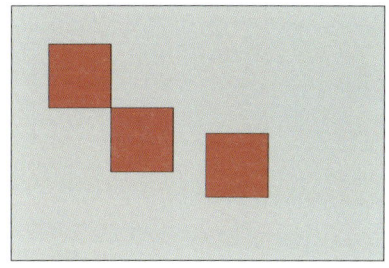

> **사용 예제** : Chapter06_Lesson06_01.pde

```
size(300, 200);

fill(200, 80, 80);
rect(30, 30, 50, 50);       // 왼쪽 첫 번째 사각형
translate(50, 50);          // 좌표계를 x축 50, y축 50만큼 이동
rect(30, 30, 50, 50);       // 좌표계가 이동한 곳에서부터 (x=30, y=30)
                            // 결국, 처음 좌푯값에서 보면 (x=50+30=80,
                            // y=50+30=80) 위치에서부터 사각형 그리기
translate(100, 30);         // 앞의 translate(50, 50)의 값에 또다시 x축
                            // 100, y축 30만큼 더 이동
rect(40, 20, 50, 50);       // 총합계 (x=50+100+40=190, y=50+30+20
                            // =100)의 위치에서부터 사각형을 그리기
```

회전(Rotate)

회전은 호도(Radian)를 파라미터로 받는 rotate() 함수를 이용해서 변환한다. 좌표계의 (x=0, y=0)이 축이 되어 회전한다. 각도 값이 +인 경우는 시계방향으로 회전하고 -인 경우는 시계 반대방향으로 회전한다.

Lesson_06_02 _ 사각형의 회전

사각형을 회전시켜보자. 다음 그림은 도형을 시계방향으로 45도만큼 회전시킨 것이다. 도형이 그려진 좌표계의 (x=0, y=0)을 축으로 회전한다.

[Syntax] rotate(angle)   도형의 회전
[Parameters]   angle   float : 호도(Radian)

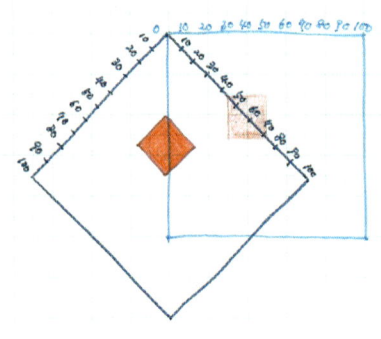 

사용 예제 : Chapter06_Lesson06_02.pde

```
size(300, 200);

fill(200, 80, 80);
rect(80, 30, 50, 50);              // 빨간색 사각형
```

```
fill(100, 200, 100);
rotate(PI/9);              // 시계방향으로 PI/9, 즉 20도만큼 회전
rect(80, 30, 50, 50);      // 초록색 사각형
fill(100, 100, 200);
rotate(-PI/6);             // 시계 반대방향으로 PI/6, 즉 30도만큼 회전
rect(200, 100, 50, 50);    // 파란색 사각형
fill(200, 200, 0);
rotate(PI/10);             // 시계방향으로 PI/10, 즉 18도만큼 회전
rect(150, 100, 50, 50);    // 노란색 사각형
```

비례(Scale)

비례는 본래 가지고 있는 도형의 사이즈에서 scale() 함수의 파라미터값만큼 늘이거나 줄이는 것이다.

Lesson_06_03 _ 사각형의 사이즈 조정

사각형이 그려져 있는 좌표계를 비례 값에 의해 확대 또는 축소해 도형을 변환시킨다. scale() 함숫값이 '2'라면 두 배만큼 커진다는 것으로, 즉 200%를 의미한다. 도형이 가지고 있는 크기, 테두리, 위치값 모두 영향을 미친다. 함숫값이 하나이면 정비례로 x값, y값 모두 똑같이 커지거나 작아진다. 함숫값이 두 개인 경우는 x값, y값이 따로 영향을 미친다.

[Syntax] scale(s)   도형의 비례
[Parameters]   s   float : 정비례 값

[Syntax] scale(x, y)   도형의 비례
[Parameters]   x   float : 도형의 x값에 대한 비례 값
               y   float : 도형의 y값에 대한 비례 값

 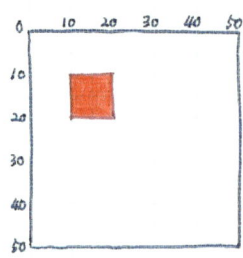 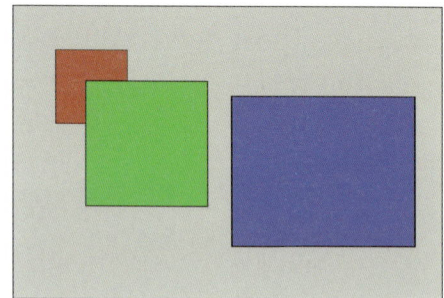

사용 예제 : Chapter06_Lesson06_03.pde

```
size(300, 200);

fill(200, 80, 80);
rect(30, 30, 50, 50);
fill(100, 200, 100);
scale(1.7);              // 1.7배 정비례로 확대
rect(30, 30, 50, 50);    // 빨간색 사각형에서 1.7배 증가한 위치와 사이즈로
                         // 그려진 초록색 사각형

fill(100, 100, 200);
scale(1.5, 1.2);         // x값 1.5배, y값 1.2배 비례로 확대
rect(60, 30, 50, 50);    // 초록색 사각형에서 x값 1.5배, y값 1.2배 증가한
                         // 위치와 사이즈로 그려진 파란색 사각형
```

SECTION 2 변환 결합

기본적인 변환을 하나의 도형에 여러 번 하거나 다른 변환을 결합할 수 있다.
다양한 변환의 결합방법을 실험해보자.

여러 가지 변환의 결합(Combining)

변환할 수 있는 이동, 회전, 비례에 대한 요소를 하나의 객체에 여러 번 또는 두 가지 이상을 결합해서 사용할 수도 있다. 단, 어떤 요소를 먼저 적용하는가에 따라 그 결과 값은 달라진다.

Lesson_06_04 사각형의 위치를 옮기고 회전시키기

다음 그림과 같이 사각형의 위치를 먼저 이동시킨 후에 회전시킨다. 이때 사각형은 이동한 좌표계의 위치를 축으로 회전하게 된다.

- 이동(Translate) → 회전(Rotate)

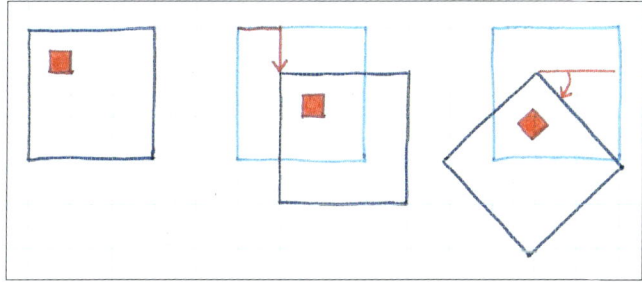

사용 예제 : Chapter06_Lesson06_04.pde

```
size(200, 200);
background(200, 200, 0);

noStroke();
fill(0, 0, 100);
translate(width/2, height/2);      // 너비의 절반인 x값 100, 높이의 절반인
                                    // y값 100만큼 이동
rotate(PI/6);                       // 시계방향으로 PI/6, 즉 30도만큼 회전
rect(10, -30, 50, 50);
```

Lesson_06_05 _ 사각형을 회전시키고 위치 옮기기

이번에는 사각형을 먼저 회전시킨 다음에 위치를 이동시켰다. Lesson_06_04 와 코드의 내용은 같지만, 회전 rotate(PI/6)과 이동 translate(width/2, height/2)에 대한 코드의 순서만 바꾸어 회전이 먼저 실행되게 하였다.

회전이 먼저 이루어지면서 x, y축의 방향성이 변경되어 결과적으로 도형의 변환이 달라진다.

• 회전(Rotate) → 위치(Translate)

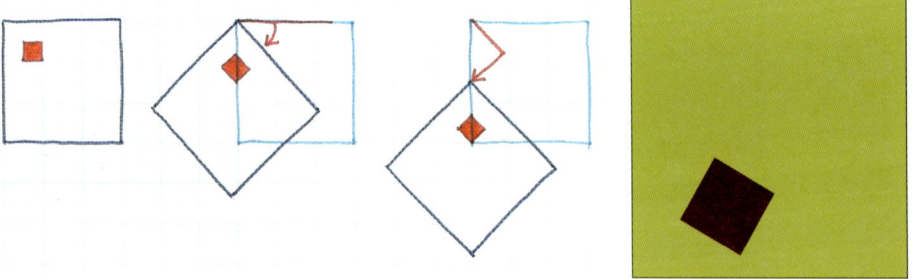

사용 예제 : Chapter06_Lesson06_05.pde

```
size(200, 200);
background(200, 200, 0);

noStroke();
fill(100, 0, 0);
rotate(PI/6);              // 시계방향으로 PI/6, 즉 30도만큼 회전
translate(width/2, height/2);  // 너비의 절반인 x값 100, 높이의 절반인
                           // y값 100만큼 이동
rect(10, -30, 50, 50);
```

Example_06_01 반복적인 변환으로 꽃 피우기

앞 장에서 시도한 반복문을 변환에 사용하면 재미있는 패턴을 그릴 수 있다.

다음 코드와 같이 특정 위치를 중심으로 회전을 반복하여 그리면 원 형태의 패턴을 표현할 수 있다. 이동 함수인 translate()로 먼저 원 패턴의 중심점을 화면의 가운데로 옮기고, 반복문을 사용해서 꽃잎인 선을 계속해서 회전시키며 그리게 된다.

사용 예제 : Chapter06_Example06_01.pde

```
size(300, 200);
background(80, 100, 220);

smooth();
translate(150, 100);       // 좌표의 (x=0, y=0) 점을 화면의 중심으로 이동
for(int i=0; i<35; i+=2){  // 정수 i를 변수 선언하고 초깃값은 0,
                           // 35가 될 때까지 2만큼씩 증가시킨다.
  strokeWeight(12);        // 테두리 두께가 12픽셀
```

```
  stroke(ROUND);              // 둥근 선의 끝
  stroke(250, 200, 50);       // 노란색 테두리
  rotate(radians(i));         // i도(degree)만큼 회전
  line(0, 0, 10, 70);         // 첫 번째 (x=0, y=0)인 점과 두 번째 (x=10,
                              // y=70)인 점을 연결하는 선
}
```

Example_06_02 _ 변환을 응용하여 그라데이션 효과 만들기

비례를 반복문과 같이 사용하여 도형의 사이즈와 색상의 변화를 시도한다. 확대되는 도형이 겹쳐지면서 그라데이션과 같은 효과를 나타낸다.

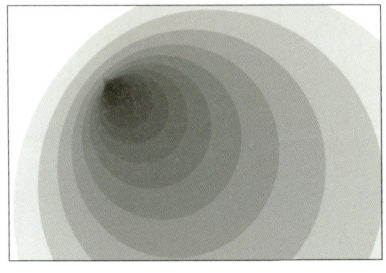

사용 예제 : Chapter06_Example06_02.pde

```
size(300, 200);
background(255);

smooth();
noStroke();
translate(70, 50);          // 좌표계의 (x=0, y=0) 점을 x축 70,
                            // y축 50만큼 이동

for(int j=0; j<17; j++){    // 정수 j를 변수로 선언하고 초깃값은 0
                            // 변수 j가 17이 될 때까지 1씩 증가

  fill(50, 40);             // 진한 회색이면서 투명도 40인 색으로 채우기
  scale(1.2);               // 정비례로 120% 확대
  ellipse(5, 5, j, j);      // 중심점이 (x=5, y=5)이고 너비가 j,
                            // 높이가 j인 원
}
```

특정 부분만의 좌표계 변환

일반적으로 변환 함수가 여러 개 있을 경우는 순서대로 함숫값이 더해진다. 그러나 '프로세싱'에서는 매트릭스(Matrix)를 이용하여 원하는 부분만의 좌표계를 변환 적용할 수 있다. 매트릭스는 숫자를 가로, 세로로 나열해 놓은 행렬을 말한다. 여기에서 숫자는 모눈종이 같은 좌표계의 배경이라 생각하면 된다.

특정 부분만 변환하고 싶을 때는 현 매트릭스 상태를 저장해 두었다가 원할 때 복원한다. 원하는 곳의 현재 매트릭스를 저장하는 것은 pushMatrix()이고, 저장한 매트릭스를 복원하는 함수는 popMatrix()이다. pushMatix()와 popMatrix는 짝꿍이라 항상 붙어 다닌다. 그러면 이 매트릭스가 어떻게 함께하는지 살펴보자.

Lesson_06_06 _ 특정 부분의 사각형만 변환

사각형 세 개 중에 하늘색 사각형만 좌표계의 변환 값을 적용하고 노란색과 주황색은 본래의 좌표계로 그려진다.

사용 예제 : Chapter06_Lesson06_06.pde

```
size(300, 200);
background(100, 50, 150);

noStroke();
fill(250, 180, 50);
rect(30, 30, 60, 40);           // 노란색 사각형
pushMatrix();                    // 현재 좌표계를 저장
```

```
translate(100, 60);          // 좌표계를 X축 100, Y축 60만큼 이동
fill(30, 200, 240);
rect(0, 0, 60, 40);          // 이동하여 (x=100+0=100, y=60+0=60)인
                             // 점에서 그린 하늘색 사각형
popMatrix();                 // 앞에 저장해 둔 좌표계로 복구
fill(250, 100, 50);
rect(180, 120, 60, 40);      // (x=180, y=120)인 점에서 그린 주황색 사각형
```

Example_06_03 _ 화려한 꽃송이 만들기

화려한 꽃잎은 이동과 반복문을 사용해서 표현되었다. 배경의 도트 패턴은 이동에 대한 변환이 적용되지 않으므로 빨간색과 노란색 꽃잎 부분만 변환이 적용되도록 한다.

사용 예제 : Chapter06_Example06_03.pde

```
size(300, 200);
background(200);

smooth();
noStroke();

pushMatrix();                        // 현재 좌표계 저장
translate(width/2, height/2);        // 화면의 중앙이 (x=0, y=0)이 되는
                                     // 좌표계가 되도록 이동

for(int i=0; i<10; i++){             // 정수 i로 변수 선언하고 초깃값 0
                                     // i가 10이 될 때까지 1씩 증가
```

```
    fill(200, 10, 10);              // 빨간색
    rotate(radians(20));            // 이동한 좌표계에서 20도(degree)씩 회전
    ellipse(0, 0, 80, 10);          // 위치와 회전으로 변환된 좌표계에서 그린
                                    // 빨간색 타원형
  }

  for(int j=0; j<20; j++){
    fill(250, 250, 10);
    rotate(radians(20));
    ellipse(50, 50, 80, 10);        // 노란색 타원형
  }
  popMatrix();                      // pushMatrix()로 저장해 둔 맨 앞의
                                    // 좌표계로 복구

  for(int k=25; k<300; k+=50){
    for(int l=25; l<200; l+=30){
      fill(0, 150, 150, 100);
      ellipse(k, l, 10, 10);        // 복구된 좌표계에서 반복해서 그린 청록색 원형
    }
  }
```

Example_06_04 _ 기하학적인 선으로 원형 패턴 만들기

변환과 반복문을 사용하여 간단한 선 하나도 멋진 패턴으로 만들 수 있다.

다음 예제는 검은색 선을 하나 그릴 때마다 좌표계를 한 번 더 이동하여 하얀색 선을 회전시키며 원형 패턴을 만든 것이다.

사용 예제 : Chapter06_Example06_04.pde

```
size(300, 200);
background(100);

translate(width/2, height/2);         // 좌표계의 (x=0, y=0)을 화면의 중심으로
                                      // 이동
for(float i=0; i<TWO_PI; i+=0.3){
 pushMatrix();                        // 현재 좌푯값 저장
  rotate(i);                          // i값만큼 회전
  stroke(0);
  line(0, 0, 30, 0);                  // 검은색 선
  for(float j=0; j<TWO_PI; j+=0.6){
   pushMatrix();                      // 현재 좌푯값 저장
    translate(100, 0);                // 좌표계의 (x=0, y=0)을 화면의 중심에서
                                      // 부터 x축 100만큼 더 이동
    rotate(-j);                       // -j값만큼 회전
    stroke(255);
    line(0, 0, 50, 0);                // 하얀색 선
    popMatrix();
  }
  popMatrix();
}
```

Example_06_05 _ 기하학적인 선으로 원형 패턴 만들기 응용

예제 **Example_06_04** 의 코드값 하나만 바꾸어도 또 다른 패턴을 만들 수 있다. 예를 들어 원형태로 반복해 그리는 선의 회전 정도를 바꾸어 보자. 오른쪽 그림은 검은색 선을 그리는 반복문 for(float i=0; i<TWO_PI; i+=0.3)의 갱신 값을 0.3

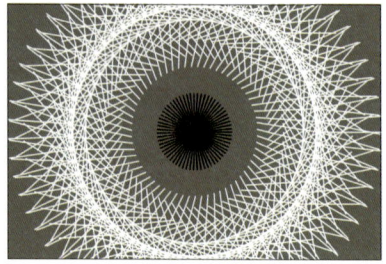

에서 0.1로 바꾸었다. 그 결과 선들의 간격이 더 촘촘하게 그려진 것이다.

사용 예제 : Chapter06_Example06_05_01.pde

```
size(300, 200);
background(100);

translate(width/2, height/2);
for(float i=0; i<TWO_PI; i+=0.1){
 pushMatrix();
  rotate(i);
  stroke(0);
  line(0, 0, 30, 0);
  for(float j=0; j<TWO_PI; j+=0.6){
   pushMatrix();
    translate(100, 0);
    rotate(-j);
    stroke(255);
    line(0, 0, 50, 0);
    popMatrix();
  }
  popMatrix();
}
```

오른쪽 그림은 하얀색 선을 그리는 반복문 for(float j=0; j<TWO_PI; j+=0.6)의 갱신 값을 0.6에서 0.1로 바꾸어 하얀색 선만 더 촘촘히 그린 것이다.

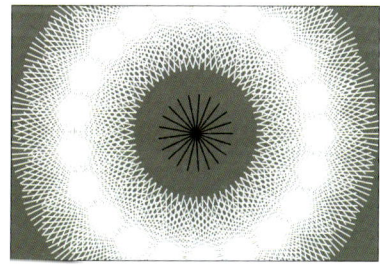

사용 예제 : Chapter06_Example06_05_02.pde

```
size(300, 200);
background(100);

translate(width/2, height/2);
for(float i=0; i<TWO_PI; i+=0.3){
 pushMatrix();
  rotate(i);
  stroke(0);
  line(0, 0, 30, 0);
   for(float j=0; j<TWO_PI; j+=0.1){
    pushMatrix();
     translate(100, 0);
     rotate(-j);
     stroke(255);
     line(0, 0, 50, 0);
     popMatrix();
   }
   popMatrix();
}
```

3 SECTION
자유로운 변환

이 세상의 자연물은 똑같은 것이 없다. 작은 눈송이도 육각형이라는 기본 꼴만 같을 뿐, 각각의 모양은 모두 다르다.
사람도 그렇고, 나뭇잎도 마찬가지이다.
기계로 찍어내는 인공물이나 컴퓨터 안에서 작동하는 디지털 산물들만이 똑같이 복제되고 만들어진다.
그래서 우리는 디지털을 사용한 프로그래밍으로 시각물을 만들고 있지만, 조금이라도 자연과 비슷해지기를 원하는 것 같다.
이러한 관점에서 랜덤은 자연물을 닮기 위한 좋은 프로그래밍 방법의 하나이다.
첫 장에서 언급한 랜덤의 미학을 활용해서 단조로운 규칙에서 벗어나 자유로운 변환을 꾀해보자.

Lesson_06_07 _ 임의의 위치에 빨간색 바 그리기

random() 함수를 이용해서 임의의 위치에 그려지는 빨간색 바를 그려보자. 프로그래밍을 한 번 실행할 때마다 파라미터의 범위 안에서 새로운 값을 할당하기 때문에 매번 다른 그림이 그려진다. 다음 두 그림은 하나의 같은 코드에서 발생한 2개의 다른 결과물이다. 6개 선이 각각 그림에서 어떤 선인지는 알 수가 없다. 왜냐하면, 지정한 위치값에서 그림을 그린 것이 아니라 로또의 볼을 뽑듯이 컴퓨터가 0에서부터 200까지의 소수 중의 하나를 무작위로 뽑아서 썼기 때문이다.

[Syntax] `random(high)`   0에서부터 high 값 사이 범위에서 임의의 값 발생
[Parameters] `high`   float : 최댓값

[Syntax] `random(low, high)`   low 값에서부터 hight 값 사이 범위에서 임의의 값 발생
[Parameters] `low`   float : 최솟값
             `high`   float : 최댓값

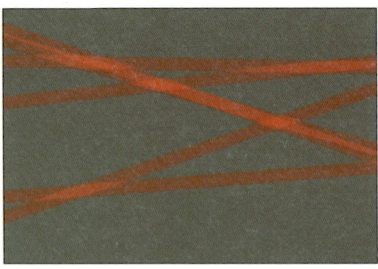

사용 예제 : Chapter06_Lesson06_07.pde

```
size(300, 200);
background(100);

smooth();
strokeWeight(10);            // 테두리 두께가 10픽셀
stroke(250, 0, 0, 100);      // 빨간색이면서 반투명인 테두리
                             // 첫 번째 점은 x값이 0, y값은 화면의 높이값인 0에
                             // 서부터 200 범위 중에서 무작위로 선정
                             // 두 번째 점은 x값이 300, y값은 화면의 높이값인 0
                             // 에서부터 200 범위 중에서 무작위로 선정
line(0, random(200), 300, random(200));
line(0, random(200), 300, random(200));
line(0, random(200), 300, random(200));
line(0, random(200), 300, random(200));
line(0, random(200), 300, random(200));
line(0, random(200), 300, random(200));
```

Example_06_06 _ 랜덤한 빗살무늬 패턴

파란색 선을 반복해서 그리되, 선의 두께와 x 위치값을 random() 함수를 사용하여 무작위로 설정하였다. 특히, 선을 그리는 line() 함수의 첫 번째 점의 x값보다 두 번째 점의 x값의 랜덤 범위를 작게 하여 그리는 위치를 제한하였다.

사용 예제 : Chapter06_Example06_06.pde

```
size(300, 200);
background(150);

smooth();
stroke(0, 0, 100, 100);          // 파란색이면서 반투명 테두리
for(int i=0; i<23; i++){         // 정수 i를 변수로 선언하고 초깃값 0, i값이 23
                                 // 미만까지 1씩 증가

    float r = random(30);        // 소수 r을 변수로 선언하고 0부터 30까지의 값
                                 // 중에서 하나를 초깃값으로 설정

    strokeWeight(r);             // 랜덤으로 설정된 r값이 테두리 두께
    line(i*30, 0, i*10, 200);    // 첫 번째 점은 i에 30을 곱한 x값과 0인 y값
                                 // 두 번째 점은 i에 10을 곱한 x값과 200인 y값

}
```

Example_06_07 _ 랜덤한 사이즈의 원 패턴

일정 범위에서 무작위로 설정된 사이즈의 원을 반복해서 그려보자.

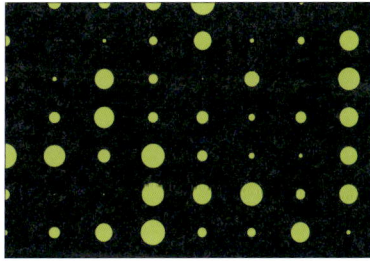

사용 예제 : Chapter06_Example06_07.pde

```
size(300, 200);
background(0, 0, 50);

noStroke();
smooth();

for(int i=0; i<300; i+=40){
  for(int j=0; j<200; j+=30){
    fill(200, 200, 0);
    float r=random(20);      // 0에서부터 20 사이의 값 중의 하나를 변수 r에 대입
    ellipse(i, j, r, r);
  }
}
```

Example_06_08 _ 랜덤한 사이즈와 랜덤한 위치의 원 패턴

이번에는 사이즈는 물론 위치까지도 무작위로 설정한 원을 그려보자.

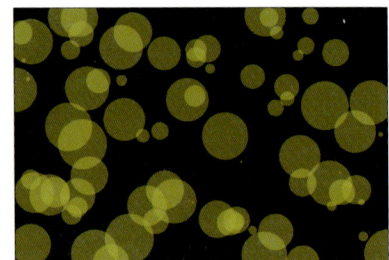

사용 예제 : Chapter06_Example06_08.pde

```
size(300, 200);
background(0, 0, 50);

noStroke();
```

```
smooth();

for(int a=0; a<80; a++){
  float r = random(40);
  float x = random(300);
  float y = random(200);
  fill(200, 200, 0, 150);
  ellipse(x, y, r, r);
}
```

Example_06_09 _ 사이즈, 위치, 색상 모두 랜덤한 원 패턴

이번에는 원의 색상에까지 random() 함수를 적용해보자. 색을 채우는 fill() 함수의 파라미터의 Red, Green, Blue 값을 랜덤으로 설정하면 총천연색이 만들어질 것이다.

사용 예제 : Chapter06_Example06_09.pde

```
size(300, 200);
background(0, 0, 50);

noStroke();
smooth();

for(int a=0; a<80; a++){
  float r = random(40);
  float x = random(300);
  float y = random(200);
```

```
  /* 0에서부터 255 값 중에서 하나 선택한 빨간색과
     0에서부터 255 값 중에서 하나 선택한 초록색과
     0에서부터 255 값 중에서 하나 선택한 파란색과
     알파값 150이 섞인 색 채우기 */
  fill(random(255), random(255), random(255), 150);
  ellipse(x, y, r, r);
}
```

Example_06_10 _ 랜덤하게 연결되는 낙서

선을 그리는 위치값을 랜덤하게 설정하면 낙서하듯이 무작위로 그려진다. 연결된 선으로 그리기 위해서는 반복해서 그리는 선의 두 번째 점 x값, y값이, 그다음 선의 첫 번째 점 x값, y값과 일치하도록 한다.

사용 예제 : Chapter06_Example06_10.pde

```
size(300, 200);
background(100, 10, 10);

smooth();
float x = random(width);         // 0에서부터 화면의 너비 사이즈인 300 사이
                                 // 중에 랜덤 값

float y = random(height);        // 0에서부터 화면의 높이 사이즈인 200 사이
                                 // 중에 랜덤 값

for(int i=0; i<70; i++){
  float x2 = random(width);
  float y2 = random(height);
```

```
    stroke(255, 150);
    strokeWeight(2);
    line(x, y, x2, y2);
    x=x2;                       // x2값을 x에 대입
    y=y2;                       // y2값을 y에 대입, 즉 지금 그려진 선의
                                // 두 번째 점이 다음 선의 첫 번째 점이 되므로 계속 연결
}
```

Exercise

❶ 위치가 랜덤한 자유로운 삼각형 패턴 만들기

❷ 선을 이용한 화려한 꽃모양 만들기

❸ 랜덤한 색상의 원으로 나선형 패턴 만들기

`Interesting`

새로운 시각

피카소(Pablo Picasso)의 그림을 처음 봤을 때 아리송한 물음표가 떠올랐다. 어디가 눈이고 어디가 코일까? 그림 속의 얼굴이 정면을 보고 있는지 옆을 쳐다보고 있는지 도대체 알 수가 없다. 그의 작품 속 한 사람의 얼굴에는 여러 각도에서 본 얼굴을 하나로 합쳐서 입체적으로 그린 큐비즘의 기법이 담겨 있다. 언뜻 보면 사람이 아닌 괴물의 형상 같기도 하지만, 자세히 들여다보면 그 속에 여인의 얼굴이 있고, 여러 각도에서 쳐다본 부분들이 모여서 색다른 조화와 균형을 이루고 있다.

꼭 피카소와 같은 화가가 되자는 것은 아니지만, 가끔 사물 또는 대상을 보는 시각을 달리하자. 창의적인 아이디어를 위해 다른 각도, 다른 시선으로 봄으로써 평소와는 다른 흥미로운 모습을 발견할 수 있을 것이다. 그것들을 조합하고 변형하면서 또 다른 아름다움과 개성 있는 디자인을 시도해보자.

CHAPTER

07

시각적 형태 : 이미지와 타이포그래피
(Visual Form : Image & Typography)

이번 장에서는 그래픽 도형 이외에 표현할 수 있는 이미지와 타이포그래피를 구현해볼 것이다. 이미지는 최근 카메라와 모바일의 발달로 누구나 쉽게 접하고 만들 수 있는 매체이다. 일상생활에서 촬영한 이미지를 '프로세싱'에서 자유롭게 편집하고 재미있는 방법으로 표현해보자. 타이포그래피는 시각 디자인에서 가장 기본적이면서 활용 가치가 높은 요소이다. 의미를 강조한 문자 본연의 역할인 커뮤니케이션으로 활용할 수도 있고, 형태적인 측면을 강조한 조형적 디자인으로 사용할 수도 있다.

SECTION 1
이미지(Image)

'프로세싱'에서 이미지 파일로 저장된 사진이나 그림 등을 불러와 편집하고 디자인할 수 있다.
이미지를 다양한 방법으로 디스플레이하고 변화주는 방법을 익혀보자.

이미지 디스플레이

이미지를 활용하려면 우선 필요한 이미지 소스를 프로세싱에서 인식할 수 있도록 하기 위해 다음 단계를 따라야 한다.

① '프로세싱'을 실행하여 코딩하고 있는 스케치 파일을 저장한다.
② 저장하면서 자동으로 생성된 스케치 폴더 안에 'data' 폴더를 하나 새로 만든다. 폴더 이름으로 다른 것을 사용할 수는 없다. 반드시 'data'로 설정한다.
③ 생성한 'data' 폴더 안에 사용하고 싶은 이미지 소스를 추가한다.
④ 텍스트 편집 창의 코드에서 이미지를 저장할 수 있도록 PImage 유형의 변수를 선언한다.
⑤ loadImage() 함수로 이미지를 로드한다.
⑥ 프로그래밍을 실행시키면 디스플레이 창에 이미지가 디스플레이된다.

Lesson_07_01 _ 이미지 디스플레이 하기

위의 순서에 따라 '니모'가 있는 수족관 이미지를 화면에 디스플레이해보자.

[Syntax] LoadImage(filename)   이미지를 PImage 유형으로 불러오기
[Parameters]   filename   이미지 파일명으로 반드시 따옴표(" ") 안에 쓰고 확장자명까지 표기

```
[Syntax]    image(img, x, y)    이미지를 디스플레이 창에 그리기
[Parameters]   img               디스플레이할 이미지
               x                 이미지의 x 좌표
               y                 이미지의 y 좌표
```

① 프로세싱을 실행시키고 현재 스케치 파일을 'Nimo.pde'로 저장한다.
② 윈도우 탐색기에서(또는 매킨토시 Finder 창에서) 'Nimo'라는 스케치 폴더를 찾는다. 그 안에 'Nimo.pde' 파일이 생성되어 있는지를 확인하고 같은 자리에 'data' 폴더를 만든다.
③ 직접 만든 'data' 폴더 안에 원하는 이미지 'nimo.jpg' 파일을 넣는다. 현재 예제에서 사용한 'nimo.jpg' 파일은 320×240 픽셀 해상도 사이즈이다.
④ 프로세싱의 텍스트 편집 창으로 와서 코딩을 시작한다. PImage 유형의 변수 i를 선언한다.
⑤ loadImage() 함수의 파라미터에 'nimo.jpg'를 불러온다. 파일 이름은 따옴표를 쓰고 그 안에 확장자명인 jpg까지 포함하여 정확하게 쓴다.
⑥ 디스플레이 창의 사이즈를 이미지와 같은 320×240 픽셀 사이즈로 설정했기 때문에 이미지 전체가 화면에 꽉 차게 나온다.

> **참고** • 'data' 폴더를 직접 만들지 않고 코딩하고 있는 '프로세싱'의 텍스트 편집 창으로 이미지를 직접 드래그할 수도 있다. 그러면 자동으로 'data' 폴더가 만들어지고 그 안에 이미지 소스가 저장된다.

> **사용 예제** : Chapter07_Lesson07_01.pde, nimo.jpg
>
> ```
> size(320, 240);
>
> PImage i;                    // PImage 유형의 변수 i 선언
> i = loadImage("nimo.jpg");   // 'nimo.jpg' 이미지 파일을 변수 i로 불러오기
> image(i, 0, 0);              // 이미지 i를 (x=0, y=0) 위치에 디스플레이
> ```

이미지 조정

불러온 이미지의 사이즈나 위치, 색상 등을 조정할 수 있다.

Lesson_07_02 _ 이미지 크기, 위치 조정하기

같은 이미지 'nimo.jpg'를 다른 위치(왼쪽 위)에 다른 사이즈(작게)로 조정하여 그려보자.

[Syntax]   image(img, x, y, width, height)   이미지를 디스플레이 창에 그리기
[Parameters] img   디스플레이할 이미지
              x   이미지의 x 좌표
              y   이미지의 y 좌표
              width   이미지의 너비
              height   이미지의 높이

사용 예제 : Chapter07_Lesson07_02.pde, nimo.jpg

```
size(320, 240);
background(0, 100, 150);

PImage i;
i = loadImage("nimo.jpg");
image(i, 50, 30, 160, 120);      // 이미지를 (x=50, y=30) 위치에 너비
                                  // 160, 높이 120 사이즈로 디스플레이
```

Lesson_07_03 이미지의 색상 조정하기

빌딩이 즐비한 도시의 이미지 원본 한 장을 가지고 여러 가지 색을 입혀보려고 한다. 포토샵에서 이미지의 색상을 바꾸듯이 tint() 함수를 이용해서 다양한 컬러와 투명도를 조절할 수 있다. tint()의 파라미터는 색을 채우는 fii() 함수의 파라미터와 같다.

[Syntax] tint(gray)   디스플레이한 이미지에 무채색 채우기
[Parameters] gray   float : 검은색인 0부터 흰색인 255 사이의 값

[Syntax] tint(Red, Green, Blue) 디스플레이한 이미지에 유채색 채우기
[Parameters] red   float : 빨간색 (0~255)
             green   float : 초록색 (0~255)
             blue   float : 파란색 (0~255)

원본 소스(building.jpg)

> **사용 예제** : Chapter07_Lesson07_03.pde, building.jpg

```
size(320, 240);

PImage img;                          // 이미지 img 변수 선언
img = loadImage("building.jpg");     // 변수 img에 'building.jpg' 이미지
                                     // 를 로드

tint(102);                           // 어두운 회색조
image(img, 0, 0);                    // img로 로드한 이미지를 (x=0, y=0) 위
                                     // 치에서 그리기

noTint();                            // 색조 없음
image(img, width/2, 0);              // img로 로드한 이미지를 화면의 너비 중간에
                                     // 서부터 그리기
```

Example_07_01 _ 컬러를 씌운 이미지

이미지를 유채색으로 덮어 특정 색상을 나타낸다.

> **사용 예제** : Chapter07_Example07_01.pde

```
size(320, 240);

color red = color(250, 70, 70);        // color 데이터 유형으로 red 선언하고
                                       // 빨간색으로 지정
color blue = color(0, 120, 230);       // color 데이터 유형으로 blue 선언하고
                                       // 파란색으로 지정
color yellow = color(220, 220, 0);     // color 데이터 유형으로 yellow 선언
                                       // 하고 노란색으로 지정

PImage img;                            // 이미지 유형의 변수 img 선언
img = loadImage("building.jpg");       // img에 이미지 'building.jpg'를 로드
tint(red);                             // tint() 함수 앞에서 선언한 red 값을 대입
image(img, 0, 0);                      // img 이미지를 (0, 0) 위치에 그린다.
tint(blue);                            // tint() 함수 앞에서 선언한 blue 값
                                       // 을 대입
image(img, width/3, 0);                // img 이미지를 화면의 너비 1/3 위치에
                                       // 그리기
tint(yellow);                          // tint() 함수 앞에서 선언한 yellow
                                       // 값을 대입
image(img, 2*width/3, 0);              // img 이미지를 화면의 너비 2/3 위치에
                                       // 그리기
```

Example_07_02 _ 반투명 이미지의 반복

불러온 이미지의 색을 반투명으로 조정하고 반복문을 사용하여 x축 방향으로 계속 겹쳐서 나오도록 한다.

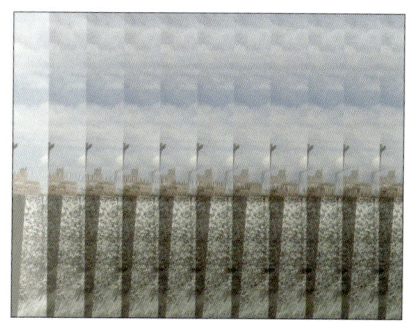

> **사용 예제** : Chapter07_Example07_02.pde

```
size(320, 240);
background(255);

PImage img;
img = loadImage("building.jpg");
tint(255, 120);
for(int i=0; i<12; i++){ // 변수 i가 12 미만일 때까지 1씩 증가
   image(img, i*30, 0);   // img 이미지를 (x=i*30, y=0) 위치에 그리기
}
```

SECTION 2 타이포그래피(Typography)

'프로세싱'에서도 타이포그래피를 일반 글자의 속성대로 문자로 쓸 수도 있고,
앞의 도형들과 같이 하나의 객체로 디스플레이하여 움직임과 인터랙션까지 다양한 표현 요소로 응용할 수도 있다.
타이포그래피는 문자를 배열하거나 속성을 가지고 디자인한 것을 말한다.

텍스트(Text) 디스플레이

프로세싱에서는 글자를 쓰고, 디자인하고, 움직이고, 인터랙티브하게 만들 수 있다. 폰트를 디스플레이하기 위해서는 VFW(Visual Language Workshop) 파일 포맷으로 전환하여야 한다. VFW 포맷은 글자를 이미지로 저장하는 것으로 프로세싱 메뉴의 'Create Font'를 선택해서 변환해 준다. 텍스트를 디스플레이하는 과정은 다음과 같다.

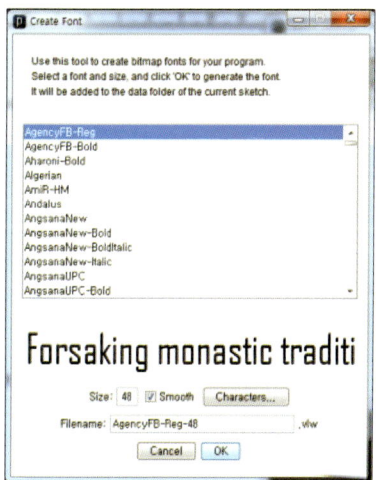

❶ 프로세싱 메뉴에서 [Tool 〉 Create Font...] 선택한다.
❷ [Create Font] 대화상자에서 원하는 서체, 사이즈, Smooth, 파일 이름 등을 설정한다.

❸ 실행하고 있는 프로그래밍을 저장하면 저장한 스케치 폴더 안에 자동으로 'data' 폴더가 생성된다. 이 안에 VLW 폰트 파일이 저장된다.
❹ 텍스트 편집 창에서 폰트를 대입할 수 있는 PFont 유형의 변수를 생성한다.
❺ loadFont() 함수로 폰트를 로드한다.
❻ textFont() 함수로 현재 사용할 폰트를 설정한다.

> | Definition |
> **텍스트(Text)** : 글자
> **캐릭터(Character)** : 문자
> **문자열(String)** : 데이터로 다루는 일련의 문자, 단어, 문장 또는 숫자를 말한다.
> **타이포그래피(Typography)** : 문자를 이용하여 커뮤니케이션하기 위한 디자인

Lesson_07_04 텍스트 쓰기

다음 예제를 따라 하기 위해서는 'Create Font' 과정을 거쳐 폰트에 대한 VLW 데이터를 저장해야 한다. 그리고 다음과 같이 코딩한다. 앞에서 설명한 순서대로 다시 해보자.

① 프로세싱 메뉴에서 [Tool 〉 Create Font…] 선택한다.
② [Create Font] 대화상자에서 'Arial-Black' 서체를 선택한다. 사이즈는 기본으로 설정되어 있는 '48'로 설정한다. 'Smooth'를 체크한다. 파일 이름은 서체를 선택하면 기본적으로 나오는 'Arial-Black-48'로 두고 [OK] 버튼을 누른다.(파일 이름을 다르게 쓸 수도 있다.)
③ 실행하고 있는 프로그래밍을 'EX_Font.pde'로 저장한다. 저장하여 자동으로 생성된 'EX_Font' 폴더 안에는 'EX_Font.pde' 파일과 'data' 폴더가 있다. 'data' 폴더 안에는 'Arial-Black-48.vlw' 파일이 저장되어 있다.
④ 프로세싱의 텍스트 편집 창에서 코딩을 시작한다. 폰트를 대입할 수 있는 PFont 유형의 변수 f를 선언한다.

⑤ 변수 f에 loadFont() 함수의 'Arial-Black-48.vlw' 값을 대입하여 폰트를 로드한다. 이 때, 반드시 ③에서 지정한 폰트 파일명을 확장자명인 vlw까지 그대로 써야 한다.
⑥ textFont() 함수에 변수 f, 즉 'Arial-Black-48.vlw'을 현재의 폰트로 설정한다.

[Syntax] loadFont(filename)   vlw 포맷으로 저장된 폰트 불러오기
[Parameters]   filename   불러올 폰트 이름

[Syntax] text(c, x, y)   폰트를 디스플레이
[Parameters]   c   디스플레이되는 텍스트 파일명으로 따옴표(" ") 안에 표기
               x   디스플레이되는 텍스트 x 좌표
               y   디스플레이되는 텍스트 y 좌표

This is Processing

사용 예제 : Chapter07_Lesson07_04.pde

```
size(300, 200);

PFont f;                                  // PFont 유형의 f 변수 선언
f = loadFont("Arial-Black-48.vlw");       // f에 Arial-Black-48.vlw
                                          // 폰트를 로드
textFont(f);                              // 변수 f를 현재 폰트로 설정
fill(0);                                  // 검은색
```

```
text("This", 5, 50);          // 텍스트 'This'를 (x=5, y=50) 위치에서
                              // 그리기
text("is", 5, 100);           // 텍스트 'is'를 (x=5, y=100) 위치에서 그
                              // 리기
text("Processing", 5, 150);   // 텍스트 'Processing'을 (x=5, y=150) 위
                              // 치에서 그리기
```

Lesson_07_05 _ 다양한 텍스트 디스플레이

프로세싱에서 텍스트의 위치는 베이스라인을 기본으로 좌표의 x값이 설정된다. 그래서 타입이 그려지는 위치값은 그림과 같이 문자의 왼쪽 아래에 있다.

사용 예제 : Chapter07_Lesson07_05.pde

```
size(300, 200);

PFont font;
font = loadFont("TimesNewRomanPSMT-32.vlw");
textFont(font);
fill(0);
text(1234, 10, 30);           // 숫자는 따옴표(" ")를 쓰지 않아도 그대로
                              // 문자로 디스플레이
text("56789   10", 150, 30);  // 숫자라 하더라도 중간에 공백을 그대로
                              // 나타내고 싶다면 따옴표(" ")를 사용
```

```
text(2013, 10, 70);                    // 숫자 '2013'이 디스플레이
text("Apple", 10, 110);                // 알파벳 문자는 따옴표(" ") 안에 있는 그
                                       // 대로 디스플레이
text("Typography", 10, 150);           // 'Typography' 텍스트가 디스플레이
text("Have a good day!", 10, 190);     // 'Have a good day!' 텍스트가 공백
                                       // 과 느낌표까지 그대로 디스플레이
```

Lesson_07_06 _ 긴 문장 써보기

텍스트를 특정 사이즈 범위 안에 디스플레이되도록 할 수 있다. text() 함수에서 데이터와 텍스트를 쓰기 위한 좌표계 영역(사각형 박스)의 시작점 x값, y값을 지정하고 너비와 높이를 지정하면 그 안에 문자가 디스플레이된다.

또한 text() 함수 안에 직접 글자 데이터를 넣지 않고 String 데이터 유형을 사용하여 코드를 모듈화할 수 있다. String 유형은 일련의 문자 또는 숫자로 텍스트 데이터를 저장한다. 다음 코드와 같이 String 유형의 변수를 선언하고 그 변수를 text() 함수에 넣어 준다.

[Syntax] `text(stringdata, x, y, width, height)`	문자열(String)을 디스플레이
[Parameters] `stringdata`	디스플레이한 문자열
`x`	문자열을 배치하기 위한 사각형 박스의 x 좌표
`y`	문자열을 배치하기 위한 사각형 박스의 y 좌표
`width`	문자열을 배치하기 위한 사각형 박스의 너비
`height`	문자열을 배치하기 위한 사각형 박스의 높이

> Everything is designed.
> Few things are designed
> well   - Brian Reed -

사용 예제 : Chapter07_Lesson07_06.pde

```
size(300, 200);

PFont font;
font = loadFont("TimesNewRomanPSMT-24.vlw");
textFont(font);
fill(0);
String s = "Everything is designed. Few things are designed well
- Brian Reed -";
// String 유형의 s 변수를 선언하고 'Everything ~ Reed -' 문장을 대입
text(s, 30, 50, 240, 140);
// s 변수의 문자열을 (x=30, y=50)의 점을 기준으로 그리는 너비 240, 높이 140의 사각형
// 안에 디스플레이
// 가로줄의 알파벳이 240픽셀의 너비를 넘어서면 아랫줄로 넘어가서 계속 문자를 디스플레이
```

텍스트 속성

텍스트에는 기본적으로 서체, 사이즈, 색상 등의 속성이 있다.

Lesson_07_07 _ 텍스트 사이즈 조정

textSize() 함수를 사용하며 픽셀 단위로 사이즈를 변수로 지정한다.

[Syntax] textSize(size)   현재 폰트 사이즈 설정
[Parameters] size   float : 픽셀 단위 문자의 사이즈

사용 예제 : Chapter07_Lesson07_07.pde

```
size(300, 200);
background(100);

PFont font;
font = loadFont("Verdana-32.vlw");
textFont(font);
fill(255);
text("Big Size", 50, 60);
textSize(18);                        // 현재 폰트 사이즈 18픽셀
text("Midium Size", 50, 110);
textSize(12);                        // 현재 폰트 사이즈 12픽셀
text("Small Size", 50, 150);
```

Lesson_07_08 _ 텍스트 색상 조정

텍스트의 색은 도형의 색을 입힐 때와 같은 fill() 함수를 사용 한다.

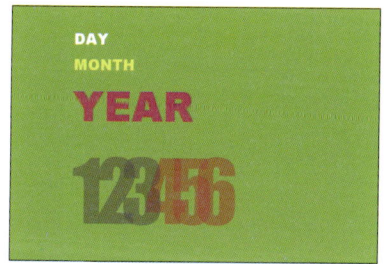

사용 예제 : Chapter07_Lesson07_08.pde

```
size(300, 200);
background(150, 180, 0);

PFont font1;
font1 = loadFont("Arial-Black-12.vlw");
textFont(font1);
fill(255);
text("DAY", 50, 30);
fill(250, 250, 10);
text("MONTH", 50, 50);
textSize(32);  // 사이즈를 32픽셀로 지정
/* 본래 로드된 'Arial-Black-12' 서체의 12픽셀 사이즈보다 큰 사이즈이므로 확대되어 폰
   트 해상도가 떨어짐. 따라서 나타내고 싶은 사이즈 이상의 크기로 폰드를 Create Font하는 것이
   좋음. */
fill(200, 25, 100);
text("YEAR", 50, 90);

PFont font2;
font2 = loadFont("Impact-65.vlw");
textFont(font2);
fill(100, 160);
text("1", 50, 170);
text("2", 70, 170);
text("3", 90, 170);
fill(200, 30, 100, 100);
text("4", 110, 170);
text("5", 130, 170);
text("6", 150, 170);
```

Lesson_07_09 _ 텍스트 줄 간격 조정

텍스트를 여러 줄로 쓸 경우 줄 간격을 조정할 수 있다.

[Syntax] textLeading(leading)   텍스트의 라인과 라인 간격 설정
[Parameters] leading   float : 픽셀 단위의 라인 간격

사용 예제 : Chapter07_Lesson07_09.pde

```
size(300, 250);

PFont font1;
font1 = loadFont("CourierNewPSMT-24.vlw");
textFont(font1);
String lines = "Be the change that you wich to see in the world.";
textLeading(10);              // 줄 간격 10픽셀
fill(0);
text(lines, 10, 10, 300, 100);
textLeading(20);              // 줄 간격 20픽셀
text(lines, 10, 70, 300, 1300);
textLeading(30);              // 줄 간격 30픽셀
text(lines, 10, 150, 300, 1100);
```

Lesson_07_10 _ 텍스트 정렬

일반적인 텍스트 편집에서 사용하는 정렬을 설정할 수 있다.

[Syntax] textAlign(Mode) 텍스트 정렬 설정
[Parameters] Mode LEFT 왼쪽 정렬
             CENTER 가운데 정렬
             RIGHT 오른쪽 정렬

```
              The First
       The Second

The Third
```

사용 예제 : Chapter07_Lesson07_10.pde

```
size(300, 200);

PFont font;
font = loadFont("Verdana-32.vlw");
textFont(font);
stroke(200, 10, 10);
line(width/2, 0, width/2, 200);    // 가운데 빨간색 세로선
fill(0, 50, 150);
textAlign(LEFT);                   // 왼쪽 정렬
text("The First", 150, 50);
textAlign(CENTER);                 // 가운데 정렬
text("The Second", 150, 100);
textAlign(RIGHT);                  // 오른쪽 정렬
text("The Third", 150, 170);
```

타이포그래피(Typography)

문자를 사용하여 여러 가지 형태로 표현하고, 디자인하는 것을 통틀어 타이포그래피(Typography)라 한다. 메시지나 의미를 전달하기 위해 문자를 이용하기도 하지만, 문자를 하나의 도형과 같이 미학적 형태로 생각하고 디자인할 수도 있다. 도형을 다루었던 방법들을 문자에 적용하여 아름다운 타이포그래피 시각물을 만들어보자.

Example_07_03 _ 타이포그래피 디자인 01

문자를 하나의 도형처럼 생각하고 패턴의 요소로 삼았다. 알파벳 X를 반복문과 변형을 사용하여 원형 패턴으로 디자인하였다.

사용 예제 : Chapter07_Example07_03.pde

```
size(300, 200);
background(100, 150, 0);

PFont f1;
f1 = loadFont("TimesNewRomanPSMT-83.vlw");
translate(width/2, height/2);    // 좌표계의 (x=0, y=0)을 화면의 중앙으로 이동
for(int i=0; i<100; i++){
  textFont(f1);
  fill(230, 230, 0);
  textSize(i+5);
  rotate(radians(30));           // 좌표계를 30도(Degree)만큼 회전
  text("X", i, i);               // 문자 'X'를 디스플레이
}
```

Example_07_04 _ 타이포그래피 디자인 02

알파벳의 형태와 랜덤한 무채색을 반복적으로 이용하여 독특한 패턴을 디자인하였다. 오른쪽 이미지와 비슷한 결과물이 랜덤하게 나온다.

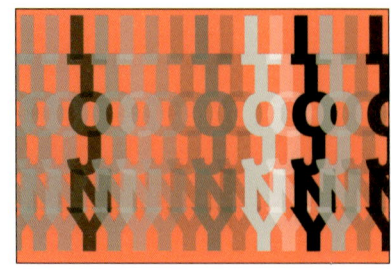

사용 예제 : Chapter07_Example07_04.pde

```
size(300, 200);
background(250, 100, 100);

PFont f1;
f1 = loadFont("Arial-Black-48.vlw");

for(int i = -1; i<20; i++){
  fill(random(255), random(255)); // 무채색 값과 알파값을 랜덤으로 설정
  textFont(f1);
  text("I", i*20, 40);
  text("T", i*20, 70);
  text("O", i*20, 100);
  text("J", i*20, 130);
  text("N", i*20, 160);
  text("Y", i*20, 190);
}
```

Exercise

① 자신이 촬영한 사진을 이용하여 모노톤 컬러 조정하기
② 랜덤을 이용한 이미지 패턴 만들기
③ 자신의 영문 이름의 알파벳을 이용하여 타이포그래피 디자인 해보기

Interesting

문자의 구조

일반적인 영문자에 대한 구조는 아래와 같다. 알파벳은 아래 그림과 같이 대문자의 가장 아랫부분이 베이스라인(Baseline)이 된다. 글자 획 끝 부분의 작은 돌기를 세리프(Serif)라고 한다. 세리프가 있는 'Time New Roman'과 같은 서체를 세리프(Serif)체라 하고, 'Arial' 서체와 같이 돌기가 없는 서체는 'Sans(없다)'를 붙여 산세리프(San-serif)체라 한다.

세리프(Serif)체 : Time New Roman, Garamond, Bodoni, Walbaum
산세리프(San-Serif)체 : Arial, Verdana, Helvetica

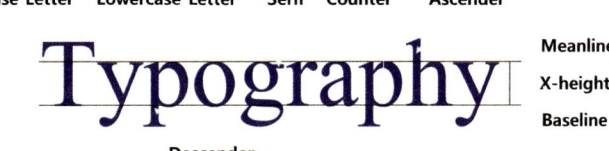

타이포그래피는 문자를 이용하여 의미와 메시지를 심미적으로 표현, 효과적인 커뮤니케이션을 위한 디자인을 말한다. 따라서 타이포그래피는 모든 시각물을 기본으로 글자의 형태와 크기, 여백, 자간, 줄 간격, 그리드 등의 요소들에 의해 가독성과 표현방법이 달라진다.

타이포그래피는 크게 형태적 표현과 기능적 표현으로 초점을 맞추어 디자인할 수 있다. 형태적 표현은 타입이 가지고 있는 형태 자체의 아름다움에 목적을 두고 있다. 그래서 가독성과 정보 전달이 모호하더라도 형태와 색상, 레이아웃, 다른 요소와의 여백 등에 중점을 둔다. 기능적 표현은 글자의 아름다운 형태보다는 가독성을 증대시켜 정확하게 정보를 전달하는 데 목적이 있다. 따라서 타이포그래피를 활용하여 디자인할 경우 어떠한 면을 우선하느냐에 따라 디자인의 방향이 달라질 것이다.

Interesting

▲ 형태적 표현　　　　　　　　　　　　　　▲ 기능적 표현

'프로세싱'에서 작품을 만들거나 디자인을 할 때 직접 손으로 그리는 것이 아니므로 다양한 형태를 구현하는 데 한계를 느끼곤 한다. 이때 새롭고 다양한 형태의 디자인을 원한다면 타이포그래피를 이용해보자. 타입은 A부터 Z까지 기본적으로 대문자, 소문자 각 24개의 도형을 가지고 있다고 생각하면 된다. 또한, 서체에 따라 또 다른 모양이 나오므로 더 많은 형태의 기본 도형을 갖게 되는 것이다. 여기에 이동, 회전, 비례 등의 변환에 따라 다양한 표현이 가능하므로 잘만 활용하면 독특하고도 멋진 디자인을 가능하게 해준다.

Interesting

원판 불변의 법칙

카메라는 이제 더 이상 전문가나 부를 상징하는 전유물이 아니다. 경치 좋은 곳에 가면 커다란 망원렌즈가 부착된 카메라를 들고 전문가의 포스를 풍기는 사람들이 쉽게 눈에 띈다. 카페나 길거리에는 혼자서 휴대폰을 높이 쳐들고 연신 손가락으로 'V'를 날리며 셀카를 찍는 모습이 흔하다. 이렇듯 사진에 대한 접근성이 높아지고 생활화되면서 우리는 수천 장의 사진을 디지털로 소유하게 되었다.

요리에서 맛을 내기 위한 가장 중요한 요소가 재료의 신선도와 품질이다. '프로세싱'에서도 원본 소스의 품질이 가장 중요하나. 물론 디지털로 수정하여 품질을 높일 수 있지만, 원판 불변의 법칙과 같이 원본 소스가 좋지 않으면 수정하는 데 한계가 있다. 어떤 작품에 사진을 활용할 경우 원본 사진의 색감, 구도, 해상도 등에 따라 최종 구현된 결과 또한 달라진다.

Interesting

항상 보아온 내 눈높이에서의 시선이 아닌, 평소와 다른 시각으로 카메라 뷰를 들여다보자. 즉 바닥에서 위를 향한 시선으로 보거나 숨어 있는 디테일을 발견하기 위해 아주 가까이 다가가서 보는 등 새로운 각도로 촬영을 실험하는 것이다.

또한 촬영한 사진은 자르기(Crop)를 통해 황금비례를 찾아볼 수 있다. 자연을 촬영한 색감은 다른 어떤 색보다도 세련되고 자연스러운 분위기를 연출할 것이다. 좋은 이미지의 소스를 활용하여 최종 결과물에 대한 질을 높여보자.

CHAPTER

08

모션 : 기본 모션
(Motion : Basic Motion)

〈마이너리티 리포트〉라는 영화에서 제시된 미래 생활의 주변환경은 온통 영상매체로 둘러싸여 있다. 주인공은 허공에서 휘두르는 손짓만으로 이미지와 그래픽, 영상을 자유자재로 움직인다. '프로세싱'에서도 어떤 형태나 이미지를 자유롭게 움직이게 할 수 있고, 색상을 변화시킬 수 있다. 이번 장에서는 지금까지 그린 도형이나 이미지 또는 색상에 시간의 흐름을 더하여 모션을 구현해볼 것이다.

SECTION 1 연속 그림 그리기

4장에서 모션의 원리에 대해 언급했었다.
'프로세싱'에서 움직임을 만드는 원리도 일반 애니메이션이나 영상, 모션 그래픽의 원리와 같다.
즉, 낱장의 연속된 이미지를 빠르게 넘기면 자연스럽게 연결되어 움직이는 것처럼 보인다.
따라서 '프로세싱'에서 움직임을 표현하기 위해서는
낱장의 그림을 연속적으로 그려주고 계속해서 빠르게 디스플레이해주면 된다.

가로로 긴 선 하나가 아래로 움직이는 모션을 만들어보자. 종이에 선을 그린다고 생각해보자. 다음과 같이 그림을 한 장 한 장 그려서 빠르게 넘기면 마치 선이 아래로 내려가는 것처럼 보일 것이다. 다음 그림을 컴퓨터에서 직접 그리거나 한 장씩 사진을 찍어서 모니터 화면에 디스플레이할 수도 있다. 프리미어나 플래시와 같은 영상 편집 소프트웨어에서는 첫 그림과 마지막 그림만 그리면 나머지 중간 과정의 그림을 자동으로 생성하여 모션을 만든다.

프로세싱은 한 장 한 장의 그림을 계속 그려 디스플레이하는 방식이다. draw() 함수에서 루핑(Looping)되는 속성을 이용하여 모션을 만드는 과정을 살펴보자.

그림 그리기

우선 선을 하나 그려보자. 맨 위에 10픽셀 두께의 남색 선을 하나 그린다. 이 선 아래로 움직이는 모션을 만들어보자.

Lesson_08_01 _ 선 그리기

line() 함수를 이용해서 선을 하나 그린다.

사용 예제 : Chapter08_Lesson08_01.pde

```
size(100, 100);

stroke(0, 50, 100);
strokeWeight(10);
line(0, 0, 100, 0);
```

연속된 그림 그리기

프로세싱에서 모션을 위한 그림을 그리는 데는 draw() 함수를 사용한다. draw() 함수의 중괄호 {} 블록 안에 있는 코드는 반복해서 그림을 그리는 역할을 한다. 즉 루핑(Looping)이 되어 코드를 진행한다.

Lesson_08_02 _ 연속된 선 그리기

앞에서 그린 남색 선을 아래로 움직이도록 연속된 그림을 그려보자.

| [Syntax] draw() | 블록 안의 코드를 반복해서 계속 수행 |
| [Parameters] | 없음 |

```
[Syntax] void function {
         statements
         }
```

| [Parameters] function | 함수명 |
| statements | 수행 코드 |

> **사용 예제** : Chapter08_Lesson08_02.pde
>
> ```
> float y = 0.0;              // 소수 y를 변수로 선언하고 초깃값은 0.0
>
> void draw(){                // 블록 안에 그림을 반복적으로 그려주는 함수
>   size(100, 100);
>   stroke(0, 50, 100);
>   strokeWeight(10);
>   line(0, y, 100, y);       // (x=0, y)인 점과 (x=100, y)인 점을 연결하는 선
>   y=y+0.5;                  // 현재 y값에 0.5를 더해서 등호 왼쪽에 있는 변수 y에
>                             // 대입
>
> }
> ```

draw() 함수는 블록 안의 코드가 계속해서 반복되기 때문에 마지막 줄의 y=y+0.5;를 읽고 난 후에 다시 size(100, 100);으로 돌아가서 다시 코드를 읽는다. 멈추라는 지시를 내리기 전까지 다음과 같이 계속 반복된다. 그러면 계속해서 y값이 증가하기 때문에 0.5씩 아래로 내려오는 연속적인 선을 그릴 수가 있다.

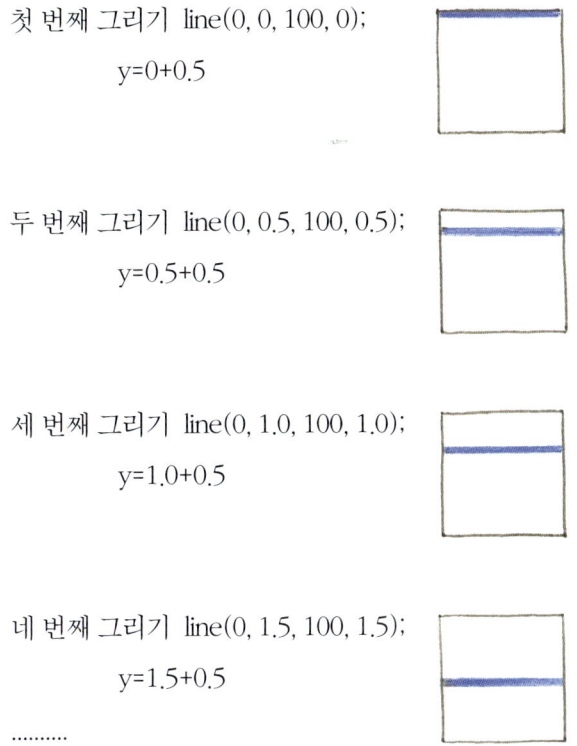

첫 번째 그리기 line(0, 0, 100, 0);
         y=0+0.5

두 번째 그리기 line(0, 0.5, 100, 0.5);
         y=0.5+0.5

세 번째 그리기 line(0, 1.0, 100, 1.0);
         y=1.0+0.5

네 번째 그리기 line(0, 1.5, 100, 1.5);
         y=1.5+0.5
....

그런데 이 코드를 실행해보면 우리의 기대와는 다른 결과가 나타난다. 우리는 10픽셀의 남색 선 한 줄이 계속 내려오는 움직임을 구현하고 싶었다. 그런데 한 줄이 아니라 그리는 선들이 계속해서 쌓이고 있는 것이다. 왜냐하면, 앞서 실행한 것이 지워지지 않고 다음 그림이 그려지기 때문이다. 결론적으로 계속 선이 쌓여 마치 색이 채워지는 것같이 모션이 만들어진다. 움직이기는 하나 우리가 원했던 하나의 선은 아니다. 그러나 일단 연속적인 그림을 그리는 데는 성공을 했으니 이제 한 줄씩만 보이도록 해보자.

움직이는 그림 그리기

우리의 목표는 아래와 같이 10픽셀의 남색 선 하나가 아래로 움직이는 것이었다. 그러면 앞서 일련의 그림을 그린 코드에 한 가지 사항만 추가하면 된다. background() 함수를 넣어주는 것이다. 좀 생뚱맞은 것 같지만, 원리를 생각하면 쉽게 이해할 수 있다.

Lesson_08_03 _ 움직이는 선 그리기

draw() 함수의 블록 안에 있는 코드를 한 번 읽는 것은 투명한 필름 한 장에 선을 그리는 것으로 생각하면 된다. 그러므로 첫 번째 읽은 코드는 맨 위의 선을 한 번 그린다. 두 번째 읽는 코드는 그다음 두 번째 필름에 0.5가 더해진 y값에 위치한 선을 그린다. 첫 장에서 그린 선은 그 위에 두 번째 필름이 겹쳐져도 비쳐 보이게 된다.

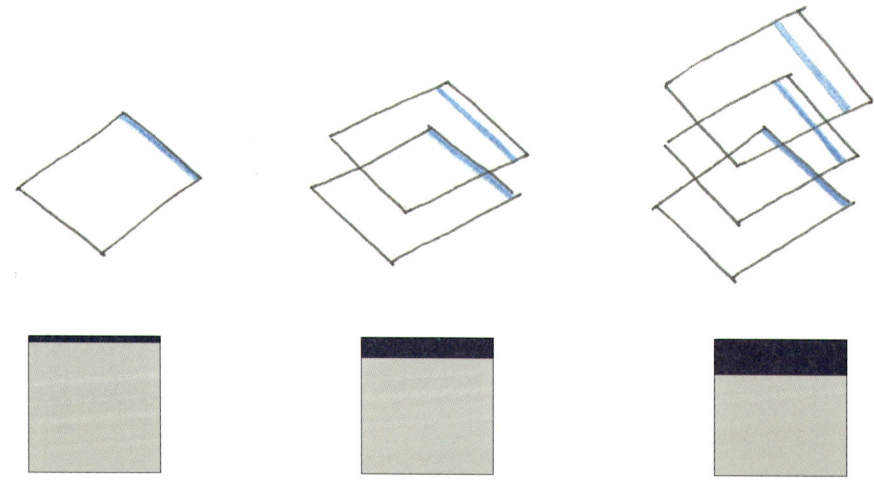

따라서 필름의 투명도를 없애는 차원에서 배경을 칠해주면 앞서 그린 그림은 보이지 않게 된다. 결국 draw() 함수 안에 바탕을 모두 칠할 수 있는 background() 함수를 먼저 지정하고 그 위에 선을 그리도록 코딩하면 된다.

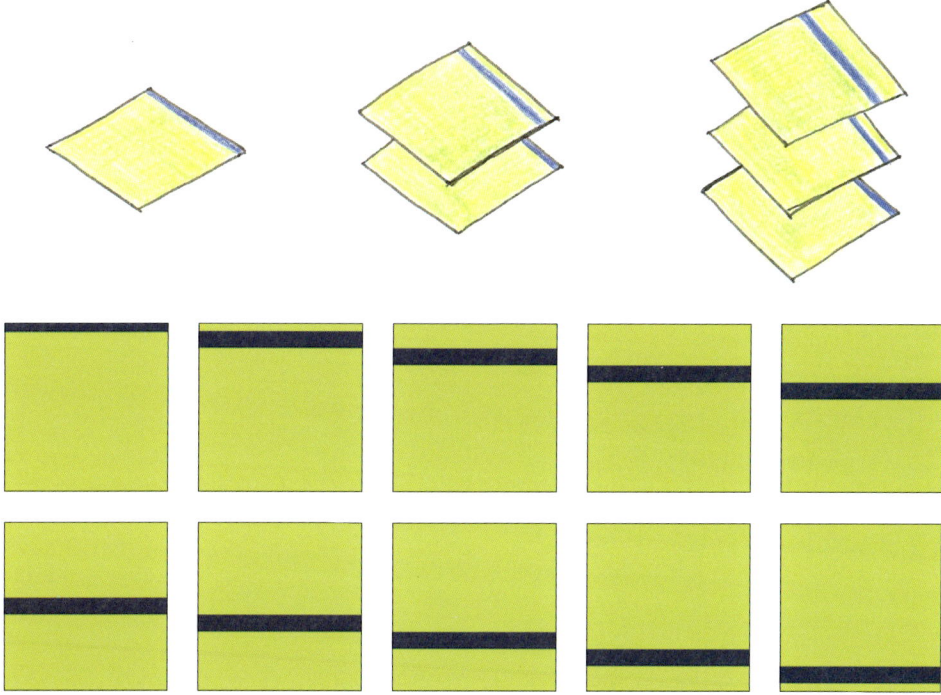

- [Code A]

사용 예제 : Chapter08_Lesson08_03_CodeA.pde

```
float y = 0.0;

void draw(){
  size(100, 100);
  background(220, 220, 0);  // 연두색 배경
  stroke(0, 50, 100);
  strokeWeight(10);
  line(0, y, 100, y);
  y=y+0.5;
}
```

- [Code B]

> **사용 예제** : Chapter08_Lesson08_03_CodeB.pde

```
float y = 0.0;

void draw(){
  size(100, 100);
  fill(220, 220, 0);           // 연두색
  noStroke();
  rect(0, 0, 100, 100);        // 사각형
  stroke(0, 50, 100);
  strokeWeight(10);
  line(0, y, 100, y);
  y=y+0.5;
}
```

background() 함수가 draw() 블록 안에 있으면 반복되기 때문에 앞의 `Lesson_08_03` 과 같이 연두색 배경 → 남색선 → 연두색 배경 → 남색선을 그린다. 그런데 background() 함수가 draw() 블록 밖에 있으면 반복되지 않으므로 한 번만 나타나고 남색선은 앞의 예제 `Lesson_08_02` 와 같이 면적을 채우듯이 쌓이게 된다.

움직이는 그림 반복(Looping)하기

이제 선은 아래로 잘 움직인다. 그런데 하나 더 생각해볼 문제가 있다. draw() 함수는 멈추라는 지시를 하기 전까지는 무한 반복된다. 그래서 `Lesson_08_03` 코드를 실행하면 남색선의 y값이 계속 증가하여 화면의 높이 사이즈인 100픽셀 값을 넘어서게 되고 화면 아래로 계속 내려가면 보이지 않게 된다. 사실 보이지는 않지만 실행하고 있는 동안 남색선이 계속해서 아래로, 아래로 하염없이 내려가고 있는 것이다.

선이 위에서 아래로 한 번 움직이고 난 후 끝나는 모션을 만들고 싶다면 아래로 계속 내려가는 것에 상관을 안 하거나 화면 밖에 나간 순간 멈추라고 코딩하면 된다. 선이 위에서 아래로 내려가는 모션을 계속해서 반복하고 싶다면 화면 밖에 나간 순간 선의 위치가 다시 맨 위로 가도록 코딩해야 하는 것이다.

Lesson_08_04 _ 움직이는 선 그림 반복하기

다음 모션과 같이 선이 위에서 아래로 내려갔다가 다시 위에서부터 시작하는 움직임을 반복하고 싶다면, 선의 위치를 지정하는 변수 y값이 화면 사이즈 100을 넘어가면 다시 0이 되도록 설정해야 한다. 이 설정은 조건문을 통해서 만들 수 있다.

```
[Syntax]     if (test) {           코드 수행에 대한 결정
                 statements
             }
[Parameters] test                  참(True)인지 거짓(False)인지 검사
             statements            수행 코드
```

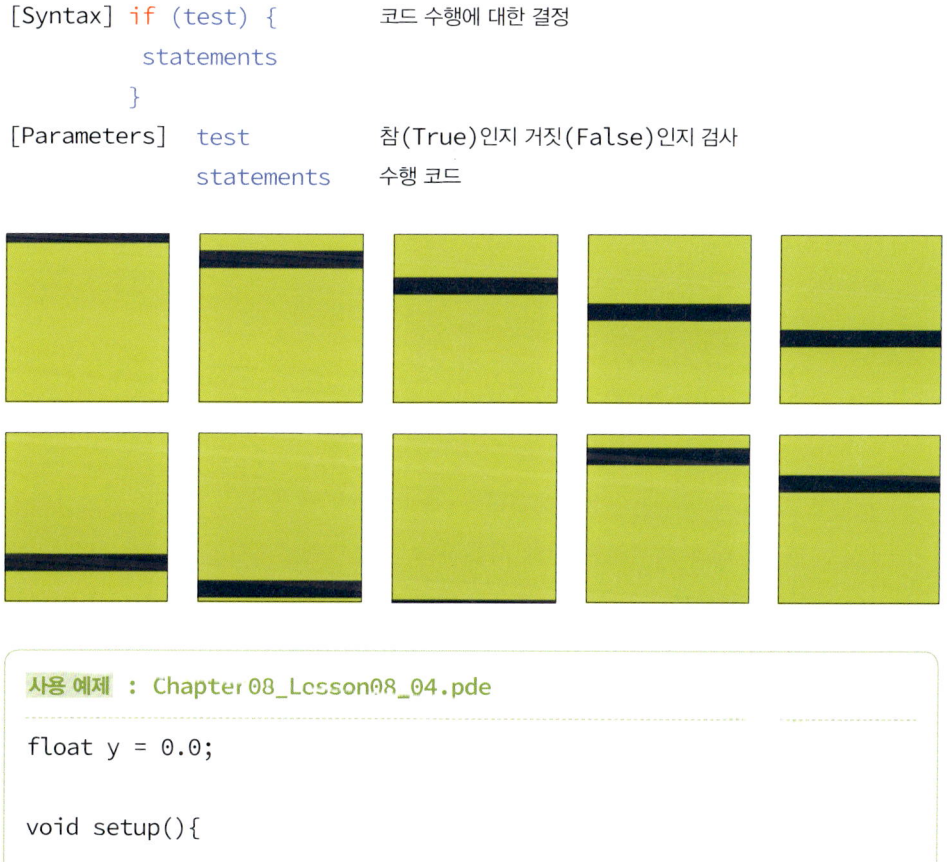

사용 예제 : Chapter08_Lesson08_04.pde

```
float y = 0.0;

void setup(){
```

```
  size(100, 100);
}

void draw(){
  background(220, 220, 0);
  stroke(0, 50, 100);
  strokeWeight(10);
  line(0, y, 100, y);
  y=y+0.5;
  if(y>100){          // 만약 y가 100보다 크면
    y=0.0;            // y에 0.0을 대입
  }
}
```

아래로 내려간 선이 위에서부터 다시 내려오는 반복적 모션을 만들기 위해서 다음의 코드를 썼다.

```
if(y>100){          // 만약 y가 100보다 크면
  y=0.0;            // y에 0.0을 대입한다.
}
```

여기서 사용된 if() 함수는 조건문을 사용한다.

우리가 일상생활에서 말하는 '만약 ~ 하면, ~ 할 것이다.'와 같은 조건문은 프로그래밍 세계에서도 프로그램을 제어하기 위해 사용한다. 프로그래밍에서는 위에서 아래로 코드를 순서대로 처리하다가 이 흐름을 제어할 때 조건문을 사용한다. 어떤 상태를 판별해서 프로그램의 흐름을 어디로 가게 할지 결정하는 것이다. 조건을 제시하여 참이나 거짓이냐에 따라 그다음 행보를 정하는 if문을 사용한다. if문은 다음과 같이 세 가지 형식으로 코딩할 수 있다.

① 만약 'test'가 참이면 'statements'를 수행한다.

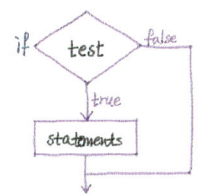

```
if(test){
 statements
}
```

② 만약 'test'가 참이면 'statements 1'을 수행한다. 그렇지 않으면, 즉 거짓이면 'statements 2'를 수행한다.

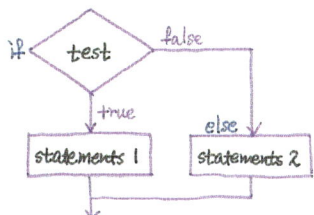

```
if(test){
 statements1
} else{
 statements2
}
```

③ 만약 'test 1'이 참이면 'statements 1'을 수행한다. 그렇지 않고, 즉 거짓이고 만약 'test 2'가 참이면 'statements 2'를 수행한다.

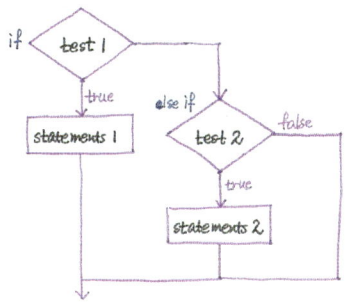

```
if(test1){
 statements1
} else if(test2){
 statements2
}
```

Lesson_08_05 _ draw()와 setup() 함수

다음 [Code A]와 [Code B]는 다르지만, 파란색 사각형이 나오는 결과물은 같다. 두 코드 모두 정지된 한 장의 그림으로 다음과 같이 그려진다. [Code B]에는 draw() 함수 이외에 setup() 함수가 있다. setup() 함수는 프로그래밍을 시작할 때 초깃값들을 설정하기 위해 호출하는 함수이다. 이 함수는 디스플레이 사이즈와 배경색을 지정하고 프로그램에 사용할 이미지와 폰트 등의 미디어를 불러온다.

setup() 함수는 계속해서 반복하는 draw() 함수와 달리 프로그램이 시작되면 한 번만 실행된다. [Code B]처럼 setup() 함수에 noLoop() 함수를 호출하면 draw()의 블록 안에 있는 코드도 반복을 실행하지 않고 한 번만 실행한다.

[Syntax] setup() 디스플레이 사이즈, 배경색, 이미지와 폰트와 같은 미디어 로드 등 프로그램 초기화 세팅
[Parameters] 없음

- [Code A]

사용 예제 : Chapter08_Lesson08_05_CodeA.pde

```
void setup(){
  size(200, 200);
  fill(0, 50, 150);
  rect(50, 50, 100, 100);
}
```

- [Code B]

> **사용 예제** : Chapter08_Lesson08_05_CodeB.pde

```
void setup(){
  size(200, 200);
  fill(0, 50, 150);
  noLoop();
}

void draw(){
  rect(50, 50, 100, 100);
}
```

Example_08_01 _ 움직이는 바둑알

검은색과 하얀색 바둑알이 선을 쫓아 움직이도록 해보자. 우선 배경에 검은색 선을 반복문을 사용해서 그린다. 검은색 바둑알은 왼쪽에서 오른쪽으로 이동하고, 하얀색 바둑알은 위에서 아래로 움직이는 모션을 만들어보자.

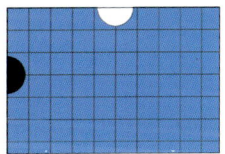 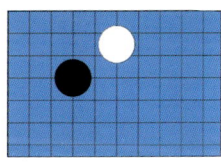 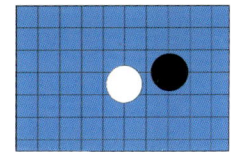 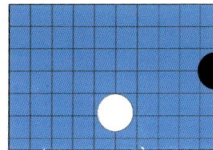

> **사용 예제** : Chapter08_Example08_01.pde

```
float x = 0.0;
float y = 0.0;

void setup() {
  size(300, 200);
  smooth();
  noStroke();
```

```
}

void draw() {
  background(0, 150, 220);          // 파란색 배경
  for(int i=0; i<300; i+=30){
    for (int j=0; j<200; j+=30){
      stroke(0);
      line(i, 0, i, 200);           // 검은색 세로선
      line(0, j, 300, j);           // 검은색 가로선
    }
  }
  fill(0);
  ellipse(x, 90, 50, 50);           // 검은색 바둑알
  x += 2;                           // 검은색 바둑알의 x 좌푯값 증가
  fill(255);
  ellipse(150, y, 50, 50);          // 하얀색 바둑알
  y += 1;                           // 하얀색 바둑알의 y 좌푯값 증가
}
```

Example_08_02 _ 핑크빛 혜성

핑크빛 혜성이 대각선으로 움직이도록 해보자. 세 개의 원이 왼쪽 위에서 오른쪽 아래로 줄지어 움직이도록 한다.

 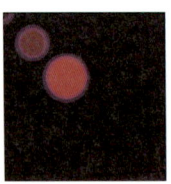 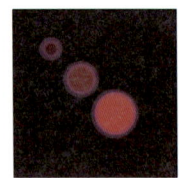 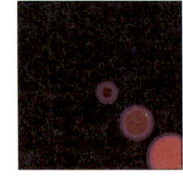 

사용 예제 : Chapter08_Example08_02.pde

```
float x = 0.0;
float y = 0.0;

void setup(){
  size(200, 200);
  smooth();
}

void draw(){
  background(50, 0, 50);
  stroke(150, 0, 150, 100);
  strokeWeight(7);
  fill(200, 0, 70);
  ellipse(x, y, 50, 50);              // 제일 큰 원
  fill(200, 0, 70, 150);
  ellipse(x-40, y-40, 35, 35);        // 중간 원
  fill(200, 0, 70, 70);
  ellipse(x-75, y-75, 20, 20);        // 작은 원
  x += 0.5;                           // 원의 x 좌표 증가
  y += 0.5;                           // 원의 y 좌표 증가
  if(x>300){                          // 만약 x 좌푯값이 300보다 크면
    x = -50.0;                        // x 좌푯값을 -50.0으로 대입하여 화면
                                      // 왼쪽 밖으로 위치
  }
  if(y>300){                          // 만약 y 좌푯값이 300보다 크면
    y = -50.0;                        // y 좌푯값을 -50.0으로 대입하여 화면
                                      // 위쪽 밖으로 위치
  }
}
```

SECTION 2 속도

도형이 움직이게 하는 것에 성공하였다. 이제 움직이는 속도를 제어해보자.
속도를 조절하는 방법에는 프레임 속도를 조정하는 것과 도형과 같은 객체 자체의 속도를 조정하는 것이 있다.

프레임 속도

프레임률(Frame Rate)은 프로그램이 실행되는 속도에 영향을 미친다. 프레임(Frame)은 모션을 만들기 위한 낱장 그림 한장 한장을 의미하고 프레임률은 1초당 프레임을 몇 장 플레이하는지를 말한다. 기본적으로 프로세싱에서는 초당 60프레임으로 설정되어 있다. 즉, 1초 동안 draw() 블록의 코드를 60번 실행한다는 것이다. 따라서 프레임률을 지정하는 frameRate() 함수의 파라미터값이 커지면 1초에 실행해야 하는 횟수가 많아지므로 움직임 속도가 빨라진다. 값이 작아지면 반대로 속도가 느려진다.

Lesson_08_06 _ 프레임 속도에 따른 원의 움직임

다음 코드에서 frameRate() 함숫값을 다양하게 대입하고 있다. frameRate() 앞에 참조로 되어 있는 슬래시(//)를 넣었다 빼면서 각 frameRate()의 값에 따른 속도의 변화를 직접 눈으로 확인해보자.

[Syntax]   frameRate(fps)   프레임률 설정
[Parameters]   fps   1초에 디스플레이할 프레임 개수

   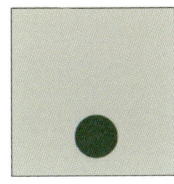 

사용 예제 : Chapter08_Lesson08_06.pde

```
float y=0.0;

void setup(){
   size(200, 200);
   noStroke();
}

void draw(){
  frameRate(60);          // 1초에 60프레임
  // frameRate(30);       // 1초에 30프레임
  // frameRate(24);       // 1초에 24프레임
  // frameRate(2);        // 1초에 2프레임
  background(200);
  fill(0, 100, 100);
  ellipse(100, y, 50, 50);
  y=y+0.5;
}
```

frameRate(60)은 굉장히 바쁘다. draw() 함수 블록의 코드에서 0.5씩 아래로 이동하는 원을 1초에 60번 실행해야 한다. 따라서 1초 후면 원의 y 좌푯값이 30픽셀로 내려가 있다. frameRate(2)는 여유만만이다. 1초에 2번 코드를 실행하여 아래로 겨우 1픽셀 움직인 것이 된다. 빠르다고 좋은 것은 아니다. 기본 설정 값인 60을 넘어가면 컴퓨터의 성능에 따라 코드 실행에 무리가 되어 오히려 모션이 자연스럽지 못하고 끊겨 보일 수도 있다. 적당한 속도를 콘셉트에 따라 표현하는 것이 좋다.

객체 속도

도형과 같은 객체 자체의 속도를 조절할 수도 있다. 객체가 일정 시간 동안 이동한 거리에 따라 속도는 달라진다. 즉, 움직이는 속도는 거리와 관계가 있다. 예를 들어 1초 안에 A 지점에서 B 지점으로 움직이는 것과 C 지점에서 D 지점으로 움직이는 두 가지 경우 중에 거리가 먼 C에서 D로 움직이는 물체가 더 빠르다. 따라서 같은 시간 안에 거리가 멀수록 속도는 빨라진다.

Lesson_08_07 _ 객체의 속도에 따른 원의 움직임

다음의 코드에서 frameRate()는 30으로 고정하였다. 그리고 원이 아래로 움직이는 속도는 이동한 거리의 정도로 지정하였다. 즉, 원의 움직임을 구현하는 y 좌푯값이 한 프레임당 얼마나 증가할지를 코딩한다.

원의 y 좌푯값을 float 변수 speed로 선언하였다. 이 값은 한 번 draw() 함수를 그릴 때마다 원이 얼마나 y축으로 내려가는지를 설정하기 위해 만든 변수이다. 따라서 똑같이 1초에 30프레임을 그리는데 speed 변숫값이 크면 그만큼 거리가 많이 움직이므로 속도가 빨라진다. 다음 speed 변수를 1.0, 3.0, 5.0으로 각각 지정하여 그 속도의 변화를 확인해 보자. 1.0일 때는 원이 느리게 움직이고 5.0일 때는 아주 빠르게 움직인다.

사용 예제 : Chapter08_Lesson08_07.pde

```
float y = 0.0;
float speed = 1.0;            // 속도 조절, 즉 원의 y 좌푯값에 더해질 움직인 거리 정도
```

```
// float speed = 3.0;
// float speed = 5.0;
float radius = 50.0;

void setup(){
  size(200, 200);
  smooth();
  noStroke();
  frameRate(30);              // 프레임률 30
}

void draw(){
  background(200);
  fill(250, 170, 0);
  ellipse(100, y, radius, radius);
  y = y + speed;              // y+speed 값을 변수 y에 대입하여 원의 위치 이동
  if (y>height+radius){       // 만약 y 좌푯값이 화면 높이에 원의 지름 값을 더한 것
                              // 보다 크면, 즉 원이 화면의 아래 밖으로 나간다면
    y=-radius;                // -50을 y값에 넣어서 화면의 위쪽 바깥쪽에 위치
  }
}
```

이 코드는 원이 아래로 완전히 내려갔다가 다시 위에서 내려오는 모션을 구현하였다. 즉, 원이 완전히 아래로 내려간 상태는 세 번째 그림과 같이 화면 높이와 원의 지름이 더해진 값이다. 다시 화면 위에서 내려오기 직전의 상태는 네 번째 그림과 같이 원의 중심이 반지름값만큼 -로 설정되어 있을 때이다.

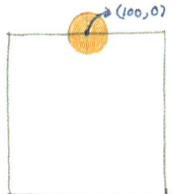 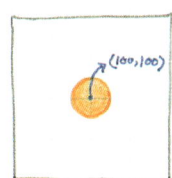 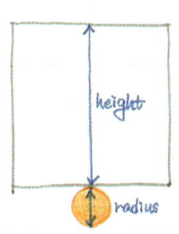 

속도 증감

모션은 일정 속도를 유지하지만 움직임을 멈추거나 속도의 증가 또는 감소효과도 만들 수 있다.

Lesson_08_08 _ 움직임 멈추기

움직이는 공이 정지하도록 해보자. 공이 움직이기 시작하는 위치와 멈추는 위치를 각각 begin과 end 변수로 선언한다. 공이 움직이다가 end 변숫값과 같아질 때 멈추도록 한다.

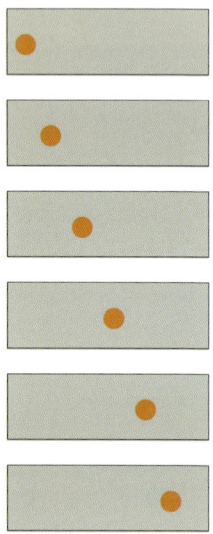

사용 예제 : Chapter08_Lesson08_08.pde

```
float begin = 20.0;       // 시작하는 값을 위한 변수 begin 선언
float end = 250.0;        // 끝나는 값을 위한 변수 end 선언
float distance;           // 거리에 대한 값을 위한 변수 distance 선언
float x = 0.0;            // 원의 중심점 x값 변수
float step = 0.02;        // 움직일 거리 정도에 대한 변수 step 선언
float pct = 0.0;

void setup(){
  size(300, 100);
  noStroke();
```

```
    smooth();
    distance = end - begin;        // 거리에 대한 정의
}

void draw(){
  fill(200);
  rect(0, 0, width, height);       // 회색 배경으로 사용한 사각형
  pct += step;
  if(pct<1.0){
    x = begin + (pct * distance);
  }
  fill(220, 130, 0);
  ellipse(x, 50, 30, 30);
}
```

첫 번째 실행 distance = end-begin = 250.0-20.0 = 230, pct=0.02,
　　　x = 20+(0.02*230) = 24.6, ellipse 중심점 x값은 24.6

두 번째 실행 distance = end-begin = 250.0-20.0 = 230, pct=0.04,
　　　x = 20+(0.04*230) = 29.2, ellipse 중심점 x값은 29.2

…

오십 번째 실행 distance = end-begin = 250.0-20.0 = 230, pct=1.0,
　　　x = 20+(1.0*230) = 250, ellipse 중심점 x값은 250

Lesson_08_09 _ 점점 속도 줄이기

일상생활에서의 움직임 과정에는 '점점'이라는 것이 존재한다. 움직임이 시작될 때의 속도가 점점 올라가서 일정 속도를 유지하다가, 멈추기 위해서는 속도가 점점 줄게 된다. 자동차가 출발할 때도 시속 60km가 되기까지 액셀 페달을 밟으며 점점 속도를 올린다. 반대로 멈출 때는 브레이크를 밟으면서 서서히 속도를 줄인다.

이렇게 움직임의 시작에서 점점 가속되는(Accelerate) 것을 'Easy in'이라 하고 반대로 멈추기 위해 감속되는(Decelerate) 것을 'Easy out'이라고 한다. 일정한 속도를 유지하는 것은 거리와 시간의 관계를 나타내는 그래프가 직선이 되고, 똑같은 간격의 프레임에 똑같은 간격으로 원이 그려진다. 하지만 가속과 감속이 존재하는 움직임은 S 곡선의 그래프를 가진다. 같은 간격의 프레임에서 가속 부분은 그림이 긴 간격으로 그려지고 감속 부분은 짧은 간격으로 그려진다.

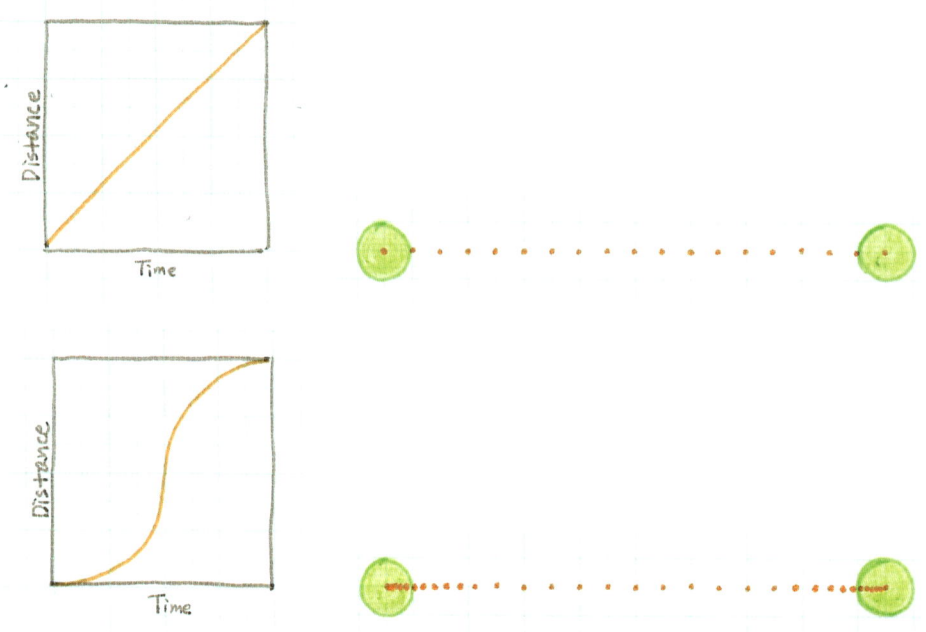

공이 점점 빨라졌다가 점점 느려져서 멈추는 모션을 만들어보자. 여기서는 거리에 대해 dist() 함수를 사용하였다. dist() 함수는 distance(거리)를 뜻하는 것으로 변수 x1, y1 위치값과 그다음 값인 x2, y2와의 차이에 대한 거리를 의미한다. 이 함수를 이용해서 원의 움직임에 대한 첫 시작점과 멈추는 점의 거리에 따라 속도에 변화를 줄 수 있다.

[Syntax] dist(x1, y1, x2, y2) 두 점 사이의 거리를 계산
[Parameters]   x1   첫 번째 점의 x 좌표
                y1   첫 번째 점의 y 좌표
                x2   두 번째 점의 x 좌표
                y2   두 번째 점의 y 좌표

사용 예제 : Chapter08_Lesson08_09.pde

```
float x = 20.0;                     // 원의 움직이는 시작 위치의 x값
float targetX = 550.0;              // 원의 움직임이 멈추는 위치의 x값
float easing = 0.02;                // 속도의 증감에 대한 정도

void setup(){
  size(600, 100);
  noStroke();
  smooth();
}

void draw(){
  fill(200);
  rect(0, 0, width, height);           // 전체 화면 사이즈 사각형
  float d = dist(x, 0, targetX, 0);    // (x, 0)과 (targetX, 0) 위치
                                       // 사이의 거리
```

```
    if(d>1.0){                          // 만약 시작점과 멈추는 점의 거리가 1.0
                                        // 보다 크면
      x += (targetX - x) * easing;
      /* 멈추는 위치의 값에서 변수 x값을 뺀 후 0.05를 곱한 값으로 변수 x에 새로운
         값으로 대입. 즉, 곱하기를 사용하면 기하급수적으로 값이 증가하기 때문에 점점
         거리가 멀어지므로 결과적으로 속도가 증가 */
    }
    fill(100, 130, 0);
    ellipse(x, 50, 30, 30);
}
```

SECTION 3 방향

객체의 운동에는 방향성이 있다. 디스플레이 공간 안에서 어느 쪽을 향해 가는지에 대한 것은 위치와 관련한 것으로 +, - 개념과 좌표계를 기반으로 이해해야 한다.

Lesson_08_10 _ 움직이는 원의 방향 전환

다음의 모션은 원이 위에서 아래로 떨어지다가 바닥 경계선에 닿으면 다시 위로 움직이고, 위 경계선에 부딪히면 아래로 방향을 바꾸어 내려간다. 마치 공이 벽에 부딪혀서 반대방향으로 튀는 것 같다. 즉, 원의 y 좌푯값이 증가했다, 감소했다를 반복하고 있다. 여기서 y값의 증감은 -1을 곱하는 것으로 코딩하였다. -1을 곱하면 원래 값이 양수인 경우는 음수로, 음수인 경우는 양수로 바뀌고 수치는 변함이 없다. 따라서 이 -1 값을 곱하는 것을 이용하여 방향 전환을 할 수 있다.

사용 예제 : Chapter08_Lesson08_10.pde

```
float y = 50;              // 좌표의 y값
float s = 1.5;             // 속도
float r = 20.0;            // 원의 반지름
int direction = 1;         // 방향

void setup(){
```

```
  size(200, 200);
  smooth();
  noStroke();
  ellipseMode(RADIUS);            // 원 그리기 모드를 RADIUS
}

void draw(){
  fill(0, 13);                    // 투명도를 가진 검은색으로 원의 모션에 잔상효과
  rect(0, 0, width, height);      // 화면 사이즈만 한 사각형 그리기
  fill(255);                      // 흰색
  ellipse(100, y, r, r);          // RADIUS 모드에서 (x=100, y) 중심에
                                  // 반지름 r값의 정원 그리기

  y += s * direction;             // y에 s와 direction을 곱한 값을 대입
  if((y>height-r) || (y<r)){      // 만약 원이 화면 아래 경계선에 닿거나 위에
                                  // 경계선에 닿으면




    direction = -direction;       // direction에 -direction 값인 -1
                                  // 을 대입하여 반대방향으로 설정
  }
}
```

Example_08_03 _ 3쿠션 당구공

두 개의 당구공이 벽에 부딪히는 움직임을 만들어보자.

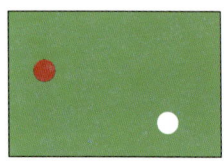 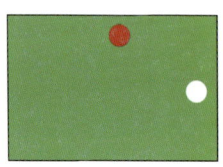  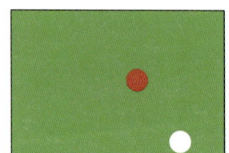

사용 예제 : Chapter08_Example08_03.pde

```
float x = 220.0;
float y = 150.0;
float x2 = 50.0;
float y2 = 80.0;
float r = 15.0;
float speedX = 1.5;
float speedY = 0.8;
int directionX = 1;
int directionY = -1;
int directionX2 = 1;
int directionY2 = -1;

void setup(){
  size(300, 200);
  smooth();
  noStroke();
  ellipseMode(RADIUS);
}

void draw(){
  fill(0, 150, 80);
  rect(0, 0, width, height);          // 화면과 같은 사이즈의 초록색 사각형

  fill(255);
  ellipse(x, y, r, r);                // 하얀색 당구공
  x += speedX * directionX;
  if((x>width-r) || (x<r)){
    directionX = -directionX;
  }
  y +=speedY * directionY;
  if((y>height-r) || (y<r)){
    directionY = -directionY;
```

```
  }
  
  fill(200, 0, 0);
  ellipse(x2, y2, r, r);                    // 빨간색 당구공
  x2 += speedX * directionX2 * 1.2;
  if((x2>width-r) || (x2<r)){
    directionX2 = -directionX2;
  }
  y2 +=speedY * directionY2 * 1.1;
  if((y2>height-r) || (y2<r)){
    directionY2 = -directionY2;
  }
}
```

Example_08_04 _ 움직이는 타이포(Typo)

앞에서 다루었던 텍스트를 움직여보자. 원하는 텍스트를 불러와서 도형을 움직인 것과 똑같은 방식으로 모션을 만들면 된다.

사용 예제 : Chapter08_Example08_04.pde

```
PFont font;
float x1 = 0;
float x2 = 300;

void setup(){
  size(300, 200);
```

```
    font = loadFont("TimesNewRomanPSMT-48.vlw");
    textFont(font);
    noStroke();
}

void draw(){
    background(0, 50, 100);
    fill(255);
    text("...Right", x1, 80);
    text("Left...", x2, 150);
    x1 += 1.0;
    if(x1>width){           // 텍스트가 오른쪽 화면 밖으로 나가면
        x1 = -350;          // 텍스트의 x 좌푯값을 왼쪽 화면 밖으로 이동
                            // 텍스트의 x 좌표 기준이 맨 앞의 알파벳 R의 베이스라인이므
                            // 로 화면 사이즈인 -300보다 큰 사이즈로 지정

    }
    x2 -= 0.8;
    if(x2<-width){
        x2=350;
    }
}
```

Exercise

① 출발했다가 서서히 정지하는 자동차 만들기

② 하늘에서 떨어져서 바닥에 튕기는 공의 움직임 만들기

③ 하늘에서 떨어지는 여러 개의 별똥별 만들기

Interesting

프레임률(Frame Rate)

프레임(Frame)은 영상을 구성하는 기본 단위로 한 장 한 장의 이미지 또는 그림이라고 생각하면 된다. 프레임을 모아 연속적으로 빠르게 넘기면 마치 움직이는 것처럼 보인다. 보통 영화에서는 1초에 24프레임, 일반 디지털 영상에서는 30프레임을 사용한다. 1초에 24프레임 이상이면 사람의 눈에 자연스러운 움직임으로 느끼기 때문이다. 이처럼 1초에 몇 장의 프레임을 보여주는가에 대한 비율을 프레임률(Frame Rate)이라 하고 FPS(Frame Per Second) 단위를 사용한다.

시간을 나타내는 단위에서 일반 시계는 시:분:초를 사용하나, 영상에서는 시:분:초:프레임(00:00:00:00)으로 나타낸다. 시계에서는 1초부터 00:00:01, 00:00:02, 00:00:03, …, 00:00:57, 00:00:58, 00:00:59까지 가서 60초가 되는 순간 1분이 되어 00:01:00이 된다. 영상에서는 초당 프레임률인 FPS를 30으로 설정했다면 00:00:00:01, 00:00:00:02, 00:00:00:03, …, 00:00:00:27, 00:00:00:28, 00:00:00:29 프레임까지 가서 30프레임이 되는 순간 1초가 되어 00:00:01:00로 표시된다. 그 뒤의 초, 분, 시는 보통 시계와 같다. 만약 FPS를 24로 설정한다면 00:00:00:23까지 가서 24프레임이 되는 순간 00:00:01:00가 된다. 따라서 모션에서의 시간 표시는 내가 프레임률을 어떻게 설정하느냐에 따라 달라진다.

시:분:초:프레임(00:00:00:00)

프레임률이 높으면 1초에 많은 프레임을 플레이시키므로 움직임이 더욱 자연스럽고 부드럽게 이어진다. 프레임률이 낮으면 영상이 뚝뚝 끊기는 것처럼 보여 스톱모션(Stop Motion)처럼 보이거나 부자연스러운 모션으로 표현된다.

CHAPTER

09

모션 : 모션 디자인
(Motion : Motion Design)

모션이 가지고 있는 속성을 이용하여 다양한 움직임을 구현할 수 있다. 도형의 변환 요소인 이동, 회전, 비례를 활용하여 모션을 제작하고 아름다운 움직임을 디자인하는 유용한 방법을 연습해보자. 자연스러운 모션을 디자인 하기 위해서는 자연세계의 변화나 물리적 원리에 대한 이해가 필요하다. 처음에는 조금 어렵게 느껴질 수 있으나, 하나씩 따라 하면서 결과물을 보면 환상적인 움직임에 탄성이 절로 나올 것이다. 움직임의 미학을 깨닫기 위해서는 조금 험난한 여정이 필요하다. 힘든 만큼 이 장을 마치면 더 많은 보람을 느낄 것이다.

SECTION 1 변환에 의한 모션

6장에서는 도형을 그리는 데 있어서 이동, 회전, 비례에 대한 변환을 이해하였다.
이 변환은 움직임을 구현하는 데에도 활용할 수 있다.

이동(Translate)

위치를 변환하는 translate() 함수를 draw() 블록 안에 코딩하면 translate() 함수가 적용된 도형은 움직이게 된다.

Lesson_09_01 _ 좌표 위치값 변화

변환에 사용되는 함수는 여러 번 사용할 경우 그 값들이 계속 더해진다. 따라서 반복되는 draw() 블록 안에서 translate() 함수가 적용된 도형은 그릴 때마다 위치값이 계속 증가한다. 결과적으로 위치가 이동하므로 움직이는 것처럼 보인다.

다음 두 가지 색상의 원 중에서 빨간색 원은 translate() 함수에 의해 좌푯값이 계속 변하면서 움직이게 되고, 파란색 원은 pushMatrix()와 popMatrix에 의해 translate()의 영향을 받지 않아 위치값의 이동이 없으므로 움직이지 않는다.

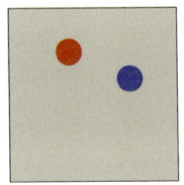 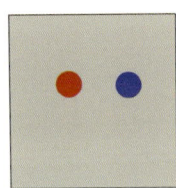 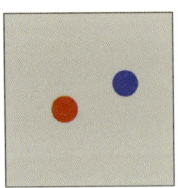 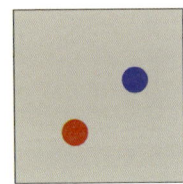 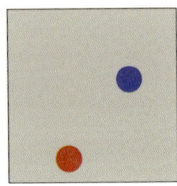

사용 예제 : Chapter09_Lesson09_01.pde

```
float y = 50.0;
float s = 1.0;                  // 속도(Speed) 값을 선언한 변수
float r = 30.0;                 // 원의 반지름값을 선언한 변수

void setup(){
  size(200, 200);
  smooth();
  noStroke();
}

void draw(){
  fill(200);
  rect(0, 0, width, height);
  fill(200, 50, 0);
  pushMatrix();                 // 현재 좌표계 저장
  translate(0, y);              // y 좌푯값만큼 이동
  ellipse(70, 0, r, r);         // 빨간색 원
  popMatrix();                  // 앞서 저장해두었던 좌표계 복원
  fill(0, 50, 200);
  ellipse(140, 80, r, r);       // 파란색 원
  y += s;
  if(y>height+r){               // 만약, y값이 높이와 반지름을 더한 값보다 크면,
                                // 즉 원이 화면 아래 밖으로 나가면
    y = -r;                     // -반지름값을 y 변수에 대입, 즉 화면 위쪽 밖에 위치
  }
}
```

회전(Rotate)

회전 변환을 이용하면 도형을 회전시킬 수 있다. 회전 모션은 사용할 일이 많으므로 rotate() 함수를 잘 익혀보자.

> **Lesson_09_02** _ 회전하는 사각형

아래 하얀색 사각형이 가운데를 축으로 회전하는 모션을 만들어보자. 먼저 translate() 함수로 좌표계의 (x=0, y=0)을 화면의 중심으로 이동시키고, rotate() 함수를 이용해서 회전시킨다.

사용 예제 : Chapter09_Lesson09_02.pde

```
float angle = 0.0;

void setup(){
  size(200, 200);
  smooth();
  noStroke();
}

void draw(){
  fill(150, 0, 150);
  rect(0, 0, width, height);    // 자주색 배경을 위한 사각형
  fill(255);
  angle = angle + 0.1;          // 각도 증가
  translate(100, 100);          // 좌표계를 X축 방향으로 100,
                                // Y축 방향으로 100만큼 이동
```

```
    rotate(angle);                    // 각도만큼 회전
    rect(-40, -40, 80, 80);           // 하얀색 사각형
}
```

Example_09_01 _ 돌아가는 바람개비

바람개비가 돌아가는 모션을 만들려고 한다. 바람개비 날개 4개는 사각형을 만드는 quad() 함수를 사용한다. translate()와 rotate() 변환 함수는 움직이는 바람개비 날개 부분만 적용한다. 변환 함수가 적용되지 않은 바람개비 중심점과 막대는 움직임 없이 고정된다.

사용 예제 : Chapter09_Example09_01.pde

```
float angle = 0.0;

void setup(){
  size(200, 200);
  smooth();
  noStroke();
  frameRate(20);
}

void draw(){
  fill(220);
  rect(0, 0, width, height);          // 회색 배경을 위한 사각형
  fill(255);
  rect(96, 96, 8, 100);                // 바람개비 막대
```

```
    pushMatrix();                              // 현재 좌표계 저장
                                               // 위에 바람개비 막대는 변환 함수의
                                               // 영향을 받지 않아 고정된다.
    fill(255);
    angle = angle + 0.2;                       // 0.2도씩 각도 증가
    translate(100, 80);                        // 회전축이 될 위치로 이동
    rotate(angle);                             // 각도만큼 회전
    fill(200, 0, 0);
    quad(0, 0, 0, -60, 30, -20, 30, 0);        // 바람개비 빨간색 사각형 부분
    fill(250, 250, 0);
    quad(0, 0, 60, 0, 20 , 30, 0, 30);         // 바람개비 노란색 사각형 부분
    fill(0, 200, 0);
    quad(0, 0, 0, 60, -30, 20, -30, 0);        // 바람개비 초록색 사각형 부분
    fill(0, 0, 200);
    quad(0, 0, -60, 0, -20, -30, 0, -30);      // 바람개비 파란색 사각형 부분
    popMatrix();                               // 저장한 좌표계 복원
    fill(255);
    ellipse(100, 80, 10, 10);                  // 바람개비 중심축 원
}
```

비례(Scale)

비례 변환을 사용하면 도형의 크기가 점점 커지거나 작아지게 할 수 있다. 크기 변화에 따른 모션은 줌 인(Zoom-in), 줌 아웃(Zoom-out)과 같은 카메라 시점의 효과도 나타낼 수 있다.

Lesson_09_03 _ 점점 커지는 하늘색 원

원이 점점 커지는 모션을 만들어보자. 원을 그리는 ellipse() 함수의 파라미터값은 그대로 두고 변환 함수를 이용해서 사이즈가 점점 커지도록 한다. 우선 사이즈가 커지는 기

준이 원의 중심이 되도록 translate() 함수로 (x=0, y=0)을 화면의 중앙으로 이동시킨다. 그리고 scale() 함수의 파라미터값을 증가시킨다.

사용 예제 : **Chapter09_Lesson09_03.pde**

```
float rate = 0.0;

void setup(){
  size(200, 200);
  smooth();
  noStroke();
}

void draw(){
  fill(0, 100, 150);
  rect(0, 0, width, height);
  rate = rate + 0.2;          // 비례 값에 0.2씩 더한다.
  translate(100, 100);        // 좌표를 화면의 중심으로 변환
  scale(rate);                // 비례만큼 사이즈 변환
  fill(0, 200, 250);
  ellipse(0, 0, 10, 10);      // 하늘색 원
}
```

Example_09_02 _ 황홀한 불빛

같은 방식으로 원의 사이즈가 커지되 원의 투명도를 조정하여 불빛의 느낌을 표현해보자. 원의 사이즈가 계속 커져 화면에 꽉 차면, 다시 작은 사이즈로 돌아가 점점 커지는 모션이 반복된다.

    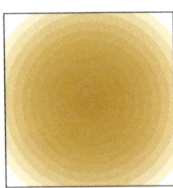

사용 예제 : Chapter09_Example09_02.pde

```
float rate = 0.0;

void setup(){
  size(200, 200);
  background(255);
  smooth();
  noStroke();
  frameRate(10);
}

void draw(){
  rate = rate + 0.2;
  translate(100, 100);
  scale(rate);
  fill(200, 120, 0, 40);        // 투명도가 있는 주황색
  ellipse(0, 0, 100, 100);
  if(rate>4.0){                 // 만약 비례가 4.0보다 크면,
                                // 즉 원이 화면에 꽉 차면
    rate = 0.0;                 // 비례 값을 0.0으로 대입
    fill(255);
    rect(-100, -100, width, height);
  }
}
```

SECTION 2 다양한 움직임

자연스럽고 유려한 움직임을 표현하려면 곡선을 만드는 각도와 원에 대한 아름다움을 이해해야 한다.
아름다운 곡선의 움직임 뒤에는 복잡한 수학적 원리가 내재한다.
중고등학교 때 배운 수학적 용어와 법칙이 조금은 어렵게 느껴지더라도 기본 원리를 이해하면 창작의 폭이 넓어질 수 있다.
'프로세싱'에서 사용하는 삼각법을 알아보고 이를 적용한 유기체적인 움직임을 만들어보자.

순환에 의한 모션

순환은 삼각법이라는 수학적 이론으로부터 만들어진다. 우선 삼각법에 대해 알아보자. 삼각형은 재미있는 도형이다. 특히 직각삼각형 세 변의 비례를 이용하여 진동곡선을 만들 수 있다. 진동곡선을 나타내는 그래프의 원리를 활용하여 우리는 '프로세싱'에서 흥미로운 순환 모션을 구현할 수 있다. 직각삼각형의 세 변의 비례와 각도 사이에 대한 법칙을 삼각법이라 한다. 삼각법은 사인(Sine), 코사인(Cosine), 탄젠트(Tangent) 삼각함수를 가진다.

사인(Sine) : $\sin(\theta)$ = 높이(Opposite) / 빗변(Hypotenuse)
코사인(Cosine) : $\cos(\theta)$ = 밑변(Adjacent) / 빗변(Hypotenuse)
탄젠트(Tangent) : $\tan(\theta)$ = 높이(Opposite) / 밑변(Adjacent)

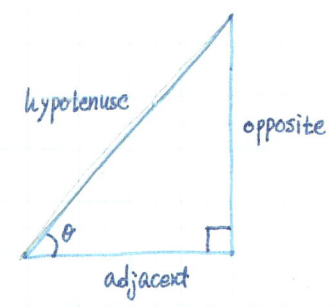

사인, 코사인, 탄젠트 삼각함수는 그래프로 나타낼 수 있다. 그래프는 순환적인 곡선으로 그려지며 이것을 사용하여 주기적인 움직임을 표현할 수 있다.

Lesson_09_04 _ 사인(Sine) 곡선

사인(Sine) : sin(θ) = 높이(Opposite) / 빗변(Hypotenuse)

사인 함수 그래프는 다음과 같이 -1과 1 사이에 부드러운 곡선으로 나타난다. 주기적인 움직임을 나타내는 진동곡선으로 움직임에도 적용할 수 있다.

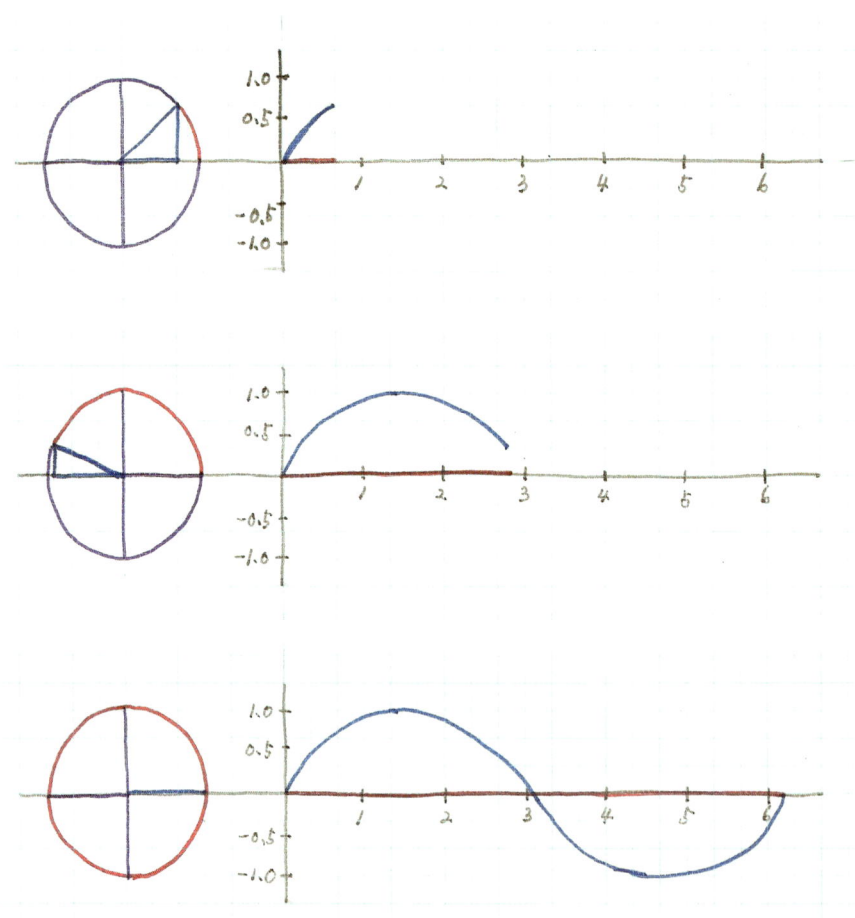

[Syntax] sin(angle)   각도에 해당하는 사인(Sine)
[Parameters] angle   호도

사인 곡선값을 적용하여 하얀색 선을 반복적으로 그려보자.

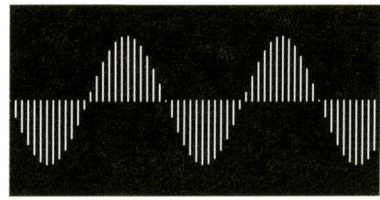

> **사용 예제 : Chapter09_Lesson09_04.pde**
>
> ```
> float a = 0.0;                    // 각도
> float inc = TWO_PI/25.0;          // 360/25.0 = 14도(degree)
>
> background(50);
> size(300, 150);
> stroke(255);
> strokeWeight(1.5);
> for (int i=0; i<300; i=i+5){
>   line(i, 75, i, 75+sin(a)*50);   // 하얀색 선으로 사인 함숫값 적용
>   a = a + inc;                    // 각도 증가
> }
> ```

Lesson_09_05 _ 코사인(Cosine) 곡선

코사인(Cosine) : cos(θ) = 밑변(Adjacent) / 빗변(Hypotenuse)

코사인도 사인 곡선과 같이 -1과 1 사이에 부드러운 진동곡선을 만든다.

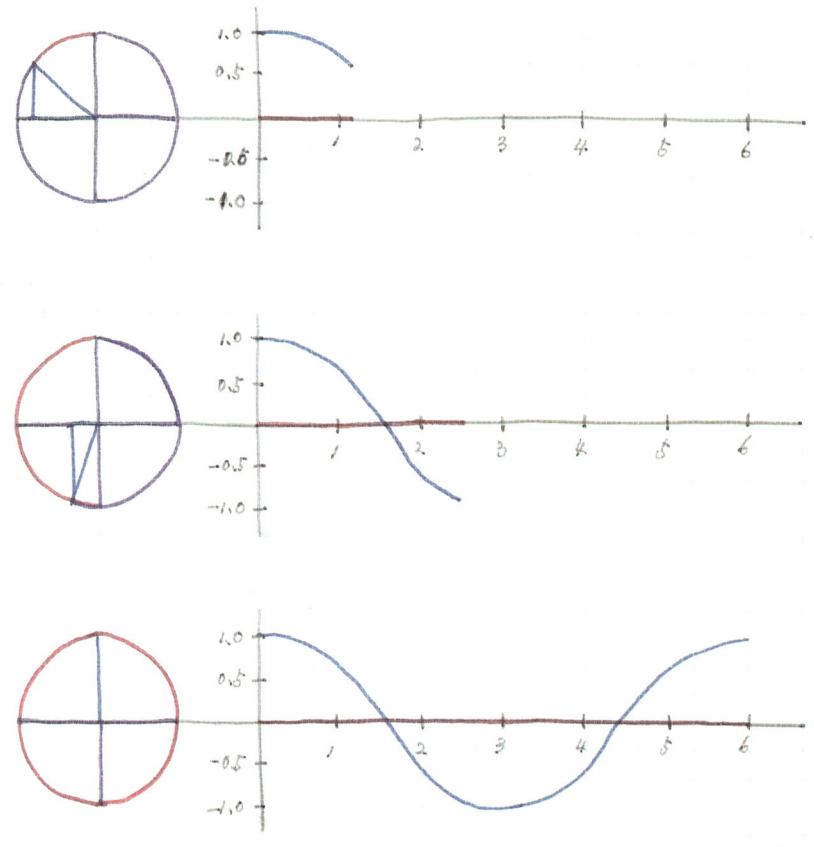

[Syntax] cos(angle)   각도에 해당하는 코사인(Cosine)
[Parameters] angle   호도

코사인 곡선값을 적용하여 하얀색 선을 반복적으로 그려보자.

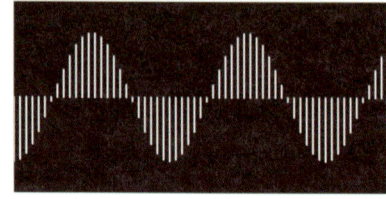

> **사용 예제** : Chapter09_Lesson09_05.pde
>
> ```
> float a = 0.0;
> float inc = TWO_PI/25.0;          // 360/25.0 = 14도(degree)
>
> background(50);
> size(300, 150);
> stroke(255);
> strokeWeight(1.5);
> for (int i=0; i<300; i=i+5){
>   line(i, 75, i, 75+cos(a)*50);   // 하얀색 선으로 사인 함숫값 적용
>   a = a + inc;                    // 각도 증가
> }
> ```

Lesson_09_06   탄젠트(Tangent) 곡선

탄젠트(Tangent) : tan(θ) = 높이(Opposite) / 밑변(Adjacent)

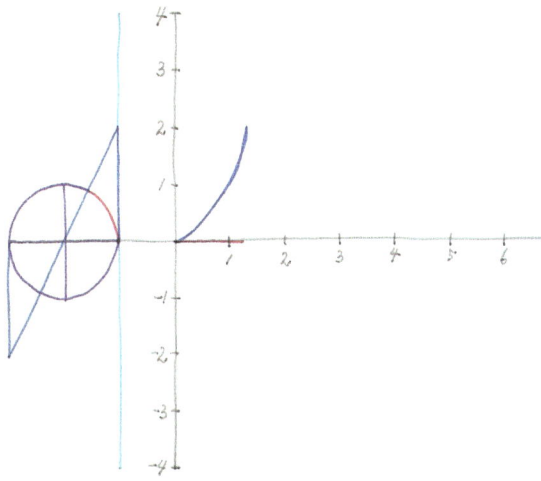

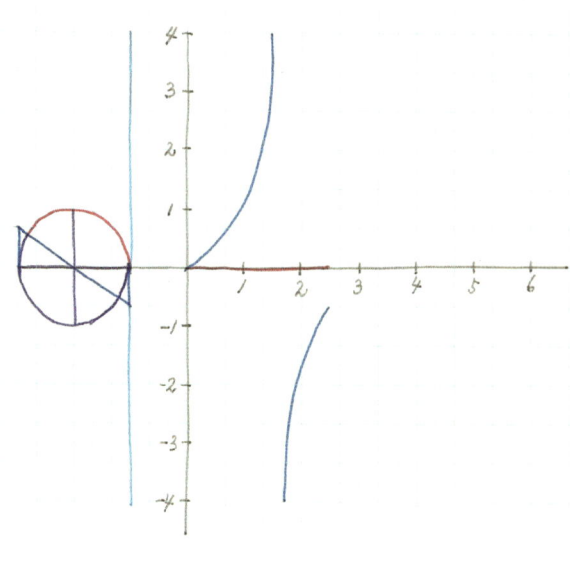

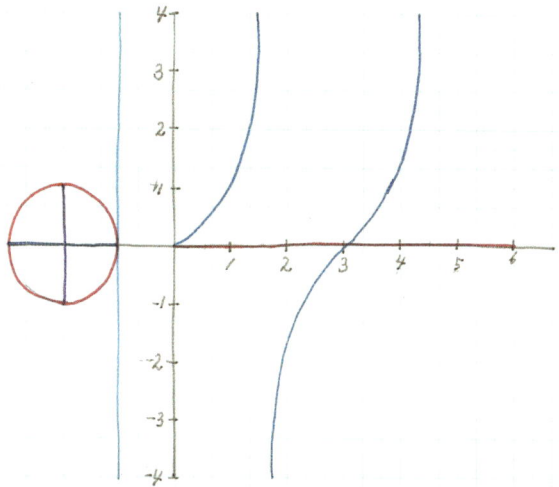

[Syntax]   tan(angle)   각도에 해당하는 탄젠트
                        (Tangent)
[Parameters]   angle   호도

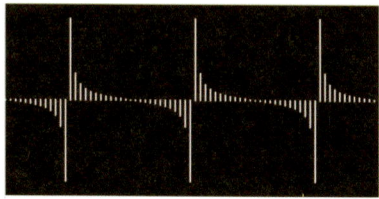

사용 예제 : Chapter09_Lesson09_06.pde

```
float a = 0.0;
float inc = TWO_PI/50.0;

background(50);
size(300, 150);
stroke(255);
strokeWeight(1.5);
for (int i=0; i<300; i=i+4){
  line(i, 75, i, 75+tan(a)*4.0);
  a = a + inc;
}
```

그리는 시작점에 따라 곡선의 형태도 달라진다. 다음 그림과 같이 진동의 폭과 크기는 같지만 그리는 시작점의 값이 다르면 곡선의 형태도 달라진다.

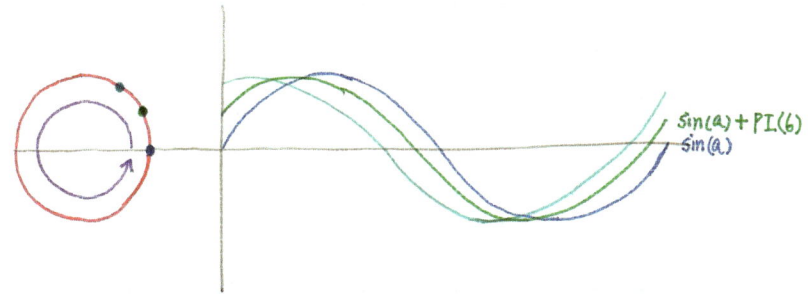

Example_09_03 _ 부드러운 공의 움직임

공의 사인 곡선과 같이 부드럽게 움직이도록 해보자. 공의 x 좌표는 고정하고 y 좌푯값에 사인 함숫값을 적용한다. 그러면 공이 제자리에서 사인 곡선값을 따라 위아래로 올라갔다 내려갔다를 반복하게 된다.

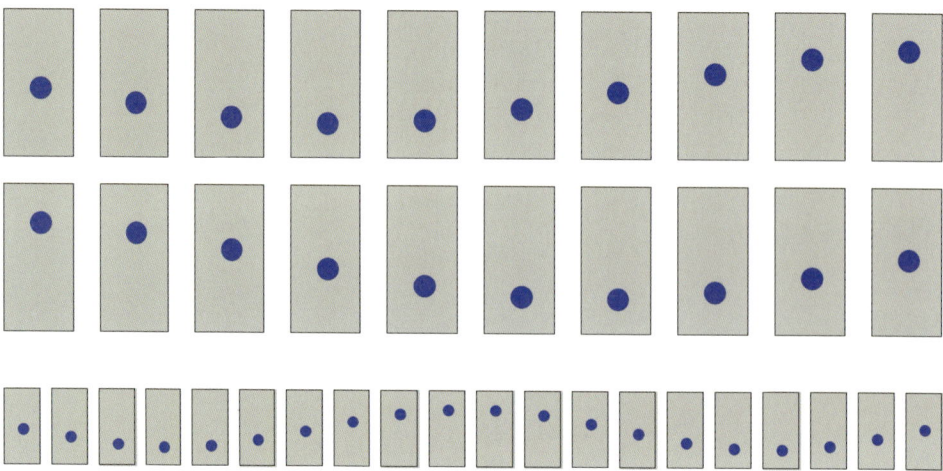

사용 예제 : Chapter09_Example09_03.pde

```
float angle = 0.0;           // 각도
float speed = 0.1;           // 속도
float r = 50.0;              // 공의 크기

void setup(){
  size(100, 200);
  noStroke();
  smooth();
}

void draw(){
  fill(200);
  rect(0, 0, width, height);
  fill(0, 50, 200);
  angle += speed;
  float sinval = sin(angle);   // 사인 함숫값
  float y = sinval * r;
  ellipse(50, 100+y, 30, 30); // 공의 y 좌푯값에 사인 곡선값 적용
}
```

Example_09_04 _ 꿈틀대는 귀여운 애벌레

귀여운 애벌레를 뻣뻣한 로봇이 아닌 살아 있는 유기체처럼 움직이도록 해보자. 애벌레 모양을 간단한 원으로 만들고, 각 원이 가로방향으로 움직일 수 있도록 각 원의 y 좌푯값은 고정하고 x 좌푯값에만 변화를 준다. 그 변화 값에 사인 함숫값을 대입하여 유기적 모션을 만든다.

 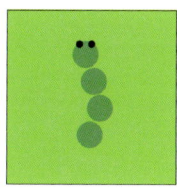   

사용 예제 : Chapter09_Example09_04.pde

```
float angle = 0.0;
float speed = 0.4; // 움직이는 속도

void setup(){
  size(200, 200);
  noStroke();
  smooth();
  frameRate(20);
}

void draw(){
  fill(150, 210, 0);
  rect(0, 0, width, height);
  angle = angle + speed;
  fill(0, 150, 80);
  ellipse(100 + (sin(angle + PI)*10), 50, 30, 30);
               // 맨 위의 초록색 원
  ellipse(100 + (sin(angle + HALF_PI)*10), 80, 30, 30);
               // 두 번째 초록색 원
```

```
    ellipse(100 + (sin(angle + QUARTER_PI)*10), 110, 30, 30);
                                               // 세 번째 초록색 원
    ellipse(100 + (sin(angle + 30)*10), 140, 30, 30); // 네 번째 초록색 원
    fill(0);
    ellipse(93 + (sin(angle + PI)*10), 38, 8, 8);    // 애벌레 왼쪽 눈
    ellipse(107 + (sin(angle + PI)*10), 38, 8, 8);   // 애벌레 오른쪽 눈
}
```

Example_09_05 _ 만나지 못하는 두 행성

도형의 좌푯값에 사인 함숫값과 코사인 함숫값을 적용하여 원형 모션을 만들어보자. 다음 모션에서 주황색 원은 시계방향으로, 초록색 원은 시계 반대방향으로 원을 그리며 움직인다. 원의 x 좌푯값에 코사인값을 넣고, y 좌푯값에 사인값을 넣으면 시계방향으로 원을 그린다. 원의 y 좌푯값에 사인값을 넣고, y 좌푯값에 코사인값을 넣으면 시계 반대방향으로 원을 그리며 움직이게 된다.

 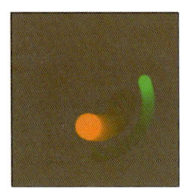   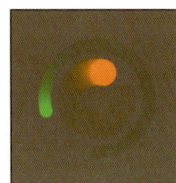

사용 예제 : Chapter09_Example09_05.pde

```
float angle = 0.0;
float offset = 100;
float val = 30;
float val2 = 60;
float speed = 0.05;

void setup(){
```

```
    size(200, 200);
    smooth();
    noStroke();
}

void draw(){
    fill(100, 30);
    rect(0, 0, width, height);
    // 시계방향으로 원을 그리는 모션
    float x = offset + cos(angle) * val;
    float y = offset + sin(angle) * val;

    // 시계 반대방향으로 원을 그리는 모션
    float x2 = offset + sin(angle) * val2;
    float y2 = offset + cos(angle) * val2;

    fill(250, 150, 0);
    ellipse(x, y, 30, 30);          // 주황색 원
    fill(0, 200, 100);
    ellipse(x2, y2, 15, 15);        // 초록색 원
    angle += speed;
}
```

Example_09_06 _ 낙서 그리기

부드러운 곡선의 움직임을 구현하되 자유로운 방향으로 움직이도록 해보자. 원의 좌푯값에 사인과 코사인 함수를 적용하면 부드러운 움직임을 만들 수 있다.

여기에 random() 함수를 이용해 특정 범위의 무작위 값을 적용하면 자유로운 방향을 구사할 수 있다.

사용 예제 : Chapter09_Example09_06.pde

```
float angle = 0.0;
float speed = 0.05;
float radius = 70.0;
float sx = random(1.0, 5.0);          // 원의 x 좌표 범위
float sy = random(1.0, 5.0);          // 원의 y 좌표 범위

void setup(){
  size(300, 200);
  noStroke();
  smooth();
}

void draw(){
  fill(0, 50, 80, 5);
  rect(0, 0, width, height);
  angle += speed;
  translate(150, 100);
  float x = cos(angle * sx) * cos(angle) * radius; // 원의 x 좌표
  float y = sin(angle * sy) * sin(angle) * radius; // 원의 y 좌표
  fill(255);
  ellipse(x, y, 10, 10);
}
```

랜덤에 의한 모션

움직임에도 랜덤의 미학을 적용할 수 있다. 도형이 랜덤한 위치에서 나타나거나 랜덤한 위치로 이동할 수 있다. 또는 랜덤한 형태나 색이 랜덤으로 연속해서 그려지면서 모션을 디자인할 수도 있다.

Example_09_07 _ 진화하는 원

원이 랜덤한 위치에 연속적으로 나타나게 하려고 한다. random() 함숫값을 원의 x 좌표와 y 좌표에 적용한다.

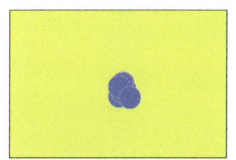 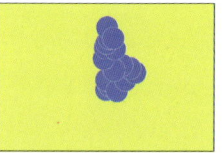 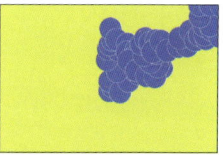 

사용 예제 : Chapter09_Example09_07.pde

```
float x = 150.0;
float y = 100.0;

void setup(){
  size(300, 200);
  randomSeed(0);
  background(230, 230, 0);
  stroke(255);
}

void draw(){
  x += random(-15, 15);     // -15에서 15 사이의 무작위 값
  y += random(-15, 15);     // -15에서 15 사이의 무작위 값
  fill(0, 100, 200);
  ellipse(x, y, 30, 30);
}
```

Example_09_08 _ 사각형 무더기

투명도를 가진 작은 사각형이 연속적으로 나타나 무더기로 쌓이는 모션을 만들려고 한다. 그런데 사각형이 원의 형태를 따라 나타난다. 화면의 가운데를 중심으로 회전하는 변환을 적용하면 이러한 모션을 만들 수 있다.

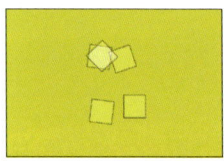 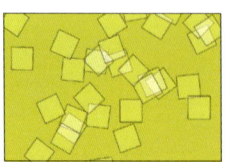 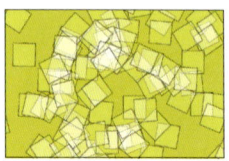 

사용 예제 : Chapter09_Example09_08.pde

```
float x = 0.0;
float y = 0.0;
float angle = 0.0;

void setup(){
  size(300, 200);
  randomSeed(0);
  background(230, 230, 0);
}

void draw(){
  x += random(-20, 20);
  y += random(-20, 20);
  translate(150, 100);              // 좌표계 (x=0, y=0)을 화면의 가운데로 이동
rotate(angle);                      // 회전
  fill(255, 100);
  rect(x, y, 30, 30);
  angle = angle + random(-10, 10);  // 랜덤한 값이 더해진 회전 각도
}
```

움직이는 추상화

구체적인 사물의 모습이 아니더라도 랜덤의 미학을 잘 활용하면 멋진 추상화를 그릴 수 있다. 프로세싱에서는 모션까지 구현이 가능하므로 움직이는 추상화를 그려보자.

Example_09_09 _ 움직이는 추상화 그리기

랜덤하게 색의 선이 연속적으로 나타난다. 이동하는 변환 함수의 좌푯값에 사인값과 코사인값을 적용하면 컬러풀한 선이 부드러운 곡선을 따라 나타난다. 그리고 조건문을 사용하여 선의 위치가 화면 밖으로 나가게 되면 방향을 선회해서 화면 안쪽으로 들어오게 한다.

 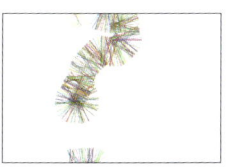  

사용 예제 : Chapter09_Example09_09.pde

```
float x = 100.0;
float y = 100.0;
float angle = 0.0;
float speed = 0.7;
float size = 1.0;

void setup(){
  size(300, 200);
  background(255);
  stroke(255, 130);
  randomSeed(300);
}

void draw(){
```

```
    x += cos(angle) * speed;
    y += sin(angle) * speed;
    angle += random(-0.3, 0.3);
    if(x>width+size){      // 만약 x값이 화면 폭과 사이즈를 더한 값보다 크면
      x=-size;             // 반대방향
    }else if(x<0){         // 그렇지 않고, x값이 0보다 작으면
      x=size+300;          // 사이즈에 300을 더한 값으로 x에 대입
    }
    if(y>height+size){     // 만약 x값이 화면 폭과 사이즈를 더한 값보다 크면
      y=-size;             // 반대방향
    }else if(y<0){         // 그렇지 않고, y값이 0보다 작으면
      y=size+200;          // 사이즈에 200을 더한 값으로 y에 대입
    }
    translate(x, y);
    rotate(angle);
    stroke(random(255), random(255), random(255));
    line(0, 20, 0, -20);
}
```

Exercise

❶ 시계 반대방향으로 돌아가는 풍차를 만들어보자.

❷ 자신의 이름의 사이즈가 점점 커지면서 점점 나타나는 페이드인(Fade-in)으로 표현하라.

❸ 나선형을 따라 움직이는 원을 만들어보자.

Interesting

모션 그래픽스(Motion Graphics)

모션 그래픽스는 점, 선, 면, 타이포그래피, 색 등의 그래픽 요소를 영상, 애니메이션 형태로 만든 창작물로 사운드와 함께 다양한 움직임으로 표현된다. 모션 그래픽스의 시조는 키네틱 아트(Kinetic Art)에서 찾을 수 있다.

키네틱 아트는 무엇인가 움직임이 있는 작품을 말하는 것으로 모빌과 같이 바람이나 손으로 운동을 표현하는 것부터 옵아트(Opt Art)와 같이 정지되어 있지만, 착시현상에 의해 움직이는 것처럼 보이는 것까지 모두 포함한다.

좀 더 직접적인 조상은 영화 〈오프닝 타이틀〉에서 찾을 수 있다. 1900년대 영화 〈오프닝 타이틀〉에서 영화의 콘셉트를 암시하고 분위기를 고조시키기 위해 타이틀의 문자나 주변의 그래픽 요소를 사용하여 모션을 만들기 시작하였다.

영화 〈킹콩〉에서 나뭇잎이 떨어지는 오프닝 타이틀이 만들어졌으며 〈사이코(Psycho)〉, 〈현기증(Vertigo)〉 등은 솔 바스(Saul Bass)에 의해 움직임이 부여된 오프닝 타이틀 디자인으로 발전되었다. 주로 타이틀인 문자나 도형 또는 그래픽 요소를 활용하여 움직임을 구현했기 때문에 키네틱 타이포그래피(Kinetic Typography), 무빙 타입 (Moving Type), 타입 애니메이션(Type Animation) 등으로 불렸다.

이후 영화 오프닝 타이틀뿐만 아니라 웹에서의 플래시 애니메이션, 채널 아이디(Channel ID), 광고 또는 영상작품에서 이러한 형태의 표현기법이 널리 활용되면서 넓은 의미로 모션 그래픽스(Motion Graphics)라는 용어가 정착되었다.

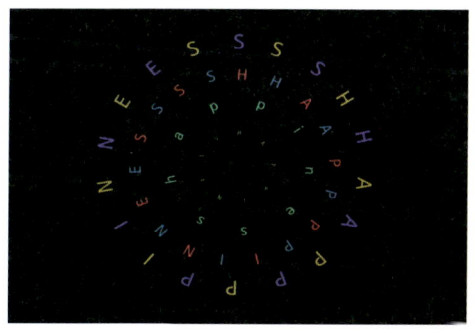 

Interesting

현재는 다양한 분야에서 하나의 영상장르로서 모션 그래픽스가 활용되고 있다. 타이포그래피뿐만이 아니라 도형, 심벌, 이미지, 색 등의 요소가 모여 사운드와 함께 2D 또는 3D의 움직임이 디자인된다.

프로세싱에서도 이미지보다는 그래픽적 요소 표현이 쉬우므로 모션 그래픽스를 제작할 수 있다. 영상이나 애니메이션을 편집하는 소프트웨어에서는 키 프레임을 이용하여 움직임을 제어하지만, 프로세싱에서는 코딩을 통하여 좀 더 유기적이고 미세한 움직임을 표현할 수 있다.

CHAPTER

10

모션 : 고급 모션
(Motion : Advanced Motion)

모션을 만들다 보면 점점 더 자연스럽고 복잡한 움직임에 대한 갈망이 생긴다. 이번 장에서는 이미 만들어놓은 '프로세싱'의 함수와 객체를 사용하는 것이 아니고, 내가 직접 조물주가 된 듯이 객체를 정의하고 만들어본다. 또한 배열(Array)이라는 프로그래밍 언어의 문법을 통해 다수를 쉽게 움직이는 방법도 터득해보자. '프로세싱'의 가장 큰 특징인 객체지향 언어라는 장점을 활용하여 전문가다운 프로그래밍을 구사해보자.

SECTION 1 내가 정의한 객체로 모션 만들기

사용자가 직접 객체를 만들려면 먼저 객체에 대한 이해가 필요하다.
프로세싱은 프로그래밍 언어의 종류 중에서 객체지향 프로그램에 해당한다.
한 단계 높은 고급 모션을 만들기 위해 객체지향 프로그램에 대해 자세히 알아보자.

객체지향 프로그래밍(Object Oriented Programming, OOP) 언어

객체지향 프로그래밍 언어는 인간의 현실 세계 개념을 컴퓨터 세계의 프로그래밍 언어에 그대로 적용하였다. 일상생활에서 존재하는 유형의 물체 또는 무형의 개념을 사용하여 표현하는 프로그래밍 언어를 객체지향 프로그래밍 언어라고 한다. 인간의 세계와 유사하므로 최근 많이 사용되고 있는 Java, C# 등이 이러한 개념을 바탕으로 하고 있다.
프로세싱 역시 Java를 기반으로 한 객체지향 프로그래밍 언어에 속한다. 그러므로 객체지향 언어에서 알아두어야 할 개념을 살펴보자.

| Definition |
객체(Object) : 다른 것과 구별되는 정체성을 가진 물건 또는 대상으로 상태(State)와 행동(Behavior)이라는 속성을 가진다.
클래스(Class) : 상태(State)와 행동(Behavior)을 갖는 객체들로 구성된 그룹을 말한다.
필드(Fields) 또는 인스턴스 변수(Instance Variable) : 객체로 존재하기 위한 상태(State)로 변수로 저장한다.
메소드(Method) : 객체가 되기 위한 행동(Behavior)으로 함수로 표현된다.

● **객체(Object)와 클래스(Class)**
객체지향 프로그래밍은 말 그대로 객체를 기준으로 언어가 구성되어 있다는 것이다. 그러면 객체란 무엇을 말하는가. 우리의 일상생활을 잠시 생각해보자. 일상생활에서 물건 또는 대상이라고 부를 수 있는 것에는 책상, 자동차, 텔레비전, 사람, 나무 등이 있다.

이 중에서 '자동차'를 예로 들어 살펴보자. 자동차는 4개의 바퀴, 기어, 속도, 색상 등의 상태(State)가 있다. 그리고 출발하다, 정지하다, 운반하다, 가속하다 등의 행동(Behavior)이 있다. 여기서 자동차라는 형식을 클래스(Class)라 하고 자동차에 해당하는 세단, 트럭, 버스, 미니카 등을 객체(Object)라 한다. 빨간색 스포츠카도 객체가 될 수 있고, 소방차도 하나의 객체가 된다. 다시 말해 같은 종류의 상태와 행동을 가질 수 있는 객체들을 모아놓은 그룹을 클래스라 한다.

클래스(Class) : 자동차
객체(Object) : 세단, 트럭, 버스, 미니카, 스포츠카, 소방차

객체지향 프로그래밍 언어는 이러한 상태와 행동을 하는 실제 세계의 존재를 프로그래밍 언어에서 객체로 변환하는 것을 의미한다. 객체가 존재하기 위해 필요한 상태(State)를 필드(Fields) 또는 인스턴스 변수(Instance Variable)라 하고, 행동(Behavior)을 나타내는 것을 메소드(Method)라 한다. 객체마다 변수나 메소드의 값이 달라진다. 예를 들어 스포츠카의 색상 변수의 값은 빨간색이 될 수도 있고 하얀색이 될 수도 있다.

필드(Fields) or 인스턴스 변수(Instance Variable) : 색상, 속도, 바퀴, 핸들
메소드(Method) : 출발하다, 정지하다, 뒤로 가다, 가속하다, 방향을 틀다, 감속하다.

- **클래스(Class)**

자동차라는 클래스가 있다고 해보자. 자동차는 색상, 속도, 차종, 바퀴, 핸들과 같은 필드(Fields)와 출발하다, 정지하다, 뒤로 가다, 가속하다 등의 메소드(Method)를 가진다.

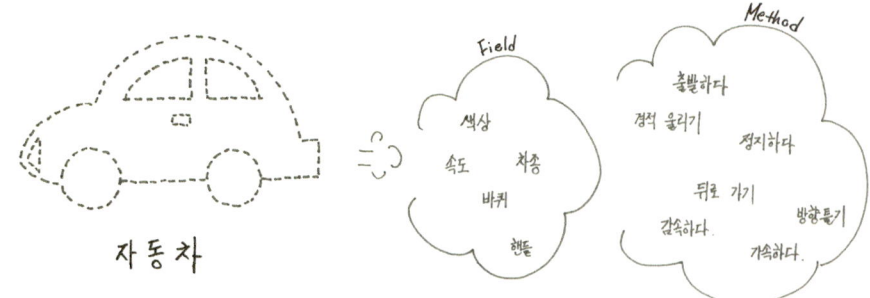

- **객체(Object)**

자동차 클래스에 속하는 객체에는 세단, 스포츠카, 트럭, 버스, 소방차 등이 있다. 각 자동차는 위에 자동차 클래스가 갖는 필드와 메소드를 가진다.

예를 들어 스포츠카는 빨간색이라는 '색상' 필드와 속도가 '빠르다'라는 메소드를 가지고 있다.

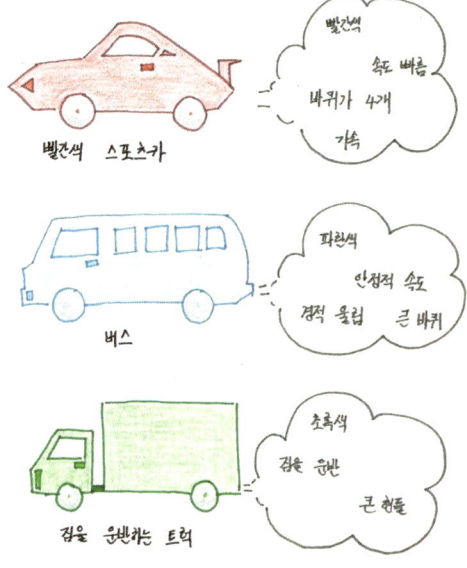

그럼 이번에는 텔레비전이라는 클래스를 만들어보자. 텔레비전이라는 객체(Object)의 필드(Field), 즉 변수에는 전원, 채널, 볼륨, 사이즈 등이 있고 이 필드를 조정하기 위한 메소드(Method)로는 전원 켜고 끄기, 채널 돌리기, 볼륨 조정하기, 사이즈 설정하기 등이 있다. 이처럼

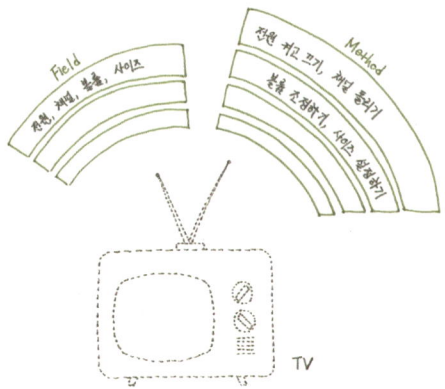

필드와 메소드를 가지고 있는 객체들의 모임이 텔레비전이라는 클래스가 된다.

클래스(Class) : 텔레비전
객체(Object) : 평면 TV, LED TV, 스마트 TV
필드(Field) : 전원, 채널, 볼륨, 사이즈
메소드(Method) : 전원 켜고 끄기, 채널 돌리기, 볼륨 조정하기, 사이즈 설정하기

객체 정의하기

사실 우리는 여태까지 객체를 다루고 있었다. 이미지나 타입을 사용하기 위해 PImage, PFont, PShape과 같은 객체를 이미 코딩에서 써보고 있었던 것이다. 이미 만들어진 객체를 사용할 수도 있으나, 나만의 객체를 만들어 유용하게 쓸 수 있다.

프로세싱에서는 다음과 같은 절차에 따라 사용자 정의 객체를 만든다.

① 객체 선언

클래스명 변수명;
Apple myApple;

② 객체 초기화

변수명 = new 클래스명();
myApple = new Apple();

객체 선언과 초기화를 한 번에 쓸 수도 있다.

```
클래스명 변수명 = new 클래스명();
Apple myApple = new Apple();
```

③ 저장된 객체 불러오기

```
변수명.객체 메소드
myApple.move()
```

위의 순서에 따라 코드를 작성하면 아래와 같다.

```
Apple myApple;              // 객체를 선언한다.
```

```
void setup(){
  myApple = new Apple();    // 객체를 초기화한다.
}
```

```
void draw(){
  background(0);
  myApple.move();           // 객체의 메소드를 불러온다.
  myApple.display();
}
```

Lesson_10_01 _ 클래스와 객체 정의하기

위의 방법을 이해하기 위해 클래스와 객체를 정의하는 프로그램을 익혀보자.

● 클래스 없이 공 그리기

우선 지금까지 도형을 그렸던 방식으로 빨간색 공을 하나 그려보자.

사용 예제 : Chapter10_Lesson10_01_01.pde

```
float x = 50;
float y = 30;
float r = 30;

void setup(){
  size(100, 100);
  smooth();
  noStroke();
}

void draw(){
  background(200);
  fill(200, 50, 50);        // 빨간색
  ellipse(x, y, r, r);      // (50, 30) 위치에 가로 너비 30,
                            // 세로 높이 30 사이즈 원
}
```

● **클래스 선언**

원을 Ball이라는 클래스의 객체로 정의해보자. 위와 결과물은 똑같지만, 클래스와 객체를 정의하여 다음과 같이 코딩할 수 있다.

클래스 이름(Class name) : Ball
객체 이름(Object name) : ball
필드(Field) 또는 인스턴스 변수(Instance variable) : x 위치, y 위치, 지름

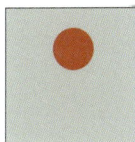

사용 예제 : Chapter10_Lesson10_01_02.pde

```
Ball ball;                    // 객체 선언

void setup(){
  size(100, 100);
  smooth();
  noStroke();
  ball = new Ball();          // 객체 구조, Ball 클래스 안에 ball 객체 존재
  ball.x = 50;                // ball 객체의 인스턴트 변수 x에 50 대입
  ball.y = 30;                // ball 객체의 인스턴트 변수 y에 30 대입
  ball.r = 30;                // ball 객체의 인스턴트 변수 r에 30 대입
}

void draw(){
  background(200);
  fill(200, 50, 50);
  ellipse(ball.x, ball.y, ball.r, ball.r);
}

class Ball{
  float x, y;                 // 인스턴스 변수 x, y 선언
  float r;                    // 인스턴스 변수 r 선언
}
```

● **객체의 메소드 호출**

클래스와 객체를 선언하고 메소드를 함수로 정의하여 필요할 때 호출하여 사용할 수 있다.

사용 예제 : Chapter10_Lesson10_01_03.pde

```
Ball ball;

void setup(){
  size(100, 100);
  smooth();
  noStroke();
  ball = new Ball();
  ball.x = 50;
  ball.y = 30;
  ball.r = 30;
}

void draw(){
  background(200);
  ball.display();            // ball 객체의 display 메소드 호출
}

class Ball{
  float x, y;
  float r;

   void display(){           // Ball 클래스의 display 메소드 함수 정의
    fill(200, 50, 50);       // 빨간색
    ellipse(x, y, r, r);     // (x, y) 위치에 너비 r, 높이 r인 원
  }
}
```

● 객체와 클래스 구조 정의

클래스를 구조적으로 정의하면 다음과 같다.

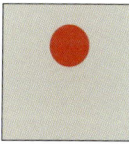

사용 예제 : Chapter10_Lesson10_01_04.pde

```
Ball ball;

void setup(){
  size(100, 100);
  smooth();
  noStroke();
  ball = new Ball(50, 30, 30); // ball 객체는 Ball 클래스의 (x 좌표,
                               // y 좌표, 지름) 인스턴스 변수의 속성을 따름
}

void draw(){
  background(200);
  ball.display();
}

class Ball{
  float x, y, r;

  // Ball 클래스 구조 정의
  Ball(float xpos, float ypos, float radius){
    x = xpos;
    y = ypos;
    r = radius;
  }

  void display(){
    fill(200, 50, 50);
    ellipse(x, y, r, r);
  }
}
```

● 객체를 모션에 응용

만든 Ball 클래스와 ball 객체를 가지고 공을 움직이게 하는 데 사용할 수 있다. 이미 만든 클래스와 객체의 필드에 또 다른 인스턴스 변수를 추가할 수 있다. 또한, 새로운 메소드도 함수로 정의할 수 있다. 이것을 draw() 함수에서 필요할 때 호출하여 사용한다. 원이 위에서 아래로 움직이는 move 메소드를 함수로 정의하고 draw() 함수에서 호출한다.

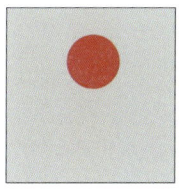 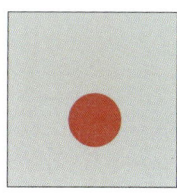 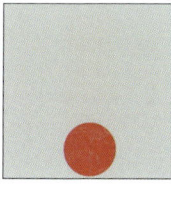 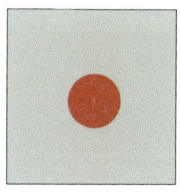 

사용 예제 : Chapter10_Lesson10_01_05.pde

```
Ball ball;

void setup(){
  size(100, 100);
  smooth();
  noStroke();
  ball = new Ball(50, 30, 30, 1.5);
}

void draw(){
  background(200);
  ball.move();             // ball 객체의 move 함수 호출
  ball.display();
}

class Ball{
  float x, y, r;
  float s;                 // 속도를 위한 변수로 프레임과 프레임 사이에
                           // 변화한 위치값, 즉 거리
  float direction = 1;     // 방향 전환
```

```
  Ball(float xpos, float ypos, float radius, float speed){
    x = xpos;
    y = ypos;
    r = radius;
    s = speed;
  }

  // move 메소드의 함수 정의
  void move(){
    y += (s*direction);
    if((y>(height - r/2)) || (y<r/2)){
      direction *= -1;        // 아래로 움직이면 1, 위로 움직이면 -1
    }
  }

  void display(){
    fill(200, 50, 50);
    ellipse(x, y, r, r);
  }
}
```

Example_10_01 _ 물결에 흔들리는 수초

수초가 물결에 따라 움직이는 모션을 만들어보자. 수초 형태와 좌우로 흔들리는 인스턴스 변수를 갖는 plant라는 객체를 정의하고 draw()에서 호출한다.

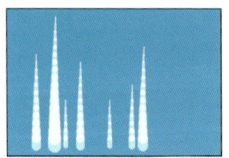 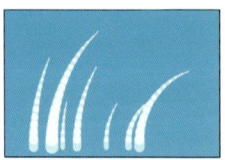  

사용 예제 : Chapter10_Example10_01.pde

```
float i = 0.0;

void setup(){
  size(300, 200);
  stroke(255, 200);
  strokeCap(ROUND);
  smooth();
}

void draw(){
  background(0, 180, 230);
  i +=0.01;
  float angle = sin(i)/20.0 ;
  plant(40, 12, angle/1.5);
  plant(65, 17, angle);
  plant(80, 6, angle/1.3);
  plant(100, 11, angle);
  plant(140, 6, angle*2);
  plant(170, 8, angle*3);
  plant(185, 13, angle*2);
}

void plant(int x, int units, float angle){     // plant 객체 정의
  pushMatrix();
  translate(x, 180);
  for(int j=units; j>0; j--){
    strokeWeight(j+1);
    line(0, 0, 0, -10);
    translate(0, -10);
    rotate(angle);
  }
  popMatrix();
}
```

SECTION 2
배열(Array)로 다수 움직이기

배열은 쉬운 것 같으면서도 어려운 항목이다.
그러나 잘 이해해두면 편리하면서도 아주 효과적인 방법이기 때문에 언젠가는 배열 덕을 톡톡히 볼 것이다.
만약 100대의 우주선을 만들 때 배열을 사용한다면 일일이 복사해서 나열하는 수고 없이도
쉽게 만들 수 있는 유용한 방법임을 알게 될 것이다.

배열은 여러 개의 동일한 데이터 유형으로 된 변수를 하나로 묶은 것을 말한다.

int a;

이 변수 선언은 a라는 공간에 정수 하나를 넣을 수 있다.

int[ ] a = new int[3];

이 배열 선언은 공간의 위치는 a로 똑같지만 세 개의 값을 넣을 수 있다.

```
int [ ] a = new int[10]
```

이 배열 선언은 a라는 주소를 가진 집에 열 개의 방을 만들어 각 방에 데이터를 넣을 수 있다. 컴퓨터 세계에서 데이터 저장공간을 위한 집의 방은 똑같은 크기로 반듯하게 짓는다. 따라서 위에 int [ ] a = new int[10]이라고 선언한 배열의 열 개의 방은 똑같은 크기이면서 가로방향, 즉 x축 방향으로 줄줄이 세워진다.

변수 a에 만들어진 각 방을 요소(Element)라 하고 이름, 즉 인덱스(Index)를 붙인다. 방의 이름은 a[0], a[1], a[2], ⋯, a[8], a[9], a[10]이라 붙인다. 컴퓨터 세계의 문화가 그렇듯이 이름은 반드시 0부터 시작하기 때문에 0부터 9까지 10개의 방 이름이 생성되는 것이다. 같은 집 지붕 아래 있는 방들이니 그 방안에 사는 데이터들은 한 식구이다. 따라서 a라는 주소의 집의 각 방에는 int라는 정수 가족만이 식구로 살 수 있다.

Lesson_10_02 _ 배열 선언하기

배열을 선언하는 과정을 살펴보자. 배열에 관한 문법은 다음과 같다.

[Syntax]   datatype[ ] var   배열
[Parameters]   datatype   데이터 유형
                var   변수명

[Syntax]   var[element] = value   배열
[Parameters]   var   변수명
                element   배열의 요소, 즉 크기
                value   배열의 크기에 대입하기 위한 데이터

① 배열을 선언한다.
데이터 유형을 쓰고 배열의 요소를 나타내는 대괄호 [ ]를 작성한다. 그리고 배열명을 써서 배열을 선언한다. 예를 들어 정수 유형으로 int와 대괄호를 쓰고 배열명 things를 선언한다.

```
int[ ] things;
```

② new로 배열을 생성하고 크기를 정의한다.
선언한 배열을 생성하기 위해 new를 먼저 쓴다. 크기를 정의하기 위해 데이터 유형과 대괄호 안에 요소의 크기를 지정한다. 아래와 같이 등호의 오른쪽에 new를 쓰고 정수 유형의 3개 요소를 갖는 배열을 정의한다.

```
things = new int[3];
```

또는 위에 a에서 배열을 선언한 문장을 동시에 같이 쓸 수도 있다.

```
int[ ] things = new int[3];
```

③ 각 요소를 초기화한다.
각 요소를 나열하여 값을 초기화한다. 각 요소는 배열명을 쓰고 대괄호 안에 인덱스를 넣는다.

```
int[ ] things = new int[3];
things[0] = 5;
things[1] = 2;
things[2] = 3;
```

④ 앞의 세 과정을 한 번에 작성할 수도 있다.
배열의 요소 전부를 한 번에 설정할 수도 있다. 배열을 선언하고 등호의 오른쪽에 요소를 전부 나열한 중괄호를 작성하여 초기화할 수 있다.

```
int[] things = {5, 2, 3};
```

Lesson_10_03 _ 다수의 동그라미 움직이기

배열을 사용하여 많은 개수의 객체를 움직여보자. 우선 배열 없이 동그라미 2개와 5개를 움직일 것이다. 그리고 배열을 사용하여 동그라미 100개를 이동시켜보자.

① 동그라미 2개 움직이기

우선 동그라미 2개를 왼쪽에서 오른쪽으로 이동해보자. 일반적으로 배열 없이 동그라미 2개를 움직이는 것은 다음과 같이 코딩한다.

 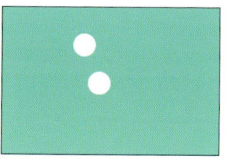 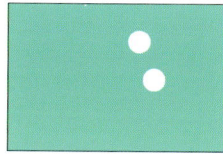 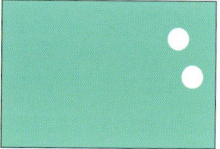

사용 예제 : Chapter10_Lesson10_03_01.pde

```
float x1 = -10;
float x2 = 10;

void setup(){
  size(300, 200);
  smooth();
  noStroke();
}

void draw(){
  background(10, 200, 200);
  x1 += 0.5;
  x2 += 0.5;
  fill(255);
  ellipse(x1, 50, 30, 30);
  ellipse(x2, 100, 30, 30);
}
```

② 동그라미 5개 움직이기

이번에는 3개를 더 늘려서 똑같이 움직여보자. 동그라미마다 따로 변수를 지정하고, 일일이 움직임에 대한 지정을 따로 해주어야 한다.

 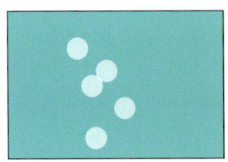 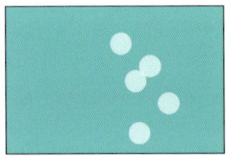 

사용 예제 : Chapter10_Lesson10_03_02.pde

```
float x1 = -10;
float x2 = 10;
float x3 = 30;
float x4 = 55;
float x5 = 15;

void setup(){
  size(300, 200);
  smooth();
  noStroke();
}

void draw(){
  background(10, 200, 200);
  x1 +=0.5;
  x2 +=0.5;
  x3 +=0.5;
  x4 +=0.5;
  x5 +=0.5;
  fill(255, 200);
  ellipse(x1, 50, 30, 30);
  ellipse(x2, 100, 30, 30);
```

```
  ellipse(x3, 80, 30, 30);
  ellipse(x4, 130, 30, 30);
  ellipse(x5, 170, 30, 30);
}
```

③ 동그라미 100개 움직이기

이제 동그라미 100개를 움직이려 한다. 앞에서처럼 일반적인 방법을 사용하려면 변수 선언부터 100번을 써야 한다. 하지만 배열과 반복문을 사용하면 훨씬 간략하게 코딩할 수 있다. 우선 배열을 사용하여 변수들을 선언하고 100개 요소를 생성한다. 각 요소를 초기화하는 것은 반복문을 사용한다.

사용 예제 : Chapter10_Lesson10_03_03.pde

```
float [] x = new float[100];         // 변수 선언과 생성

void setup(){
  size(300, 200);
  smooth();
  noStroke();
  fill(255, 200);
  for (int i=0; i<x.length; i++){    // 0부터 100 미만까지 1씩 증가
    x[i] = random(-100, 100);        // x[0], x[1], …, x[99] 배열의
                                     // 요소 초기화
  }
}

void draw(){
```

```
  background(10, 200, 200);
  for(int i=0; i<x.length; i++){
    x[i] += 0.5;    // 동그라미의 x 좌푯값 증가
    float y = i*2;
    ellipse(x[i], y, 30, 30);
  }
}
```

Exercise

❶ 배열을 사용하여 여러 개의 단어가 번갈아가며 나타나도록 해보자.

❷ 개미 군단이 한 번에 움직이는 모션을 만들어보자.

디지털 아트(Digital Art)의 시조 다다이즘(Dadaism)

움직임과 인터랙션이 있는 디지털 방식이 예술의 표현방법과 미학적 가치로 인정을 받을 수 있는 것은 다다이즘(Dadaism)이라는 미술사조의 영향 때문이다. 다다(Dada) 또는 다다이즘(Dadaism)이라 불리는 이 문화적 운동(Movement)은 1차 세계대전을 겪으면서 기존의 형식주의적인 예술과 사회 문화적 경향을 부정하는 데서 출발하였다. 존재하는 모든 것을 예술로 수용하여 개인의 진정한 욕구에 충실하고 자유로움을 근본으로 삼고자 하였다. 이러한 정신에 따라 이후 콜라주(Collage), 팝아트(Pop Art), 플럭서스(Fluxus), 퍼포먼스 아트(Performance Art), 비디오 아트(Video Art), 웹 아트(Web Art) 등의 예술분야들이 생겨나고 다양한 방법의 문화와 예술 방식이 탄생하였다.

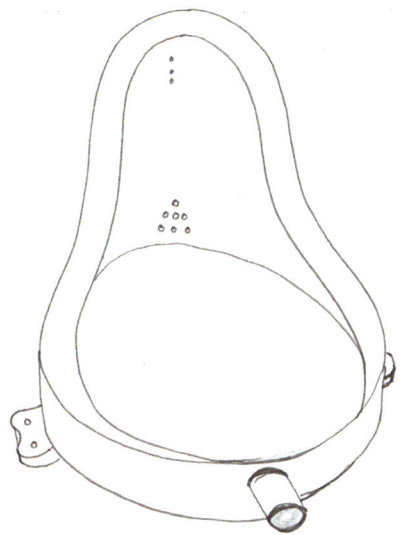

마샬 뒤샹(Machel Duchamp)은 '샘(Fountain)'이라는 작품명으로 화장실 변기를 갤러리에 전시하였다. 그는 이 작품을 통해 놓은 장소에 따라 물건을 다르게 해석할 수 있음을 제시하였다. 비디오 아트의 창시자인 백남준은 정물화, 인물화, 풍경화, 조형물과 같은 전통적인 미술 이외에 비디오라는 매체도 예술작품의 가치를 가질 수 있다는 것을 보여주었다. 또한, 우연성이 강조된 해프닝(Happening)이라고 하는 즉흥적 퍼포먼스를 행했다. 이러한 맥락에서 이후 나타난 웹을 이용한 작품, 모바일이나 인터랙티브 영상, 인터랙티브 설치미술 등의 작품들도 예술품으로서 미술관에 전시되고 가치를 인정받게 되었다.

Interesting

지금 우리가 '프로세싱'을 통해 만들고 있는 모션과 인터랙션도 이러한 디지털 아트를 창조할 수 있는 하나의 재료와 방법이 될 수 있다. 하지만 무조건 최첨단 기술을 사용해서 만든다고 해서 작품이 되는 것은 아니다. 자기 생각과 철학, 그리고 창조성을 담은 표현방법과 콘셉트가 먼저이고 이것을 나타내기 위한 수단으로 기술을 사용할 때 진정한 예술로서의 가치를 지니게 된다.

자기만의 독창적인 생각과 아이디어를 세우고 그것을 효과적이고 아름답게 표현하는 방법으로 '프로세싱'을 이용해보자. 사용자, 즉 관객의 참여와 함께 다이내믹한 반응을 불러일으키는 개성 만점인 멋진 작품을 탄생시킬 수 있을 것이다.

CHAPTER

11

인터랙션 : 마우스
(Interaction : Mouse)

최근 상호작용을 동반한 형태의 미디어가 증가하고 있다. 사람들은 자신의 행동에 따라 반응하는 인터랙티브 미디어에 흥미를 가진다. 또한, 자신이 어떻게 하느냐에 따라 그 결과 값이 달라지므로 재미있을 수밖에 없다. 프로그래밍 언어를 사용하면 원하는 인터랙션을 만들고 반응에 관한 결과를 자유롭게 구현할 수 있다. 이번 장에서는 우선 마우스의 움직임에 따라 반응하는 인터랙티브 디자인을 만들어보자.

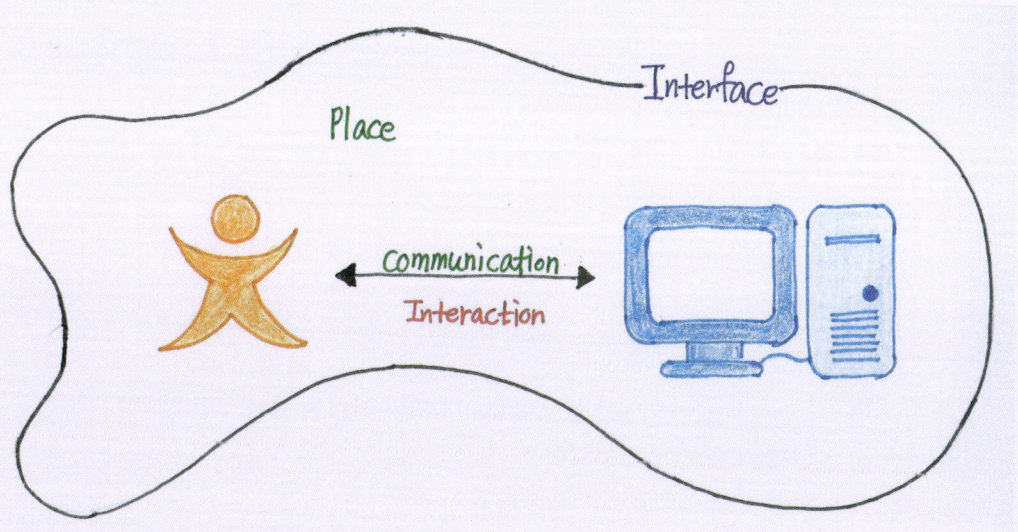

1 SECTION
마우스 따라다니기

마우스는 컴퓨터와 인터랙션을 만드는 편리한 도구이다.
마우스를 클릭하고 드래그하는 등의 행위에 따라 반응하는 다양한 시각적 효과를 만들어보자.

인터랙션

인터랙션(Interaction)은 상호작용이라는 의미로 최근에는 인터랙티비티(Interactivity), 인터랙티브 디자인(Interactive Design), 인터랙티브 아트(Interactive Art), 인터랙티브 광고(Interactive Advertisement), 인터랙티브 스페이스(Interactive Space) 등등 수많은 분야의 매체와 연계되어 다양한 형태로 사용되고 있다.

지금 컴퓨터를 켜고 바탕화면에 있는 '곰플레이어' 아이콘을 마우스로 클릭하면 모니터에 비디오를 플레이할 수 있는 창이 뜬다. 여기서 사용자가 마우스로 클릭하는 것이 입력(Input)된다. 컴퓨터는 그에 대한 반응으로 비디오 플레이 창을 모니터 화면에 보여준다. 이것이 출력(Output)이다. 프린터기에서 문서를 프린트하는 것뿐 아니라 결과물을 화면으로 디스플레이하거나 사운드가 흘러나오는 것 모두 '출력(Output)'이라 말한다. 사용자가 다시 비디오 플레이 버튼을 마우스로 클릭하면 이번에는 비디오가 플레이 되는 반응을 나타낸다.

이렇게 사용자라는 독립된 시스템과 컴퓨터라는 독립된 시스템 사이의 인터페이스에서 이루어지는 커뮤니케이션 과정이 인터랙션, 즉 상호작용이라 할 수 있다. 디지털에 의한 인터랙션 과정은 입력 데이터를 받고 출력해서 반응을 보여주는 것으로 프로그래밍에 의해 제작된다.

| **Definition** |

인터페이스(Interface) : 독립된 두 개 이상의 시스템이 만나는 곳이나 그 안에서 이루어지는 커뮤니케이션 수단과 방법이다.

시스템(System) : 어떤 목적을 수행하기 위해 존재하는 독립체이다. 몇 가지 요소들이 유기적으로 조합되어 있는 것으로 인간, 기계 또는 어떤 사물도 될 수 있다. 예를 들어 '볼펜'이라는 시스템은 '글을 쓰다.'라는 목적을 수행하기 위하여 버튼, 스프링, 잉크, 플라스틱 몸체 등의 요소들이 유기적으로 조합되어 있다. 프로그래밍에는 '인간'이라는 시스템과 '컴퓨터'라는 시스템이 만나서 인터랙션을 이루어진다.

인터랙션(Interaction) : 인터페이스에서 이루어지는 커뮤니케이션 과정인 상호작용을 말한다.

HCI(Human-Computer Interface or Interaction) : 인간과 컴퓨터 사이의 인터페이스 또는 인터랙션을 말한다.

마우스의 포인트 위치

'프로세싱'에서 마우스를 가지고 인터랙션을 구현하는 것은 마우스 포인트의 위치값을 기반으로 한다. 마우스의 입력 데이터는 위치값으로 인식되며 mouseX, mouseY로 나타낸다. mouseX, mouseY의 초깃값은 0이다. 그리고 마우스가 움직이면 그 포인트가 위치한 현재 값을 데이터로 받는다.

Lesson_11_01　마우스를 따라다니는 하얀색 원

마우스가 움직이는 위치를 계속 따라다니는 원을 만들어보자. 마우스와의 인터랙션 없이 먼저 원을 하나 그려보고 인터랙션을 추가할 것이다. 다음과 같이 이제 쉽게 원을 그릴 수 있다.

사용 예제 : Chapter11_Lesson11_01_01.pde

```
void setup(){
  size(300, 200);
  smooth();
  noStroke();
}

void draw(){
  background(200, 200, 0);
  fill(255);
  ellipse(150, 100, 50, 50);
}
```

여기에서 원의 위치값은 ellipse(150, 100, 50, 50)에서 x 좌푯값 150, y 좌푯값 100이다. 이 원의 위치값에 마우스의 위치값을 나타내는 mouseX, mouseY를 넣어보자.

사용 예제 : Chapter11_Lesson11_01_02.pde

```
void setup(){
  size(300, 200);
  smooth();
  noStroke();
}

void draw(){
  background(200, 200, 0);
  fill(255);
  ellipse(mouseX, mouseY, 50, 50);
}
```

그러면 마우스를 움직이는 대로 원이 쫓아다닌다. 첫 번째 프레임은 마우스의 초깃값인 (x=0, y=0)에서 시작한다. 따라서 프로그래밍을 실행하면 화면의 왼쪽 위인 (x=0, y=0) 위치에서 원이 그려지기 시작한다. 그 후로는 내가 마우스를 움직이는 위치값으로 원이 이동한다.

Lesson_11_02 　 다른 속도로 따라다니기

이번에는 마우스의 위치값을 응용해보자. 다음 그림과 같이 하얀색 원은 위의 예제와 똑같은 상태이므로 마우스를 움직이는 대로 따라다닌다. 그런데 빨간색 원의 x 좌푯값은 마우스의 현재 값에 20을 더했기 때문에 20픽셀만큼 더 오른쪽에 위치한다. y 좌푯값은 50으로 고정되어 있다. 따라서 빨간색 원은 마우스의 포인트보다 항상 오른쪽으로 20픽셀 더 나가 있고, 위나 아래로는 절대 움직이지 않는다. 파란색 원은 반대로 20픽셀만큼 왼쪽으로 나타나고 마찬가지로 y값은 150에 고정이 되어 위나 아래로는 움직이지 않는다.

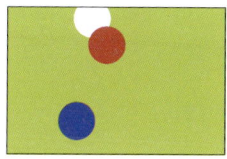
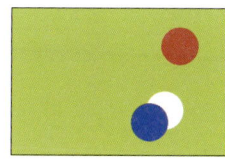
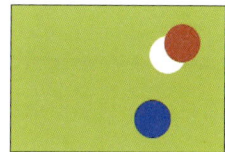

사용 예제 : Chapter11_Lesson11_02.pde

```
void setup(){
  size(300, 200);
  smooth();
  noStroke();
}

void draw(){
  background(200, 200, 0);

  fill(255);
  ellipse(mouseX, mouseY, 50, 50);
```

```
                    // 마우스의 현재 위치값을 따라다니는 하얀색 원
fill(200, 0, 0);
ellipse(mouseX+20, 50, 50, 50);
                    // 마우스의 현재 위치에서 오른쪽으로 20픽셀만큼
                    // 더 나가 있고 위아래로는 움직이지 않는 빨간색 원
fill(0, 0, 200);
ellipse(mouseX-20, 150, 50, 50);
                    // 마우스의 현재 위치에서 왼쪽으로 20픽셀만큼
                    // 더 나가 있고 위아래로는 움직이지 않는 파란색 원
}
```

Lesson_11_03 _ 개성 있게 따라다니기

곱하기와 나누기를 마우스 위치값에 응용하면 색다른 느낌으로 따라다니는 원을 만들 수 있다. 주황색 원의 x 좌푯값은 마우스의 위치값에 2를 곱했기 때문에 증가의 폭이 기하급수적으로 늘어난다. 따라서 마우스를 오른쪽으로 더 움직일수록 주황색 원의 움직임 폭이 커진다. 예를 들어 마우스의 현재 x 좌푯값이 10이면 주황색 원의 x 좌푯값은 20, 마우스가 50이면 주황색 원은 100이 된다. 따라서 현재 마우스의 x 좌푯값이 150이면 주황색 원의 x 좌푯값은 300이 되어 오른쪽 화면 밖을 벗어나기 시작한다. 초록색 원은 나누기를 해주었기 때문에 흰색 원이 온 거리의 반만큼만 쫓아오게 된다.

사용 예제 : Chapter11_Lesson11_03.pde

```
void setup(){
  size(300, 200);
  smooth();
```

```
    noStroke();
}

void draw(){
  background(200, 200, 0);
  fill(255);
  ellipse(mouseX, mouseY, 50, 50);

  fill(230, 150, 0);
  ellipse(mouseX*2, 50, 50, 50);    // 마우스가 오른쪽으로 갈수록 더 많이
                                    // 오른쪽으로 움직이는 주황색 원

  fill(0, 150, 80);
  ellipse(mouseX/2, 150, 50, 50);   // 마우스의 위치의 절반만큼만 이동하는
                                    // 초록색 원
}
```

Example_11_01 _ 마우스를 졸졸 따라다니는 다이아몬드

마름모꼴 도형이 마우스를 따라다니는데 잔상효과가 나타난다. 반복되는 draw() 함수 안에서 검은색 배경을 표현하기 위한 사각형의 색상에 알파값을 적용한다. 그러면 다음과 같은 순서로 계속 반복되어 반투명 검정 배경에 비친 노란색 마름모꼴이 잔상으로 보인다.

반투명 검정
노란색 마름모꼴
반투명 검정
이동한 노란색 마름모꼴
반투명 검정
그다음 이동한 노란색 마름모꼴
······

사용 예제 : Chapter11_Example11_01.pde

```
void setup(){
  size(300, 200);
  smooth();
  noStroke();
}

void draw(){
  fill(10, 10);                    // 알파값이 10인 반투명 검정
  rect(0, 0, width, height);
  translate(mouseX, mouseY);       // 현재 마우스 위치값으로 이동
  rotate(radians(45));             // 45도만큼 회전
  fill(200, 200, 0);
  rect(-25, -25, 50, 50);
}
```

마우스로 그림 그리기

마우스를 움직이는 대로 도형을 그려서 마치 그림을 그리듯 표현할 수 있다.

Example_11_02 _ 마우스로 그리기

반투명한 파란색 원이 마우스 커서를 쫓아서 그림을 그린다. 배경을 나타내는 backgroun() 함수는 setup() 함수에서 지정하여 한 번만 나오도록 한다. 그리고 draw() 함수에서 원의 위치를 마우스 포인트 위치로 설정하면 마우스가 가는 곳마다 계속 원을 그리게 된다.

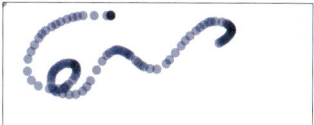 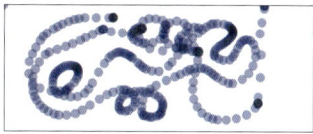

사용 예제 : Chapter11_Example11_02.pde

```
void setup(){
  size(500, 200);
  background(255);
  smooth();
  noStroke();
}

void draw(){
  fill(0, 0, 100, 100);             // 반투명한 파란색
  ellipse(mouseX, mouseY, 15, 15);  // 마우스 위치에 그린 원
}
```

Lesson_11_04   마우스로 연필 드로잉(Drawing)

마우스를 드래그하면서 마치 연필로 드로잉한 것처럼 표현할 수 있다. 마우스를 드래그하면 현재 프레임에서의 마우스 위치값과 전(Previous) 프레임에서의 마우스 위치값을 연결하여 선이 연속해서 그려지도록 한다. 계속 루핑(Looping)이 되는 draw() 함수에서 현재 프레임을 기준으로 그전(Previous) 프레임의 마우스 포인트 위치는 pmouseX, pmouseY를 사용한다.

연속된 프레임에서 pmouse의 값은 다음 그림과 같다. draw() 함수에서 프레임이 진행되는 동안 발생하는 마우스의 움직임은 mouseX, mouseY과 pmouseX, pmouseY 값을 계속해서 변화시킨다. 1프레임에서 (mouseX=10, mouseY=20)이었던 마우스 포인트가 2프레임에서 (pmouseX=10, pmouseY=20)이 된다. 그리고 2프레임에서 새로 위치한 마우스 포인트가 mouseX, mouseY 값이 된다.

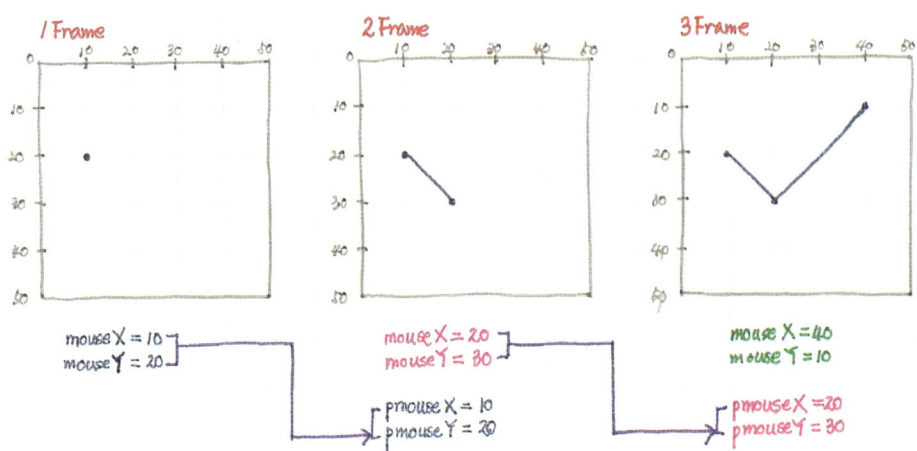

이 원리를 이용해서 선을 그려보자.

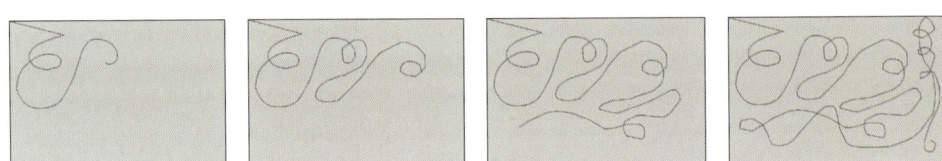

> **사용 예제** : Chapter11_Lesson11_04.pde
>
> ```
> void setup(){
>   size(300, 200);
> }
>
> void draw(){
>   line(mouseX, mouseY, pmouseX, pmouseY);
>   // 현재 마우스 포인트 위치값과 전 프레임 마우스의 포인트 위치값을 연결하여 선 그리기
> }
> ```

Example_11_03 _ 이미지로 그림 그리기

이미지를 불러 마우스를 따라 계속 나타나게 해서 도형 대신 이미지로 그림을 그릴 수 있다.

 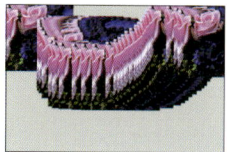  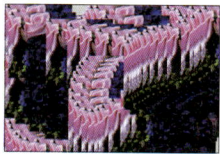

사용 예제 : Chapter11_Example11_03.pde, flower.jpg

```
PImage img;

void setup(){
  size(300, 200);
  img = loadImage("flower.jpg");
}

void draw(){
  image(img, mouseX, mouseY);
}
```

SECTION 2 마우스의 움직임에 따라 변신하기

마우스를 따라다니는 형태에 다양한 속성들을 적용하여 인터랙티브 디자인을 할 수 있다.
속도, 방향, 영역 등을 인터랙션 요소로 활용하는 방법을 연습해보자.

마우스 위치 응용

마우스의 포인트 위치에 따른 인터랙션을 구현한다.

Example_11_04 _ 마우스 위치 조정

마우스 위치를 따라 점선의 대각선을 그려보자. 마우스 위치를 기준으로 작은 원이 대각선으로 줄지어 그려질 수 있도록 한다.

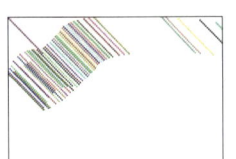 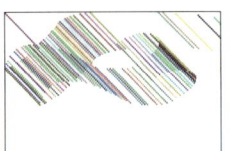 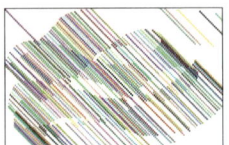 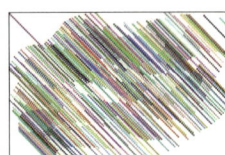

사용 예제 : Chapter11_Example11_04.pde

```
void setup(){
  size(300, 200);
  background(255);
  noStroke();
}

void draw(){
```

```
    fill(random(255), random(255), random(255));
    for(int i=0; i<50; i+=2){
      ellipse(mouseX+i, mouseY+i, 2, 2);   // 대각선 한 줄로 그려지는 25개의 원
    }
  }
```

마우스 움직임 거리와 속도

8장에서 거리와 속도와 상관관계를 알아보면서 사용한 dist() 함수를 마우스와의 인터랙션에 응용해보자. 이 함수를 이용하면 첫 번째 마우스 포인트 위치와 두 번째 마우스 포인트 위치의 거리를 계산할 수 있다. dist() 함수로 계산된 마우스의 움직이는 거리와 속도를 인터랙티브 디자인에 적용해보자.

Lesson_11_05 거리에 따라 다르게

특정 위치와 마우스 포인트 위치 사이의 거리를 이용하여 인터랙션을 만들고자 한다. 이 예제는 마우스가 원의 중앙에서 거리가 멀리 떨어질수록 원의 사이즈가 커지는 인터랙션을 표현하였다.

[Syntax]   dist(x1, y1, x2, y2)   두 점 사이의 거리
[Parameters]   x1   float : 첫 번째 점의 x 좌표
                y2   float : 첫 번째 점의 y 좌표
                x1   float : 두 번째 점의 x 좌표
                y2   float : 두 번째 점의 y 좌표

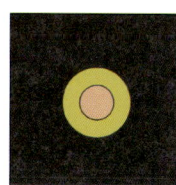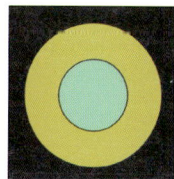

사용 예제 : Chapter11_Lesson11_05.pde

```
void setup(){
  size(200, 200);
  smooth();
  frameRate(5);                                    // 프레임률
}

void draw(){
  background(55);
  fill(220, 200, 0);
  noStroke();
  float d = dist(width/2, height/2, mouseX, mouseY);
  // 화면의 중심에서부터 현재 마우스 위치의 거리(distance)

  ellipse(width/2, height/2, d*2, d*2);
  // 마우스의 위치에 따라 사이즈가 변하는 노란색 원
  fill(random(255), random(255), random(255));   // 랜덤한 색
  stroke(50);
  strokeWeight(1);
  ellipse(width/2, height/2, d, d);
  // 마우스의 위치에 따라 사이즈가 변하는 랜덤한 색의 원
}
```

Example_11_05 _ 마우스 속도에 따라 다르게

다음 예제는 마우스의 움직이는 속도에 따라 원의 크기를 달리해서 그린다. 마우스의 움직임 속도가 빨라지면 원의 사이즈가 커지고, 느려지면 원의 사이즈가 작아진다. dist() 함수의 값은 마우스의 위치값과 그다음 마우스 위치값의 차이에 의한 거릿값이다. pmouseX, pmouseY는 전(Previous)의 p를 붙인 명령어로 전 프레임(Frame)에서 마우스의 위치값이다.

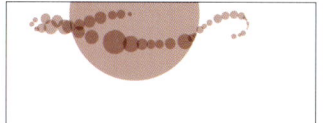 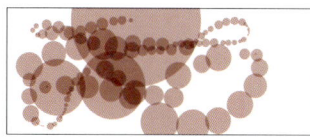

사용 예제 : Chapter11_Example11_05.pde

```
void setup(){
  size(500, 200);
  background(255);
  smooth();
  noStroke();
}

void draw(){
  float size = dist(mouseX, mouseY, pmouseX, pmouseY);
  // 현재 프레임에서의 마우스 좌푯값과 전 프레임에서의 마우스 좌푯값의 차이
  fill(100, 0, 0, 100);
  ellipse(mouseX, mouseY, size, size);
  // 현재 위치에 size의 너비와 높이로 원 그리기
}
```

마우스 움직임 방향

마우스가 움직이는 방향에 따라 다른 반응을 만들어보자.

Example_11_06 _ 마우스의 방향에 따라 달라지는 원

마우스를 아래로 움직이면 빨간색 원의 사이즈가 커지고 마우스를 위로 움직이면 초록색 원이 커진다.

 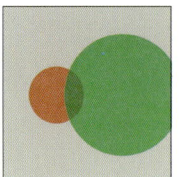   

사용 예제 : Chapter11_Example11_06.pde

```
void setup(){
  size(200, 200);
  noStroke();
  smooth();
}

void draw(){
  float x = mouseX;
  float y = mouseY;
  float sx = width - mouseX;      // 화면 너비에서 현재 마우스의 x 좌푯값 빼기
  float sy = height - mouseY;     // 화면 높이에서 현재 마우스의 y 위치값 빼기
  background(200);
  
  fill(200, 50, 0, 180);
  ellipse(x, height/2, y, y);     // 마우스를 위쪽으로 이동하면 원의 지름
                                  // 사이즈가 커지는 빨간색 원
  
  fill(0, 150, 50, 180);
  ellipse(sx, height/2, sy, sy);  // 마우스를 아래쪽으로 이동하면 원의 지름
                                  // 사이즈가 작아지는 초록색 원
}
```

Example_11_07 _ 마우스로 선 돌리기

map() 함수는 어떤 특정 값을 다른 기준의 값으로 전환해준다. 우리나라에서는 기온을 섭씨로 나타내지만, 미국은 화씨로 나타낸다. 섭씨 0도를 화씨로 전환하면 32도이다. 이

처럼 어떤 값의 범위를 설정해주고 그 범위 안에서 같은 비율로 값을 전환한다. 아래 예제에서는 마우스의 x 좌푯값 0에서부터 200까지를 각도 값 0에서부터 360까지로 바꾼다.

[Syntax] map(value, start1, stop1, start2, stop2)   어떤 범위의 값을 재설정
[Parameters]   value   전환되기 위한 입력값
               start1 현재 범위의 하한값
               stop1   현재 범위의 상한값
               start2 전환할 범위의 하한값
               stop2   전환할 범위의 상한값

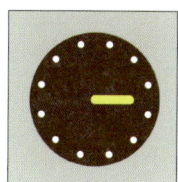    

사용 예제 : Chapter11_Example11_07.pde

```
void setup(){
  size(200, 200);
  smooth();
}

void draw(){
  background(200);
  noStroke();
  fill(100, 50, 0);
  ellipse(100, 100, 150, 150);
  pushMatrix();
  translate(width/2, height/2);    // 좌표계 (x=0, y=0)을 화면의 중앙으로 이동
  for(int i=0; i<12; i++){
    fill(255);
    rotate(radians(30));            // 30도씩 시계방향으로 회전
```

```
        ellipse(45, 45, 8, 8);         // 작은 원 12개
    }
    popMatrix();

    /* 마우스의 현재 x 좌푯값(화면의 가로 범위 0~200픽셀)을 각도(0~360도)로 전환.
       즉, 마우스를 가로로 움직이면 선(시계 바늘)의 각도가 재설정 */
    float angle = map(mouseX, 0, width, 0, TWO_PI);
    translate(width/2, height/2);
    rotate(angle);
    stroke(250, 250, 100);
    strokeWeight(10);
    line(0, 0, 40, 0);                  // 노란색 선
}
```

마우스 위치 영역

마우스가 현재 있는 영역에 따라 시각적 효과가 달라지도록 해보자.

Example_11_08 _ 영역별로 화려한 색으로

마우스 포인트의 위치가 있는 영역별로 다른 색을 표현한다. 조건문을 사용하여 마우스 포인트가 지정한 영역으로 왔을 때 해당 영역의 색상이 바뀌는 인터랙션을 만들어보자.

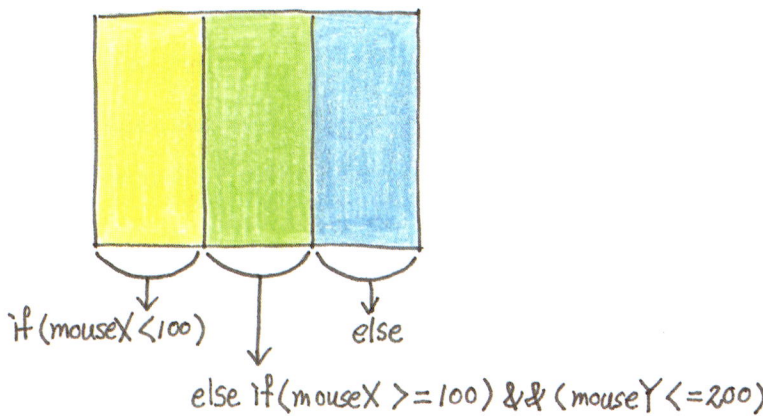

> **사용 예제** : Chapter11_Example11_08.pde

```
void setup(){
  size(300, 200);
  noStroke();
  fill(0);
}

void draw(){
  background(200);
  if(mouseX<100){                        // 마우스 포인트의 x 좌푯값이 100보다 크면
    fill(230, 200, 0);                   // 노란색
    rect(0, 0, 100, 200);
  }else if((mouseX>=100) && (mouseX<=200)){
                                         // 마우스 포인트의 x 좌푯값이
                                         // 100 이상이고 200 이하이면
    fill(50, 200, 50);                   // 연두색
    rect(100, 0, 100, 200);
  }else{                                 // 그렇지 않으면 (마우스 포인드의
                                         // x 좌푯값이 200보다 크면)
    fill(0, 150, 230);
```

```
      rect(200, 0, 100, 200);
  }
}
```

Example_11_09 _ 마우스 롤오버에 따른 색상 변화

마우스 포인트의 영역에 따라 도형에 변화를 주고자 한다. 그림과 같이 파란색 사각형을 만들고 그 사각형의 영역에 마우스 포인트가 있으면 빨간색으로 변하게 한다. 즉, 마우스가 롤오버되면 색상이 바뀌는 효과를 나타낼 수 있다.

사용 예제 : Chapter11_Example11_09.pde

```
void setup(){
  size(200, 200);
  noStroke();
  fill(0);
}

void draw(){
  background(200);
  
  // 마우스를 사각형 위에 롤오버하면
  if((mouseX>30) && (mouseX<90) && (mouseY>20) && (mouseY<80)){
    fill(170, 30, 30);                   // 빨간색
  }else{
    fill(30, 130, 180);                  // 파란색
                                         // 그렇지 않으면
  }
```

```
    rect(30, 20, 60, 60);

    // 마우스를 원형 위에 롤오버하면
    if((mouseX>95) && (mouseX<165) && (mouseY>95) && (mouseY<165)){
      fill(150, 150, 0);                    // 연두색
    }else{                                  // 그렇지 않으면
      fill(130, 90, 10);                    // 갈색
    }
    ellipse(130, 130, 70, 70);
}
```

Example_11_10 _ 특정 영역에 갇혀 있는 원

아래 예제는 주황색의 원형이 마우스를 쫓아 따라다니지만, 하얀색 사각형 영역을 벗어나지 못한다. 원의 이동 범위를 하얀색 사각형 안으로 제안할 수 있다.

사용 예제 : Chapter11_Example11_10.pde

```
void setup(){
  size(200, 200);
  smooth();
  noStroke();
}

void draw(){
  background(100);
  float mx = constrain(mouseX, 65, 135);   // 마우스의 x 좌푯값을 65에서
```

```
                                            // 135로 제한
    float my = constrain(mouseY, 65, 135);  // 마우스의 y 좌푯값을 65에서
                                            // 135로 제한
    fill(255);
    rect(50, 50, 100, 100);
    fill(230, 100, 20);
    ellipse(mx, my, 30, 30);         // 제한된 영역 안에서만 그려지는 주황색 원
}
```

오리엔테이션(Orientation)

도형이 어떤 지점이나 방향 쪽으로 쫓아가는 인터랙션을 만들 수 있다.

Example_11_11 _ 마우스 포인트 스토커

두 삼각형의 긴 쪽의 꼭짓점이 마우스의 포인트를 쫓아서 회전한다. 특정 방향을 쫓아 가리킬 수 있다.

  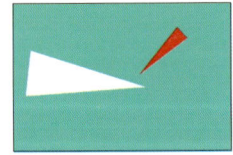 

사용 예제 : Chapter11_Example11_11.pde

```
float x1 = 100;
float x2 = 200;
float y1 = 100;
float y2 = 66;
```

```
void setup(){
  size(300, 200);
  noStroke();
  smooth();
}

void draw(){
  background(30, 200, 200);
  float angle = atan2(mouseY - y1, mouseX - x1);
  pushMatrix();
  translate(x1, y1);
  rotate(angle);
  fill(255);
  triangle(-80, -30, 80, 0, -80, 30);          // 하얀색 삼각형
  popMatrix();
  pushMatrix();
  
  float angle2 = atan2(mouseY - y2, mouseX - x2);
  translate(x2, y2);
  rotate(angle2);
  fill(230, 10, 10);
  triangle(-40, -10, 40, 0, -40, 10);          // 빨간색 삼각형
  popMatrix();
}
```

Exercise

❶ 점(Point)으로 화면에 드로잉(Drawing) 하도록 한다.

❷ 마우스 속도에 따라 비례가 달라지는 도형 만들어보자.

❸ 화면을 6개로 나누어 영역마다 마우스가 롤오버되면 색상이 변하도록 하여라.

Interesting

마우스(Mouse)

컴퓨터에서 GUI(Graphic User Interface)가 활성화되면서 마우스는 필수적인 도구가 되었다. 최초의 마우스는 영국의 더글러스 엥겔버트(Douglas Engelbart)가 1963년에 발명한 2차원의 x-y축 위치 표시기였다. 지금보다 크고 투박했으며 나무 재질로 만들어졌다고 한다. 초기 마우스는 상하 좌우 4방향으로 움직였다. x, y축의 좌푯값을 컴퓨터에 알려주는 입력장치로 컴퓨터 관련 회사들이 볼 마우스, 광 마우스 등을 개발하였다.

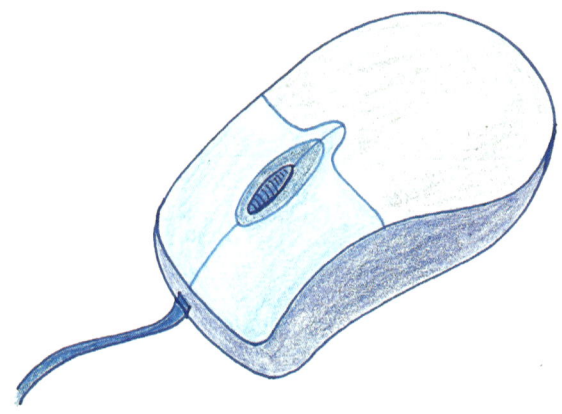

마우스 조작에는 기본적으로 클릭(Click), 더블 클릭(Double Click), 드래그(Drag), 프레스(Press), 스크롤(Scroll) 등이 있다. 이 조작방법에 따라 데이터가 입력된다. 따라서 '프로세싱'에서도 이 방법에 따라 인터랙션을 조정할 수 있도록 설계되어 있다. 최근에서야 마우스를 사용하던 조작 방법이 터치 방식이나 제스처를 인식하는 방식으로 발전하고 있다.

CHAPTER

12

인터랙션 : 이벤트
(Interaction : Events)

이번 장에서는 마우스나 키보드를 사용하여 만드는 인터랙션의 다양한 표현방법을 다룰 것이다. '프로세싱'에서 표현할 수 있는 인터랙티브 디자인의 특징을 이해하여 자기만의 개성 있는 인터랙션을 구현해보자.

S·E·C·T·I·O·N 1
마우스 이벤트(Mouse Events)

컴퓨터에서 이벤트(Event)는 사용자가 데이터를 입력하여 어떤 동작이나 일이 발생하도록 하는 것이다.
예를 들어 마우스를 클릭하거나 드래그하는 것 또는 키보드를 누르는 것을 말한다.
마우스를 누르는 'Press', 눌렀던 버튼을 떼는 'Release', 움직이는 'Move',
버튼을 누른 상태로 움직이는 'Drag'로 '프로세싱'에서 이벤트를 발생시킬 수 있다.
코드 작성은 입력하는 방식에 따른 함수를 쓰고 블록 안에서 발생할 동작이나 반응을 프로그램한다.

마우스 누르기와 떼기(Pressed & Released)

마우스를 클릭한다는 것은 버튼을 눌렀다가 떼는 것을 말한다. 프로세싱에서는 버튼을 누르는 것과 떼는 것을 나누어 프로그램한다.

Lesson_12_01 _ 마우스 누르기

mousePressed() 함수는 마우스를 누를 때 일어나는 이벤트를 구성한다. 다음 예제에서는 디스플레이 화면 어딘가를 마우스로 누를 때마다 사각형의 RGB 컬러 값 중 Red에 해당하는 값이 20씩 증가한다. 따라서 한 번 누를 때마다 Red의 값이 커져서 점점 더 순수한 빨간색으로 변한다.

[Syntax] mousePressed() 마우스 버튼이 눌릴 때
[Parameters] 없음

사용 예제 : Chapter12_Lesson12_01.pde

```
float i = 0;

void setup(){
  size(200, 200);
  noStroke();
}

void draw(){
  fill(i, 0, 0);
  rect(0, 0, width, height);
}

void mousePressed(){       // 마우스를 누를 때
  i +=20;                  // i값에 20을 더하므로 점점 더 빨간색으로 변화
}
```

Lesson_12_02 마우스 눌렀다 떼기

mouseReleased()는 마우스 버튼을 눌렀다가 떼는 순간에 발생하는 이벤트이다. 마우스 버튼을 뗄 때 보라색 사각형이 하나 그려지도록 해보자.

[Syntax] mouseReleased()   마우스 버튼을 뗐을 때
[Parameters]   없음

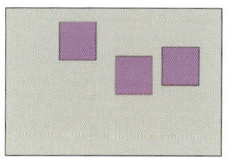 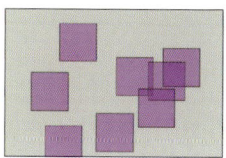 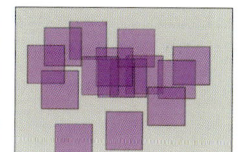 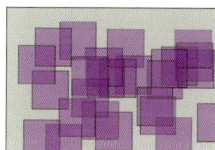

사용 예제 : Chapter12_Lesson12_02.pde

```
void setup(){
  size(300, 200);
  background(200);
  fill(150, 10, 150, 100);
}

void draw(){}

void mouseReleased(){          // 마우스를 눌렀다가 떼는 순간
  rect(mouseX, mouseY, 50, 50);  // 현재 마우스 포인트의 위치에 너비 50,
                                 // 높이 50인 사각형
}
```

마우스 움직이기와 드래그하기(Move & Drag)

마우스 버튼을 누르지 않은 상태에서 움직이는 것을 'Move'라 하고, 버튼을 누른 상태에서 움직이는 것을 'Drag'라 한다.

Lesson_12_03 _ 마우스 움직이기

마우스를 움직이는 것은 mouseMoved() 함수를 사용하고 드래그는 mouseDragged() 함수로 표현한다. 다음 예제에서 마우스를 움직이면 연두색 원이 움직이고 드래그하면 초록색 사각형을 움직일 수 있다.

[Syntax] mouseMoved()   마우스 버튼을 누르지 않은 상태에서 움직일 때
[Parameters]   없음

[Syntax] mouseDragged()   마우스 버튼을 누른 상태로 움직일 때
[Parameters]   없음

사용 예제 : Chapter12_Lesson12_03.pde

```
int moveX, moveY, dragX, dragY;

void setup(){
  size(200, 200);
  smooth();
  noStroke();
}

void draw(){
  background(200);
  fill(150, 200, 10);
  ellipse(moveX, moveY, 50, 50);    // 마우스가 움직이는 위치에 원 그리기
  fill(50, 180, 120);
  rect(dragX, dragY, 50, 50);       // 마우스를 드래그하는 위치에 원 그리기
}

void mouseMoved(){         // 마우스를 움직일 때는
  moveX = mouseX;          // 마우스의 현재 x 좌푯값을 moveX에 대입
  moveY = mouseY;          // 마우스의 현재 y 좌푯값을 moveY에 대입
}

void mouseDragged(){       // 마우스를 드래그할 때는
  dragX = mouseX;          // 마우스의 현재 x 좌푯값을 dragX에 대입
  dragY = mouseY;          // 마우스의 현재 y 좌푯값을 dragY에 대입
}
```

SECTION 2 키보드 이벤트(Keybord Events)

키보드를 가지고도 여러 가지 인터랙션을 만들 수 있다.
특히, 타자를 치거나 특정 키 값에 따른 이벤트를 발생시킬 수 있어 마우스와는 또 다른 인터랙티브 디자인을 할 수 있다.

키보드 누르기와 떼기(Pressed & Released)

키보드 마우스와 똑같이 키를 눌렀을 때는 keyPressed() 함수를 사용하고, 뗐을 때는 keyReleased() 함수를 쓴다.

Lesson_12_04 _ 키보드를 누르면 나타나는 도형

keyPressed() 함수는 키가 눌렸는지에 대해 참(True) 또는 거짓(False)을 판단하여 이벤트를 발생시킨다. 다음 예제에서는 프로그램이 실행되면 하얀색 원이 나타난다. 그리고 키보드의 어떤 키든 누르면 노란색 사각형이 그려진다. 눌렀던 키에서 손을 떼면 다시 하얀색 원을 그린다.

[Syntax] keyPressed()   키보드 키를 눌렀을 때
[Parameters]   없음

[Syntax] keyReleased()   키보드 키를 뗐을 때
[Parameters]   없음

사용 예제 : Chapter12_Lesson12_04.pde

```
void setup(){
  size(200, 200);
  smooth();
  noStroke();
}

void draw(){
  background(10, 50, 80);
  if(keyPressed == true){        // 만약 키보드의 키를 누른 것이 참이면
    fill(210, 170, 0);
    rect(50, 50, 100, 100);      // 노란색 사각형
  }else{                         // 그렇지 않으면(키를 누른 것이 거짓이면)
    fill(255);
    ellipse(100, 100, 100, 100); // 하얀색 원
  }
}
```

Example_12_01 키보드로 화살표 움직이기

키보드 키를 사용해서 컴퓨터 게임 요소를 조정하는 경우가 많다. 어린 시절 슈퍼 마리오가 앞으로 달려가도록 키보드의 오른쪽 화살표 키를 탁탁 누르고 장애물을 넘기 위해 스페이스 바를 탁 눌러 점프를 했던 기억이 있을 것이다. 키보드가 부서질 정도로 열심히 눌러대면서 게임 속 캐릭터를 조정했던 것처럼 키를 누름으로써 어떤 도형이나 물체를 움직일 수 있도록 해보자.

우선 선과 삼각형을 이용해서 화살표를 그린다. 선과 삼각형의 x 좌푯값이 키보드의 키를 누를 때마다 1씩 증가시켜 오른쪽으로 움직이도록 한다.

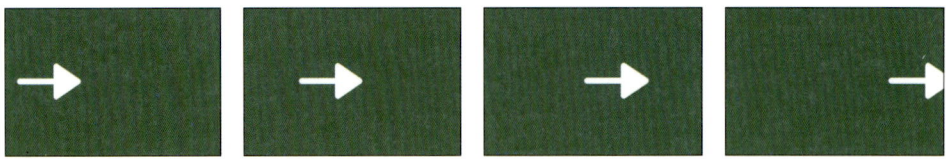

사용 예제 : Chapter12_Example12_01.pde

```
int x = 20;

void setup(){
  size(300, 200);
  smooth();
  stroke(255);
  strokeJoin(ROUND);
  strokeWeight(8);
}

void draw(){
  background(10, 100, 80);
  if(keyPressed == true){           // 키보드의 키를 누르는 것이 참이면
    x++;                            // x 좌푯값을 1만큼 증가, 즉 오른쪽으로 이동
  }
  line(x, 98, x+50, 98);            // 화살표 꼬리
  fill(255);
  triangle(x+50, 78, x+80, 98, x+50, 118); // 화살표 삼각형 머리
}
```

Lesson_12_05 _ 키보드 문자 입력

한글이나 워드 프로그램에서 키보드의 문자키를 누르면 해당 키의 글자가 화면에 나타난다. '프로세싱'에서 디스플레이 창에 원하는 텍스트를 나타내고 싶다면 7장의 타이포그래피 부분에서 설명한 텍스트 쓰는 방법을 적용한다. 폰트를 로드해서 text() 함수에 원하는 글자를 따옴표(" ") 안에 작성하였다면, 여기서는 원하는 글자 대신 따옴표 없이

key라고 작성하고 키보드의 키를 누르면 해당 글자가 나타난다.

사용 예제 : Chapter12_Lesson12_05.pde

```
PFont font;

void setup(){
  size(200, 200);
  font = loadFont("TimesNewRomanPSMT-100.vlw");
  textFont(font);
}

void draw(){
  background(0);
  text(key, 80, 120);        // 키보드의 키에 해당하는 글자 디스플레이
}
```

특정 키 값에 따른 반응

마우스는 일반적으로 왼쪽과 오른쪽, 2개의 버튼을 가진다. 하지만 키보드는 수십 개의 키를 가지고 있으므로 각 키에 대해 다른 이벤트를 발생시킬 수 있다.

Lesson_12_06 _ 특정 키에 대한 반응

키보드의 특정 키에 대한 이벤트를 발생시키도록 프로그램할 수 있다. 화면에 작은 원이 줄지어 있는 그림이 나와 있다가 키보드의 소문자 a를 누르면 남색 큰 원이 생기도록 해

보자. keyPressed가 참(True)이고 key가 a인 것이 참(True)이면 남색 큰 원이 나타난다. 둘 중 하나라도 거짓(False)이면 이벤트는 발생하지 않는다. 즉, a 이외에 다른 키를 누르면 하얀색 작은 원들이 그대로 있다.

사용 예제 : Chapter12_Lesson12_06.pde

```
void setup(){
  size(200, 200);
  smooth();
  noStroke();
}

void draw(){
  background(50, 150, 200);
  if((keyPressed == true) && (key == 'a')){
// 키보드의 키를 누른 것이 참이고, 그 키가 소문자 a인 것이 참이면
    fill(0, 50, 70);
    ellipse(100, 100, 100, 100);   // 남색 큰 원
  }
   else{                           // 그렇지 않으면
    for(int i=0; i<200; i+=10){
      fill(255);
      ellipse(i, i, 10, 10);       // 대각선으로 줄지어 있는 하얀색 작은 원들
    }
  }
}
```

Example_12_02 _ 숫자 키에 따라 나타나는 원의 개수

특정 키에 대한 반응을 연결할 수도 있다. 키보드의 숫자 1을 누르면 노란색 원 하나가 나타나고 숫자 2를 누르면 파란색 원 2개, 3을 누르면 초록색 원 3개가 나오도록 한다. 누른 키 값이 참인지 거짓인지를 판단하고서 맞으면 그 함수 안에 프로그램된 대로 원을 그린다.

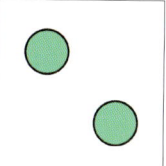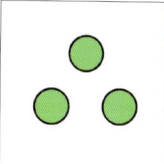

사용 예제 : Chapter12_Example12_02.pde

```
void setup(){
  size(200, 200);
  strokeWeight(2);
}

void draw(){
  background(255);
    if(key == '1'){                        // 키보드의 숫자 1 키를 누르면
      fill(240, 200, 10);
      ellipse(100, 100, 80, 80);           // 노란색 원
    }
  if(key == '2'){
      fill(10, 230, 200);                  // 키보드의 숫자 2 키를 누르면
      ellipse(60, 60, 50, 50);
      ellipse(140, 140, 50, 50);           // 파란색 원 2개
    }
    if(key == '3'){                        // 키보드의 숫자 3 키를 누르면
      fill(100, 230, 150);
      ellipse(100, 60, 40, 40);
      ellipse(60, 120, 40, 40);
```

```
        ellipse(140, 120, 40, 40);    // 초록색 원 3개
    }
}
```

Lesson_12_07 _ 키보드 키를 눌러 위치 조정

앞에서 계속 사용한 key라는 명령어는 아스키코드(ASCII Code)와 관련이 있다. key는 해당 키보드 키의 아스키코드에 의한 값을 가진다. 예를 들어 키보드에서 숫자 '0'을 누르면 프로세싱 코드에서는 키 값으로 48을 대입한다. 알파벳 대문자 'A'는 키 값이 65로 환산되고, 소문자 'a'는 컴퓨터가 97로 이해한다. 아스키코드에 대한 자세한 설명과 각 키에 해당하는 값을 정리한 표는 12장의 'Interesting'에서 다루겠다.

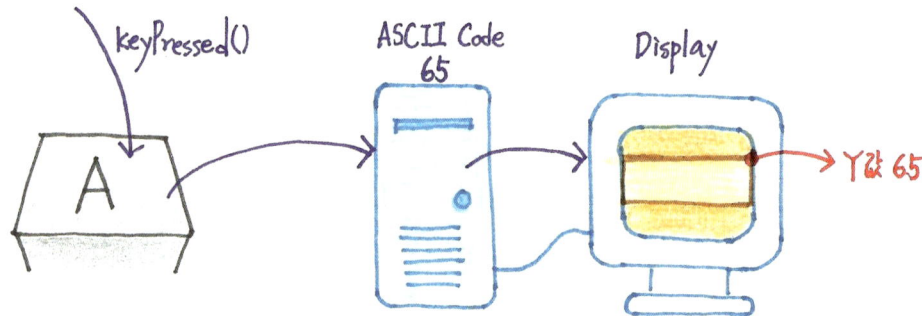

다음 예제는 누르는 키에 따라 하얀색 사각형의 위치가 결정되어 그려진다. 어떤 키를 누르면 해당 키에 대한 아스키코드 값을 y 좌표에 적용한다.

사용 예제 : Chapter12_Lesson12_07.pde

```
void setup(){
  size(200, 150);
  background(245, 150, 10);
  noStroke();
  fill(255, 50);
}

void draw(){}

void keyPressed(){
  int y = key - 30;   // 키 값에서 30을 뺀 값. 예를 들어 키보드에서
                      // 소문자 a 키를 누르면 키 값은 아스키코드에 의해 97이 되고
                      // 30을 빼면 결국 67이 y 좌푯값으로 대입
  rect(0, y, 200, 50);
}
```

Example_12_03 _ 키보드의 키를 눌러서 회전

키보드의 숫자 키를 눌러서 숫자가 증가하면 시계방향으로 회전하고 숫자가 감소하면 시계 반대방향으로 회전하도록 한다.

   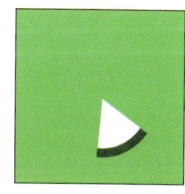 

사용 예제 : Chapter12_Example12_03.pde

```
float angle = 0;

void setup(){
```

```
    size(200, 200);
    smooth();
    stroke(10, 100, 70);
    strokeCap(SQUARE);
    strokeWeight(10);
}

void draw(){
    background(130, 200, 100);
    if(keyPressed == true){                              // 키보드를 눌렀을 때
        if((key >= 32) && (key <= 126)){                 // 숫자 또는 문자 키를 누르면
            angle = map(key, 32, 126, 0, TWO_PI);        // 회전
        }
    }
    arc(100, 100, 120, 120, angle-PI/6, angle+PI/6);
                                                         // 초록색 테두리가 있는 하얀색 호
}
```

Lesson_12_08 _ 코드화된 키(Coded Keys)

키보드의 방향키와 Alt, Control, Shift, Backspace, Tab, Enter, Return, Escape, Delete 키는 친숙한 용어로 코드화된 명령어가 있어서 아스키코드 없이 쉽게 사용할 수 있다. 예를 들어 keyCode 값으로 UP, DOWN, LEFT, RIGHT를 넣어서 원하는 방향키를 설정할 수 있다. keyCode를 사용하고 싶다면 이러한 코드화된 키를 사용한다는 의미의 key == CODED를 먼저 써야 한다. 이제 이것을 이용해서 파란 하늘에 있는 하얀색 구름을 키 코드화된 방향키로 움직여보자.

사용 예제 : Chapter12_Lesson12_08.pde

```
int x = 70;

void setup(){
  size(300, 200);
  noStroke();
}

void draw(){
  background(10, 200, 240);
  if(keyPressed && (key == CODED)){    // 코드화된 키를 눌렀을 때
   if(keyCode == LEFT){                // 만약 왼쪽 방향키를 눌렀다면
   x--;                                // x값이 1픽셀씩 감소,
                                       // 즉 왼쪽으로 이동
   }else if(keyCode == RIGHT){         // 만약 오른쪽 방향키를 눌렀다면
   x++;                                // x값이 1픽셀씩 증가
   }
  }

                                       // 하얀색 구름(원을 몇 개 겹쳐서
                                       // 구름 형태 표현)
  fill(255);
  ellipse(x-15, 120, 45, 45);
  ellipse(x, 90, 60, 60);
  ellipse(x+55, 90, 50, 50);
  ellipse(x+65, 110, 50, 50);
  ellipse(x+20, 110, 80, 80);
}
```

인터랙티브 디자인(Interactive Design)

지금까지 연습한 마우스와 키보드를 이용한 인터랙션 방법을 구체적인 디자인에 응용해보자.

Example_12_04 피해 다니는 로켓

마우스를 따라다니는 것이 아니라 반대로 특정 요소가 마우스를 피해 다니는 것을 구현해보자. 다음 그림처럼 배경은 실제 구름이 있는 사진으로 디스플레이하고, 도형을 이용해서 로켓을 만든다. 이 로켓이 마우스의 움직임과 반대가 되도록 하려고 한다. 이를 구현하기 위해서는 각 도형의 좌푯값을 화면 너비에서 마우스 포인트 x 좌푯값을 뺀 width-mouseX와 화면 높이에서 마우스 포인트 y 좌푯값을 뺀 height-mouseY로 설정해야 한다.

사용 예제 : 사용 예제 : Chapter12_Example12_04.pde, Sky.jpg

```
PImage i;

void setup(){
  size(394, 209);          // 이미지 소스의 사이즈와 똑같이 설정한 화면 사이즈
  strokeWeight(1.5);
  stroke(255);
  i=loadImage("Sky.jpg");  // 'Sky.jpg' 이미지 로드
}

void draw(){
  background(i);           // 'Sky.jpg'를 배경으로 설정
```

```
    // 로켓의 몸체로 하늘색 타원형
    fill(10, 220, 240);
    ellipse(width-mouseX, height-mouseY, 80, 40);
    
    // 로켓의 꼬리로 회색 사각형
    fill(120);
    rect(width-mouseX+35, height-mouseY-15, 30, 30);
    
    // 로켓의 불꽃으로 주황색 타원형
    fill(240, 150, 10);
    ellipse(width-mouseX+75, height-mouseY-8, 20, 7);
    ellipse(width-mouseX+75, height-mouseY, 20, 7);
    ellipse(width-mouseX+75, height-mouseY+8, 20, 7);
}
```

Example_12_05 _ 손대면 간지럼타듯 부끄러워하는 원형

마우스를 롤오버하면 간지럼을 타듯이 빠르게 흔들리는 원을 만들어보자. 마우스 커서가 분홍색 원 위에 롤오버되면 원의 x 좌표와 y 좌푯값을 random() 함수로 반환한다. random의 범위를 최소 -5에서 최대 5로 설정하면 그 범위 안에서 원의 위치가 계속 바뀌면서 그려진다. 작게 한정된 영역 안에서 빠르게 움직이는 것처럼 보인다. random() 함수의 파라미터 범위를 늘리면 원이 더 크게 흔들리게 된다.

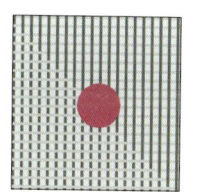 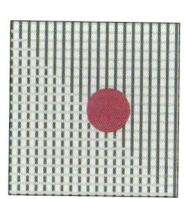 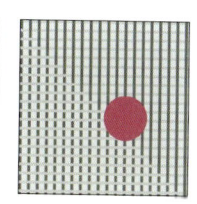 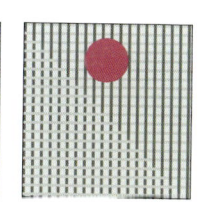 

사용 예제 : Chapter12_Example12_05.pde

```
float x = 100;
float y = 100;

void setup(){
  size(200, 200);
  noStroke();
}

void draw(){
  background(220);
  for(int i=0; i<width; i+=10){
    fill(200);
    rect(0, i, width, 3);
    fill(100);
    rect(i, 0, 3, height);
   }
  fill(200, 10, 100);

  // 마우스가 분홍색 원에 롤오버되면
  if((mouseX >= x-25) && (mouseX <= x+25) && (mouseY >= y-25) && (mouseY <= y+25)){

    // 한정된 범위 안에서 그려지는 원
    x += random(-5, 5);
    y += random(-5, 5);
  }
  ellipse(x, y, 50, 50);
}
```

Example_12_06 마우스를 누를 때마다 바뀌는 컬러 빔

선만을 가지고도 멋진 배경을 만들고 악센트를 주는 모던한 그림을 그릴 수 있다. 회색 선들 가운데 강조된 빨간색 빔이 마우스를 클릭할 때 초록색으로 바뀌면서 선의 두께가 두 배로 커지도록 해보자.

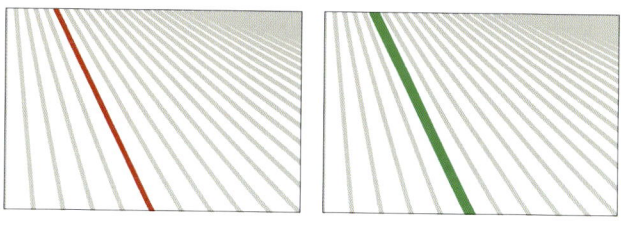

사용 예제 : Chapter12_Example12_06.pde

```
void setup(){
  size(300, 200);
  smooth();
}

void draw(){
  background(255);
  stroke(200);
  strokeWeight(5);
  for(int i=0; i<300; i+=10){
    line(i, 0, i*3, height);
  }
  if(mousePressed){            // 마우스를 누르면
    strokeWeight(10);          // 선의 두께가 10픽셀
    stroke(10, 150, 100);      // 선의 색은 초록색
  }else{                       // 그렇지 않으면(마우스를 누르지 않으면)
    stroke(200, 0, 0);         // 선의 색이 빨간색
  }
  line(50, 0, 150, height);
}
```

Example_12_07

텍스트나 문장의 형태를 이용해 재미있는 디자인을 해보자. 'Pigtail'이라는 글자가 마우스를 오른쪽으로 움직이면 돼지 꼬리처럼 말리는 듯한 인터랙션을 만들 것이다. 'Pigtail'의 각 알파벳을 배열을 사용해서 저장하여 각기 다르게 회전하게 할 수 있다.

사용 예제 : Chapter12_Example12_07.pde

```
String word = "Pigtail";
PFont f;
char[] letters; // 각 알파벳을 배열로 설정

void setup(){
  size(200, 200);
  fill(255);
  f = loadFont("Verdana-48.vlw");
  textFont(f);
  letters = word.toCharArray();
}

void draw(){
  background(230, 170, 170);
  pushMatrix();
  translate(60, 80);
  for(int i=0; i<letters.length; i++){

// 마우스가 움직일 수 있는 너비 값인 (0~200픽셀) 범위를 (0~45도)까지의 값으로 환산
    float angle = map(mouseX, 0, width, 0, QUARTER_PI);
```

```
    rotate(angle);
    textSize(32);
    text(letters[i], 0, 0);

    // 좌표의 (x=0, y=0)이 문자가 배열된 순서만큼 오른쪽으로 더 이동
    translate(textWidth(letters[i]), 0);
  }
  popMatrix();
}
```

Exercise

❶ 코드화된 키 중에서 UP, DOWN을 이용하여 키보드의 화살표 키를 누를 때마다 두더지가 위로 올라왔다 내려갔다 하는 인터랙션을 만들어보자.

❷ 키보드의 숫자 키를 누르면 해당 숫자의 값만큼 비율에 맞는 원을 랜덤한 위치에 그려보자.

❸ 대문자 'S' 키를 누르면 시작하고, 'T' 키를 누르면 멈추는 모션을 만들어보자.

Interesting

아스키코드(ASCII Code) American Standard Code for Information Interchange

아스키라고 하는 것은 미국 정보교환 표준코드로 컴퓨터가 텍스트를 일련의 숫자로 해독할 수 있게 정해 놓은 약속이다. 즉, 문자가 디지털 형태로 나타나기 위해 특정 부호를 이용하여 표현하는 체계를 말한다. 예를 들어 우리가 'a'라는 키보드 키를 눌렀을 때 컴퓨터는 문자를 인식하지 못하기 때문에 'a'라는 키에 미리 부여한 숫자 65로 인식하게 된다. 그래서 65에 해당하는 'a'라는 문자로 치환해서 화면에 보여준다.

1967년 미국표준협회(ANSI)에 의해 만들어진 것이기 때문에 영어 알파벳을 기준으로 0~127까지 128개의 가능한 문자조합을 제공하는 부호이다. 모니터 등을 통해 보이는 출력 가능한 문자들은 52개의 영문 알파벳 대소문자, 10개의 숫자, #, $, &, *와 같은 32개의 특수문자, 공백문자를 포함해 모두 95개이다. 이 외에 화면으로 출력되는 것이 아니라 특정한 동작을 의미하는 Space, Delete, Cancel, Backspace 등과 같은 33개의 제어문자가 있다.

예를 들어,
    Hello, Tom!
을 아스키코드로 표현하면 다음과 같다.
    72 101 108 108 111 44 84 111 109 33

앞의 `Lesson_12_07` 코드에서 key는 키보드에서 누른 키의 아스키코드 값을 대입한다.

```
int y = key - 30;
```

대문자 'B' 키를 누르면 66으로 인식하여 int y = 66-30이므로 결국 변수 y의 값은 36이 된다. 소문자 'f' 키를 누르면 int y = 102-30으로 y 좌푯값은 62가 된다.

그러나 128가지 아스키코드 값을 모두 외울 필요는 없다. 예제에 활용할 때 공식화되어 있는 표를 보고 쓰면 된다. 아스키코드 값은 다음과 같다.

Interesting

아스키코드 값

10진수	문자	10진수	문자	10진수	문자	10진수	문자
0	NULL	32	SP	64	@	96	`
1	SOH	33	!	65	A	97	a
2	STX	34	"	66	B	98	b
3	ETX	35	#	67	C	99	c
4	EOT	36	$	68	D	100	d
5	ENQ	37	%	69	E	101	e
6	ACK	38	&	70	F	102	f
7	BEL	39	'	71	G	103	g
8	BS	40	(	72	H	104	h
9	HT	41	)	73	I	105	i
10	LF	42	*	74	J	106	j
11	VT	43	+	75	K	107	k
12	FF	44	,	76	L	108	l
13	CR	45	-	77	M	109	m
14	SO	46	.	78	N	110	n
15	SI	47	/	79	O	111	o
16	DLE	48	0	80	P	112	p
17	DC1	49	1	81	Q	113	q
18	SC2	50	2	82	R	114	r
19	SC3	51	3	83	S	115	s
20	SC4	52	4	84	T	116	t
21	NAK	53	5	85	U	117	u
22	SYN	54	6	86	V	118	v
23	ETB	55	7	87	W	119	w
24	CAN	56	8	88	X	120	x
25	EM	57	9	89	Y	121	y
26	SUB	58	:	90	Z	122	z
27	ESC	59	;	91	[	123	{
28	FS	60	<	92	₩	124	|
29	GS	61	=	93	]	125	}
30	RS	62	>	94	^	126	~
31	US	63	?	95	_	127	DEL

제어문자   숫자   구두점   공백문자   알파벳

Interesting

인터랙티브 인스톨레이션(Interactive Installation)

프로세싱이 많이 활용되는 분야 중 하나가 인터랙티브 인스톨레이션이다. 이는 예술분야 중에 인터랙티브 설치미술을 말하는 것으로 관객의 참여를 통해 상호작용이 이루어지는 예술작품이다. 다양한 하드웨어 센서를 프로그래밍으로 제어하여 관객이나 사용자들의 움직임이나 행동에 의해 반응하는 영상 또는 설치물을 제작할 수 있다. 예를 들어 카메라를 이용하여 자신의 모습이 영상으로 비추어지되, 프로그래밍에 의해 실루엣 모양으로 보인다거나 특정 그래픽 또는 사운드가 디스플레이되게 할 수 있다.

최근에는 이러한 인터랙션을 이용하여 관객의 참여를 유도하고 다양한 결과물을 만들어내는 예술 작품들이 대중화되고 있다. 전통적인 방식의 예술작품을 조용히 감상하는 것이 아니라 인터랙션에 의해 그 작품을 제작한 작가와 소통하고 이로써 작품을 이해할 수 있게 해준다. 전통적인 예술적 감각뿐만 아니라 프로그래밍과 하드웨어적인 기술이 융합하여 또 다른 방식의 미디어를 창출한 것이다. 이러한 미디어 아트는 새로운 아이디어와 최첨단 기술의 발전으로 더욱 다양해지고 실험적인 예술작품으로 표현될 것이다.

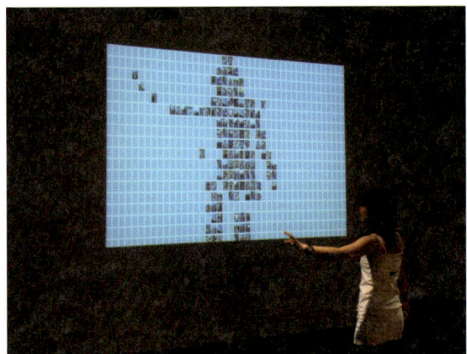

CHAPTER

13

비디오와 사운드
(Video & Sound)

동영상을 편집하거나 제작하는 소프트웨어는 다양하다. 그런데 '프로세싱'에서 동영상을 사용하는 가장 큰 이유는 라이브 영상 플레이와 인터랙션에 의해 실시간으로 변하는 영상을 구현할 수 있기 때문이다. 싱글 채널로 동영상을 제작하여 재생하는 것은 다른 소프트웨어에서도 가능하다. 하지만 현재 나의 모습을 라이브 영상으로 재생하고 내가 움직일 때마다 색상이 달라지거나 형태가 변하는 멋진 인터랙티브 영상을 구현하고 싶다면 이번 장에서 다루는 비디오와 사운드에 관한 코딩을 배워보자.

SECTION 1
비디오(Video)

'프로세싱'은 이미 만들어진 동영상을 플레이하거나 편집하는 것보다
카메라로 받은 영상을 실시간으로 보여주거나 인터랙션을 구현하는 데 더 큰 장점이 있다.
사용자의 참여에 따라 반응하는 재미있는 인터랙티브 영상을 제작해보자.

비디오카메라와 프로세싱이 연동하기 위해서는 우선 사용하고 있는 컴퓨터에 카메라가 연결되어 있어야 한다. 우선 다음 순서에 따라 컴퓨터 연결을 확인해보자.

① 비디오카메라를 컴퓨터에 연결한다.
일반적인 비디오카메라도 가능하고 웹캠도 좋다. 프로세싱은 USB 카메라나 IEEE 1394(Firewire) 카메라 등이 가능하다. 최근 랩톱(노트북)에 웹캠이 장착된 경우가 많고 해상도도 좋아져 카메라 사용이 편리한 편이다.

② 카메라 설치 및 연계 소프트웨어와 드라이버 설치를 확인한다.
'프로세싱'을 사용하기 이전에 매킨토시의 iChat과 같은 실시간 동영상 디스플레이 툴로 자신의 컴퓨터에서 카메라가 잘 작동되는지 체크한다. 이러한 확인 작업이 없으면 '프로세싱'에서 라이브 동영상이 나오지 않았을 때 원인 파악이 어렵다. 프로그래밍의 코딩이 잘못된 것인지 카메라가 제대로 설치되지 않은 것인지를 모른 채 왜 안 되는지에 대한 궁금증으로 시간을 낭비할지 모른다.

③ PC에는 퀵타임(QuickTime)을 설치한다.

매킨토시 컴퓨터일 경우에는 퀵타임이 자동으로 설정되어 있어 따로 플레이어를 설치할 필요가 없다. 그러나 PC에 퀵타임이 설치되지 않았다면, 조금 수고스럽지만 웹에서 내려받아 설치해야 한다. 사실 '프로세싱'이 매킨토시 기반에서만 실행되던 시절도 있었지만 현재는 PC에서도 가능하다. 단, 비디오를 활용하고 싶다면 퀵타임을 내려받아 설치해야 한다.

비디오 디스플레이(Video Display)

우선 비디오를 디스플레이할 것이다. 다시 말해 카메라에서 받는 영상을 실시간으로 플레이해보자. 비디오를 디스플레이하기 위해서는 라이브러리에서 필요한 코드를 부르고 비디오를 실행한다.

라이브 영상을 프로세싱 화면에 디스플레이하기 위해서는 비디오 라이브러리를 먼저 불러와야 한다. 라이브러리(Libraries)에 대해서는 3장에서 언급했다. 라이브러리란 '프로세싱'에서 기능을 확장시키기 위해 오디오, 비디오, 또는 다른 장치와의 커뮤니케이션을 가능하게 해주는 코드의 집합을 말한다. 그중에 비디오 라이브러리(Video Library)는 비디오 파일을 디스플레이하거나 플레이하고, 카메라로부터 데이터를 받아서 비디오를 만드는 기능 등을 가지고 있다. 크게 Movie Class와 Capture Class로 분류할 수 있다.

Movie Class : 이미 동영상으로 저장된 파일을 불러와 재생한다. 반복, 멈춤, 속도 조절 등의 조작이 가능하다.
Capture Class : 카메라에서 촬영되고 있는 동영상을 프레임으로 캡처를 받는다.

Lesson_13_01 _ 라이브 영상 디스플레이

라이브 영상을 디스플레이하기 위해서는 다음과 같은 과정을 따른다.

① '프로세싱' 비디오 라이브러리를 불러온다.
불러오는 방법에는 2가지가 있다. 하나는 '프로세싱' 창의 메뉴에서 [Sketch 〉 Import Library... 〉 video]를 선택하는 것으로, 자동으로 다음과 같이 쓰인다. 다른 하나는 수작업으로 텍스트 편집 창에서 직접 다음과 같이 코드를 작성하는 것이다.

```
import processing.video.*;
```

② Capture 객체를 선언한다.
이미지 유형의 객체를 선언할 때 PImage를 사용했던 것처럼 Capture 객체를 선언한다. 캡처하는 객체 변수 cam을 선언하면 다음과 같다.

```
Capture cam;
```

③ setup() 부분에서 Capture 객체 변수 cam을 초기화한다.
new를 사용하여 객체를 생성하여 다음과 같이 초기화한다.

```
cam = new Capture();
```

Capture()에는 5가지 파라미터가 들어갈 수 있다.

```
Capture(this, width, height, cameraName, frameRate)
```

여기에서 this는 객체 자신을 말한다. 편지를 쓸 때 자신을 지칭하면서, 'This is Tom.(저는 Tom입니다.)'라고 하는 것처럼 프로세싱에서 객체 자신을 this라고 표현한다.

④ draw() 부분에서 카메라로부터 프레임을 받아서 읽는다.

```
if(video.available()){
   video.read();
}
```

⑤ 프레임을 디스플레이한다.

```
image(video, 0, 0);
```

지금까지의 과정을 직접 코딩해보자. 다음과 같이 창가에 있는 인형을 카메라로 촬영해보자. 카메라로 잡히는 화면을 프로세싱의 디스플레이 창에서 보이도록 할 것이다.

사용 예제 : Chapter13_Lesson13_01.pde

```
import processing.video.*;          // 비디오 라이브러리 가져오기

Capture video;                      // Capture 객체 선언

void setup(){
  size(320, 240);
  video = new Capture(this, 320, 240);   // Capture 객체 초기화
  video.start();
}

void draw(){
```

```
  if(video.available()){
    video.read();                    // 카메라로부터 프레임 읽기
  }
  image(video, 0, 0);                // 프레임 디스플레이
}
```

비디오(Video) 이미지 조정

포토샵에서 필터를 주고, 프리미어에서 특수효과를 적용하는 것과 같이 '프로세싱'에서는 라이브 영상을 변환하거나 효과를 줄 수 있다.

Lesson_13_02 _ 마우스의 위치에 따라 영상의 색조 조정

7장에서 이미지 색조 조정을 위해 사용했던 tint() 함수를 라이브 영상에 적용한다. 마우스를 오른쪽으로 이동하면 빨간색이 증가하고 아래쪽으로 이동하면 초록색이 증가하도록 해보겠다.

사용 예제 : Chapter13_Lesson13_02.pde

```
import processing.video.*;           // 비디오 라이브러리 불러오기

Capture cam;                         // Capture 객체를 cam으로 선언
```

```
void setup(){
  size(320, 240);
  cam = new Capture(this, 320, 240);    // 영상의 프레임을
                                        // 320x240픽셀 화면으로 캡처
  cam.start();
}

void draw(){
  if(cam.available()){
    cam.read();                  //카메라를 통해 프레임 읽기
  }
// Red는 현재 마우스의 x 좌푯값, Green은 현재 마우스의 y 좌푯값, Blue는 255
  tint(mouseX, mouseY, 255);
  image(cam, 0, 0);              // 이미지를 왼쪽 위 끝(0, 0)을 기준으로
                                 // 디스플레이
}
```

Lesson_13_03 라이브 영상 픽셀화

loadPixel() 함수를 사용하면 디스플레이 화면의 픽셀 하나하나를 배열로 설정할 수 있다. 이는 픽셀마다 어떤 효과나 변형을 줄 수 있음을 의미하므로 재미있는 영상을 만들 수 있다.

[Syntax] loadPixels()   pixel[ ] 배열로 디스플레이 창의 픽셀 데이터를 불러옴
[Parameters]   없음

 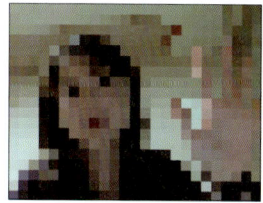 

사용 예제 : Chapter13_Lesson13_03.pde

```
import processing.video.*;

int cellSize = 15;                    // 화면에 그려질 사각형 셀 사이즈
int cols, rows;
Capture MyVideo;

void setup(){
  size(320, 240);
  cols = width/cellSize;              // 세로 열 개수
  rows = height/cellSize;             // 가로 행 개수

  MyVideo = new Capture(this, width, height);
  MyVideo.start();

  background(0);
}

void draw(){
  if(MyVideo.available()){
    MyVideo.read();
    MyVideo.loadPixels();

    for(int i=0; i<cols; i++){
      for(int j=0; j<rows; j++){
        int x = i*cellSize;           // 사각형 셀의 왼쪽 위 꼭짓점 x 좌푯값
        int y = j*cellSize;           // 사각형 셀의 왼쪽 위 꼭짓점 y 좌푯값
        int loc = (MyVideo.width-x-1) + y*MyVideo.width;

                                      // 각 셀의 색상은 캡처 객체의 픽셀 배열에서
                                      // 가져옴
```

```
            float r = red(MyVideo.pixels[loc]);
            float g = green(MyVideo.pixels[loc]);
            float b = blue(MyVideo.pixels[loc]);

            color c = color(r, g, b);

            pushMatrix();
                            // 좌표계의 (x=0, y=0)을 각 셀의 가운데 좌표로 이동
            translate(x+cellSize/2, y+cellSize/2);

            rectMode(CENTER);
            fill(c);
            noStroke();
            rect(0, 0, cellSize, cellSize);
            popMatrix();
        }
      }
    }
}
```

Example_13_01 _ 변화된 라이브 영상

앞의 예제를 조금 더 응용해보자. 사각형 셀로 채워졌던 영상화면을 여백이 있는 원의 모양으로 채워본다.

사용 예제 : Chapter13_Example13_01.pde

```
import processing.video.*;

int cellSize = 12;
int cols, rows;
Capture MyVideo;

void setup(){
  size(320, 240);
  cols = width/cellSize;
  rows = height/cellSize;

  MyVideo = new Capture(this, width, height);
  MyVideo.start();

  background(0);
}

void draw(){
  if(MyVideo.available()){
    MyVideo.read();
    MyVideo.loadPixels();

    for(int i=0; i<cols; i++){
      for(int j=0; j<rows; j++){
        int x = i*cellSize;
        int y = j*cellSize;
        int loc = (MyVideo.width-x-1) + y*MyVideo.width;

        float r = red(MyVideo.pixels[loc]);
        float g = green(MyVideo.pixels[loc]);
        float b = blue(MyVideo.pixels[loc]);
```

```
        color c = color(r, g, b);
        
        pushMatrix();
        translate(x+cellSize, y+cellSize);
        fill(c);
        noStroke();
        ellipse(0, 0, cellSize-5, cellSize-5);
        popMatrix();
      }
    }
  }
}
```

비디오 플레이(Video Play)

실시간 영상을 보여주는 것이 아니라 이미 동영상 형식으로 저장된 것을 플레이시킬 수 있다. 다음과 같은 과정으로 동영상을 플레이한다.

● 동영상으로 저장된 파일을 프로세싱의 'data' 폴더에 저장하기

동영상을 디스플레이 화면에서 플레이하고 싶다면, 폰트와 이미지를 불러올 때처럼 원하는 동영상이 해당 'Sketch' 폴더 내에 있는 'data' 폴더에 있어야 한다. 프로세싱에서는 기본적으로 퀵타임 포맷의 동영상만 지원하므로 avi와 같이 다른 형식의 포맷이라면 퀵타임 mov 파일로 전환해야 한다.

Processing > Chapter13 > data > Tree.mov

● 프로세싱 비디오 라이브러리 불러오기

프로세싱 비디오 라이브러리를 불러와서 코딩을 시작한다.

import processing.video.*;

● Movie 객체 선언

Movie 객체를 먼저 선언한다. 여기에서는 myMovie로 선언하였다.

Movie myMovie;

● Movie 객체 초기화

myMovie로 선언한 객체를 초기화한다. 파라미터는 비디오를 캡처했을 때처럼 this와 플레이할 동영상 파일명을 따옴표(" ") 안에 넣는다. 파일명은 반드시 확장자명까지 포함한다.

myMovie = new Movie(this, "Tree.mov");

● 동영상 플레이

동영상을 한번 플레이할 경우 객체명 myMovie 뒤에 play() 함수를 쓰고, 계속해서 반복하려면 loop() 함수를 사용한다.

myMovie.play();
myMovie.loop();

● 동영상 프레임 읽기

매번 해당 동영상을 프레임으로 읽어 온다.

```
void movieEvent(Movie myMovie){
  myMovie.read();
}
```

● 동영상 디스플레이하기

화면의 왼쪽 위 끝을 기준으로 동영상을 디스플레이한다.

```
void draw(){
  image(myMovie, 0, 0);
}
```

Lesson_13_04   가을 풍경 mov 동영상 플레이하기

사용 예제 : Chapter13_Lesson13_04.pde, Tree.mov

```
import processing.video.*;

Movie m;                                        // movie 객체 선언

void setup(){
  size(320, 213);
  m = new Movie(this, "Tree.mov");              // movie 객체 초기화
  m.loop();                                     // 플레이 반복
}

void movieEvent(Movie m){
  m.read();                                     // 동영상 프레임 읽기
```

```
}
void draw(){
   image(m, 0, 0);                    // 비디오 프레임을 디스플레이
}
```

Lesson_13_05 _ 동영상 플레이를 위한 다양한 함수들

동영상을 플레이하기 위한 다양한 방법들의 함수가 있다. '프로세싱'에서는 다음과 같은 방법들을 제공하고 있으므로 인터랙티브하게 동영상 플레이에 활용할 수 있다.

frameRate() 초당 프레임률
speed() 플레이 속도
duration() 초 단위로 동영상 재생 길이
time() 초 단위로 플레이 시작되는 위치
jump() 특정 위치로 점프
available() 새로운 영상 프레임을 읽음
play() 동영상이 한 번 플레이되고 정지
loop() 동영상이 계속해서 반복 재생
noLoop() 반복 재생되는 것이 멈춤
pause() 영상이 일시 정지
stop() 동영상 플레이 정지
read() 현재 프레임을 읽음

이 중에서 jump() 함수를 사용하여 인터랙션을 만들어보자.

사용 예제 : Chapter13_Lesson13_05.pde, Pierrot.mov

```
import processing.video.*;

Movie myVideo;                      // Movie 객체를 myVideo로 선언

void setup(){
  size(320, 213);
  background(0);
  myVideo = new Movie(this, "Pierrot.mov");
                                    // myVideo 객체를 'Pierrot.mov' 동영상
                                    // 으로 초기화
  myVideo.loop();                   // 비디오를 계속해서 루핑 플레이
}

void draw(){
  if(myVideo.available()){
    myVideo.read();                 // 동영상 프레임 읽기
  }
  image(myVideo, 0, 0);             // 동영상을 왼쪽 위 기준으로 디스플레이
}

void mousePressed(){                // 마우스를 누르면
  myVideo.jump(random(myVideo.duration()));
                                    // 동영상 전체 길이에서 랜덤한 위치로 점프해서 플레이 시작
}
```

비디오 트래킹(Video Tracking)

'프로세싱'은 라이브 영상을 보여주고 이미지를 조정하기도 하지만, 카메라를 이용한 영

상의 특정 부분을 트래킹할 수도 있다. 예를 들어 움직이는 물체나 특정 색상을 인식하여 어떤 기능을 부여할 수 있다. 움직이는 사람을 따라서 하트가 나타난다든지, 빨간색 봉을 움직이면 그 봉을 따라 영상에 별이 생긴다든지…. 이러한 트래킹은 기본적으로 프로세싱에서 컬러 트래킹을 통해 구현할 수 있다. 즉, 카메라가 잡는 영상의 색상을 이용해 트래킹이 이루어진다.

Lesson_13_06 _ 제일 밝은 곳을 따라다니는 원형

카메라에서 받는 프레임 이미지를 그리드 판과 같이 일정 간격으로 나눈다. 나누어진 각 영역의 컬러 값을 추출하여 가장 밝은 값을 가진 영역에 주황색 원을 그리도록 한다.

사용 예제 : Chapter13_Lesson13_06.pde

```
import processing.video.*;

Capture myVideo;

void setup(){
  size(320, 240);
  myVideo = new Capture(this, width, height);
  myVideo.start();
}

void draw(){
  if(myVideo.available()){
    myVideo.read();
```

```
    image(myVideo, 0, 0, width, height);
    int brightX = 0;
    int brightY = 0;
    float brightValue = 0;

    myVideo.loadPixels();

    int index = 0;
    for(int y = 0; y<myVideo.height; y++){
      for(int x = 0; x<myVideo.width; x++){
        int pixelValue = myVideo.pixels[index];
        float pixelBrightness = brightness(pixelValue);

        if (pixelBrightness>brightValue){
          brightValue = pixelBrightness;
          brightY = y;
          brightX = x;
        }
        index++;
      }
    }
    noStroke();
    fill(230, 100, 0);
    ellipse(brightX, brightY, 70, 70);    // 이미지의 제일 밝은 곳에
                                          // 주황색 원 그리기
  }
}
```

SECTION 2 사운드(Sound)

'프로세싱'에서 사운드를 구현하고 싶다면 비디오처럼 라이브러리를 사용해서 소리를 재생하거나 효과를 적용할 수 있다.
기본적으로 제공하고 있는 Minim 라이브러리를 불러오거나
프로세싱 홈페이지(www.processing.org)의 라이브러리에 링크된 Sound 관련 라이브러리를 불러온다.
예를 들어 The MidiBus, SuperCollider client for Processing, ttslib 등을 내려받아 사용하면 된다.
2013년 6월 Processing Version 2가 나오면서 사운드 라이브러리가 새로운 버전에 맞게 업데이트되었는데,
그중에 안 된 것도 있으니 버전을 확인하고 사용한다.

● Minim

쉽게 사용할 수 있는 오디오 라이브러리로 자바 사운드를 사용한다.

• Thte MidiBus (by Severin Smith)

http://www.smallbutdigital.com/themidibus.php

미디버스는 '프로세싱'에서 사용할 수 있는 MIDI 라이브러리로 빠르고 간단하게 인터랙션을 구현하는 방법을 제공한다.

• SuperCollider client for Procesing (by Daniel Jones)

http://www.erase.net/projects/processing-sc/

SuperCollider 사운드 신디사이저 엔진의 인터페이스와 쉽게 연동된다.

• ttslib (by Nikolaus Gradwohl)

http://www.local-guru.net/blog/pages/ttslib

말하는 목소리를 그릴 수 있도록 해주는 기능을 가지고 있는 라이브러리이다.

- Sonia (by Amit Pitaru)

http://sonia.pitaru.com/

멀티 사운드 샘플을 재생하고 실시간 사운드 효과, 마이크(Microphone)를 통한 사운드 입력 등이 가능하다.

사운드 플레이(Sound Play)

사운드를 들을 수 있도록 재생해보자.

Lesson_13_07 _ 음악 감상하기

앞에서 다룬 비디오 라이브러리를 이용해서도 음악을 플레이할 수 있다. 비디오를 재생하는 것과 똑같은 방법으로 비디오 라이브러리를 불러오고, 동영상 파일 대신 사운드 파일로 객체를 생성한다. 다음 예제에서 하늘이 보이는 이미지를 디스플레이하고 마우스를 누를 때마다 음악이 재생 되도록 해보자.

코딩하고 있는 파일을 저장하면서 'sketch' 폴더 안에 'data' 폴더를 생성한다. 그리고 'data' 폴더 안에 사용할 이미지 파일과 사운드 파일을 저장한다. 일반적으로 비디오 라이브러리를 사용할 경우 퀵타임 동영상을 사용하기 때문에 사운드 파일은 WAV(Waveform Audio Format), AIFF(Audio Interchange File Format)를 안정적으로 지원한다. 본 예제에서는 음악파일을 무료로 제공하는 사이트에서 'morning.wav' 파일을 다운 받아서 저장하였다. 또는 자신의 컴퓨터에서 사용하고 있는 윈도우에서 제공되는 음악샘플을 WAV 파일로 변환하여 사용하여도 된다. 음악샘플은 윈도우 탐색기〉라이브러리〉음악〉음악샘플 폴더 안에서 찾을 수 있다. 단, 이 음악샘플은 mp3 파일이므로 본 예제에서 사용하려면 WAV 변환 프로그램을 사용하여 변환한 뒤에 사용하여야 한다. 이미지는 Sky.jpg 파일을 사용하였다.

사용 예제 : Chapter13_Lesson13_07.pde, Sky.jpg, morning.wav

```
import processing.video.*;              // 비디오 라이브러리 불러오기

Movie video;                            // Movie 객체를 video로 선언
PImage img;                             // PImage 변수를 img로 선언

void setup(){
  size(326, 436);
  video = new Movie(this, "morning.wav");
  // 비디오 객체를 'morning.wav' 사운드로 초기화
}

void draw(){
  background(0);
  noLoop();

  img = loadImage("Sky.jpg");           // img를 'Sky.jpg'로 초기화
  image(img, 0, 0, width, height);      // 이미지를 전체 화면으로 디스플레이
}
void mousePressed(){                    // 마우스를 누르면
  video.stop();                         // 사운드 파일을 처음부터 재생
  video.play();                         // 사운드 파일을 재생
}
```

Example_13_02 _ 신나는 사운드와 움직이는 원

Minim 사운드 라이브러리를 사용하여 사운드를 재생하려고 한다. 비디오 라이브러리에서는 불러올 수 없었던 mp3 파일도 재생할 수 있다. 사운드가 재생되는 동안 화면 안의 랜덤한 위치에 원이 계속해서 나오도록 하여 재미를 더한다.

사용 예제 : Chapter13_Example13_02.pde

```
import ddf.minim.*;          // 사운드 라이브러리 minim 불러오기

Minim sound;                 // 사운드 객체를 sound로 선언
AudioPlayer player;

void setup(){
  size(320, 240);

  sound = new Minim(this);   // sound 객체를 'data' 폴더에서 불러오도록 설정
  player = sound.loadFile("Kalimba.mp3");
  // player를 'Kalimba.mp3' 사운드 파일을 가져오도록 초기화
  player.play();             // 사운드 파일을 재생
}

void draw(){
  background(250, 180, 10);
  noStroke();
  fill(255, 230);
  ellipse(random(320), random(240), 50, 50);
                             // 화면 사이즈 안에서 랜덤한 위치에 나타나는 하얀색 원
}
```

사운드 효과

사운드에 에코와 같은 효과를 주거나 주파수와 같은 특수 사운드를 만들 수 있다.

Example_13_03 _ 웅웅거리는 사운드 생성

사운드에도 특별한 효과를 적용해보자. 주파수 소리가 나는 사운드 효과와 파동 형태를 같이 표현한다.

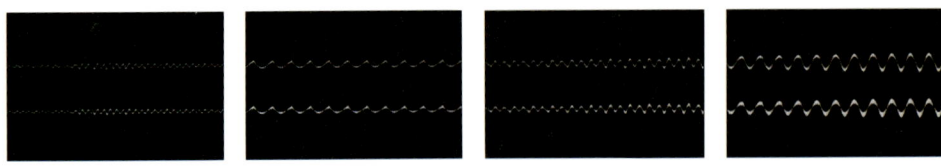

사용 예제 : Chapter13_Example13_03.pde

```
                            // 사운드 라이브러리 불러오기
import ddf.minim.*;
import ddf.minim.ugens.*;
import ddf.minim.effects.*;

                            // 객체 선언
Minim minim;
AudioOutput out;

void setup(){
  size(300, 200);
  minim = new Minim(this);  // 객체 초기화
  out = minim.getLineOut();
  
  IIRFilter filt;
  Oscil osc;
  Oscil cutOsc;
  Constant cutoff;
  
  osc = new Oscil(500, 0.2, Waves.SAW);
  filt = new BandPass(400, 100, out.sampleRate());
```

```
    cutOsc = new Oscil(1, 800, Waves.SINE);
    cutOsc.offset.setLastValue(1000);
    cutOsc.patch(filt.cutoff);
    osc.patch(filt).patch(out);
}

void draw(){
    background(0);
    stroke(255);
    for(int i=0; i<out.bufferSize()-1; i++){
        float x1 = map(i, 0, out.bufferSize(), 0, width);
        float x2 = map(i+1, 0, out.bufferSize(), 0, width);
        
        line(x1, 70+out.left.get(i)*70, x2, 70+out.left.get(i+1)*50);
        line(x1, 130+out.right.get(i)*50, x2, 130+out.right.get(i+1)*50);
    }
}
```

Exercise

❶ 라이브 영상이 0, 1의 숫자로 나타나게 조정해보자.

❷ 사운드에 따라 움직이는 이퀄라이저를 만들어보자.

Interesting

라이브러리

라이브러리(Library)는 도서관이다. 자료를 찾거나 공부 또는 연구를 위해서 수천 권, 수만 권의 책이 모여 있는 도서관에 간다. 최근에는 자료를 찾기 위해 인터넷이라는 가상의 자료관을 먼저 찾는다. 필자의 경우 대학 시절 도서관학이라는 수업을 듣고 OOO의 철학부터 시작하는 서적 분류 항목과 원하는 자료를 찾는 방법을 배웠다. 도서관 입구에서 약장처럼 생긴 서적 분류대에서 직접 자료의 목록을 찾았다. 종이 위에 쓰인 손 글씨 제목들을 보며 찾았고, 찾은 자료를 그 자리에서 읽거나, 더 필요하면 복사도 했다.

하지만 요새는 필요한 자료가 있으면 컴퓨터 또는 휴대폰으로 자료를 검색한다. 몇 분도 걸리지 않아 인터넷 검색창에 쓴 나의 궁금증은 텍스트, 이미지, 동영상 등의 다양한 자료로 해결된다.

미국의 하버드 대학의 교수가 쓴 학회지의 논문도 바로 pdf 자료로 찾아볼 수 있다. 참, 편리한 세상이다. 인터넷은 검색어 하나로 세상에 산재해 있는 자료들을 모아 준다. 정보는 홍수처럼 넘쳐나고, 너무 많아서 그 중에서 나에게 정말 필요하고 의미 있는 정보를 찾는 것이 관건인 시대이다. 그래서 '의미 있는(Semantic)'이라는 단어가 더욱 절실한 시점인 것 같다.

'프로세싱'에도 도서관이 있다. 이 도서관에 프로세싱의 기본적인 기능을 확장시킬 수 있는 유용한 코드를 모아 두었다. 도서관에 꽂혀 있는 책처럼 사운드, 비디오, 네트워크 등의 코드를 모아 두었으니, 원하는 자료, 의미 있는 정보를 이 속에서 찾아 프로세싱에서 사용하면 아주 유용하다. 프로세싱에서 보관하고 있는 라이브러리에는 내장 라이브러리와 외부 라이브러리가 있다.

내장 라이브러리는 프로세싱을 설치하면 프로그램과 함께 제공되기 때문에 프로그래밍 코드 내에서 지정만 해주면 된다. 하지만 외부 라이브러리는 따로 다운을 받아서 프로세싱의 Libraries 폴더에 따로 보관해야 한다.

(1) 내장 라이브러리

Video
Serial
OpenGL
Network
PDF
XML

> Interesting

내장 라이브러리를 사용하고 싶다면 텍스트 편집 창에서 코드 시작 부분에 다음과 같이 쓰기만 하면 된다.

```
import processing.video.* ;
import processing.serial.* ;
import processing.opengl.* ;
import processing.net.* ;
import processing.pdf.* ;
import processing.xml.* ;
```

(2) 외부 라이브러리

프로세싱 사용자들이 고맙게도 직접 만들어 배포하는 라이브러리들이 있다. 프로세싱 공식 사이트의 라이브러리 메뉴에 가면 이러한 라이브러리들이 수십 개 있어서 필요한 것들을 직접 보고 내려받아 사용하면 된다. 타이틀은 'Contribution'(기여)이라고 되어 있다.

http://www.processing.org/reference/libraries/

```
Arduino
import cc.arduino.*;
```

Sound (p5 sc, jm-Etude, Sonia, ESS 등)

Import/Export (OBJ Loader, sDrop, supercad, unzipit 등)

Tools (proDOC, fullscreen api, mother, Keystone 등)

Hardware Interface (Most Pixels Ever, Apple, NXTComm 등)

Animation (Shapetween, gifAnimation, Ani 등)

Typography / Geometry (NextText, Vertext 등)

Computer Vision / Video (GSVideo, jmvideo, OpenCV 등)

3D (OCD, surfaceLib, SuperPoint, Gestalt 등)

Interesting

다음의 외부 라이브러리들은 내장 라이브러리처럼 코딩 한 줄로 불러와 사용할 수 없다. 아래의 과정을 거쳐서 나의 라이브러리에 가져와 사용해야 한다.

Simulation / Math (Physics, Cell Noise, Eliza 등)
Graphic Interface (contrlP5, Interfascia, GUIDO 등)
Compilations (Modelbuilder, toxiclibs, victamin 등)
Data / Protocols (bluetoothDesktop, SQLibrary 등)

① 프로세싱 홈페이지에서 원하는 라이브러리를 찾는다.
② 자신의 컴퓨터에 맞는 버전의 라이브러리를 내려받는다.
③ 내려받은 압축 파일을 푼다.
④ 압축이 풀린 파일을 프로세싱 프로그램이 설치된 폴더에 있는 'lib' 폴더에 추가한다.

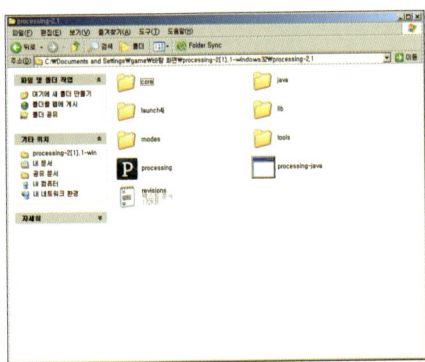 

Interesting

사운드 저작권

인간의 오감 중에 가장 많은 부분을 차지하는 감각은 시각이고 두 번째가 청각이다. 시각과 청각이 만나서 잘 어우러졌을 때 그 효과는 2배가 아니라 3배, 4배 극적인 효과를 본다. 특히 움직이는 시각물과 적절한 사운드의 잘 맞는 싱크는 사용자에게 또는 관객에게 더 큰 감동을 준다. 그만큼 사운드는 중요하다. 그래서 좋은 음악과 효과, 사운드를 선택하기 위해 온갖 장르의 음악을 찾아 듣거나 아예 새로 작곡하기도 한다.

그런데 종종 좋은 음악을 찾아서 디자인 또는 작품에 적용할 때 저작권에 대한 문제를 간과하는 경우가 많다. 좋은 음악을 시각물과 함께 잘 만들어놓고도 저작권 때문에 상용화하지 못한다. 다른 사람들에게 선보이지 못하고, 공모전에 신청도 하지 못한다. '프로세싱'에서 시각적 표현은 마음껏 새로 만들지만, 사운드는 다르다. 작곡 능력이 없는 디자이너에게 사운드는 새로 제작해야 하는 또 다른 창작물일 수도 있다. 따라서 '프로세싱'에서 사운드를 다룰 때는 이미 만들어진 음악을 잘 찾고 골라서 적절히 사용하는 재료로 생각하는 것이 더 좋다.

'프로세싱'에서 필요한 사운드나 음악을 사용할 경우 저작권 문제를 해결할 수 있거나 무료로 오픈되어 있는 것을 사용하는 습관을 갖도록 해야 한다. 사운드를 사용하기 전에 저작권에 대한 사항을 체크하여 완성된 디자인을 버리는 일이 없도록 주의하자. 다음 사이트는 저작권이 오픈되어 있는 음악과 사운드를 모아놓은 홈페이지이므로 참고하자.

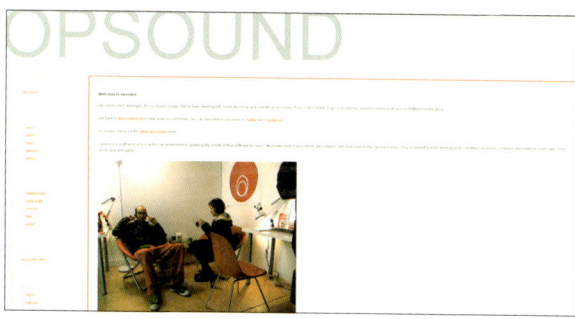

▲ http://www.opsound.org

디자이너를 위한
감성프로세싱

발행일 / 2014년 3월 1일 초판 발행
저 자 / 권지은　**본문삽화** / 권지은
발행인 / 정용수
발행처 / 예문사
주 소 / 경기도 파주시 직지길 460(문발동) 도서출판 예문사
T E L / 031) 955-0550
F A X / 031) 955-0660
등록번호 / 11-76호
기 획 / 오렌지페이퍼

정가 : 23,000원

- 이 책의 어느 부분도 저작권자나 발행인의 승인 없이 무단 복제하여 이용할 수 없습니다.
- 파본 및 낙장은 구입하신 서점에서 교환하여 드립니다.

예문사 홈페이지 http : //www.yeamoonsa.com

ISBN 978-89-274-0922-9 13000

이 도서의 국립중앙도서관 출판시도서목록(CIP)은 서지정보유통지원시스템 홈페이지(http://seoji.nl.go.kr)와 국가자료공동목록시스템(http://www.nl.go.kr/kolisnet)에서 이용하실 수 있습니다.(CIP제어번호: CIP2014004193)